徳川家康・秀忠の甲冑と刀剣

本山一城著

徳川家康像（堺市博物館蔵）

宮帯出版社

家康所用（元服にて）　紅糸威腹巻（静岡浅間神社蔵）

重文 家康所用（関ヶ原合戦にて） 南蛮胴具足 白檀塗 南蛮兜付（日光東照宮蔵）

兜と面具

家康所用 歯朶前立南蛮兜（紀州東照宮蔵）〔前立は別の兜のもの〕

重文　家康下賜（榊原康政へ）　南蛮胴具足　南蛮兜付
（東京国立博物館蔵）Image: TNM Image Archives

家康下賜（渡辺守綱へ） 白檀塗南蛮胴具足 月輪前立南蛮兜付（個人蔵・徳川美術館寄託） 徳川美術館 提供

家康下賜（皆川広照へ）　南蛮胴　南蛮兜鉢付（金剛寺蔵）栃木市教育委員会提供

家康下賜（黒田長政へ）歯朶前立黒漆塗南蛮兜
（福岡市博物館蔵）藤本健八撮影、福岡市博物館 / DNPartcom

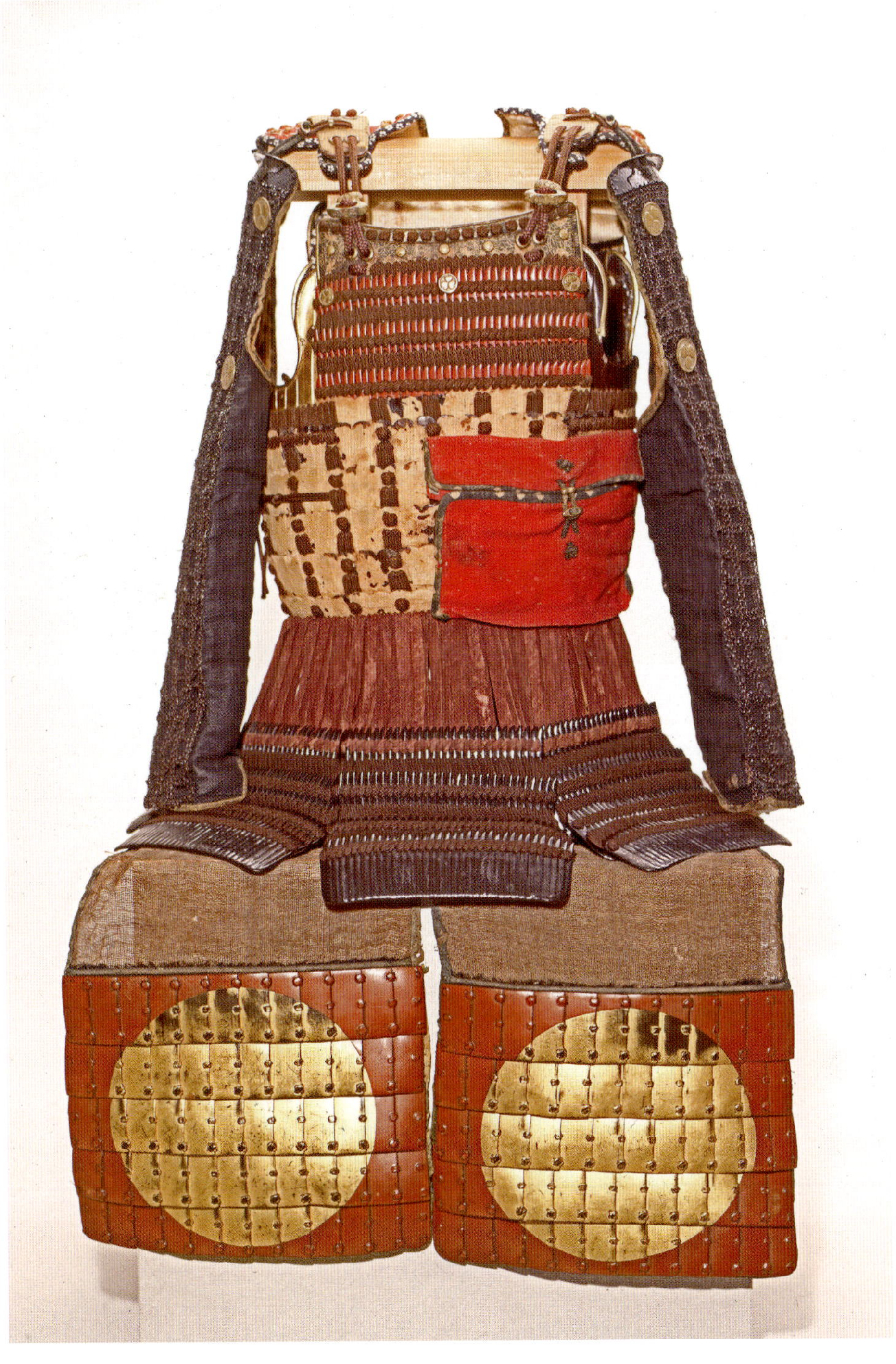

家康下賜（脇坂安治へ）茶糸威朱札胸取革包二枚胴具足〔兜欠〕
（たつの市立龍野歴史文化資料館蔵）

立挙と籠手の紋鋲 『脇坂淡路守』(前頁同館)より転載

伝家康所用 歯朶前立(久能山東照宮博物館蔵)〔本来は次頁の大黒頭巾形兜の前立ではない〕

重文 家康所用（大坂の陣にて） 伊予札黒糸素懸威丸胴具足（「歯朶具足」） 大黒頭巾形兜付
（久能山東照宮博物館蔵）

家康奉納 茶糸素懸威胴丸具足 歯朶前立・面具付〔兜欠〕
〔本来の威糸は失われている〕（奈良県漢國神社蔵）

歯朶前立·面具

重文 伝家康所用 金陀美塗胸取仏胴具足 頭形兜付（久能山東照宮博物館蔵）

重文 伝家康所用 白檀塗胸取仏胴具足 頭形兜付（久能山東照宮博物館蔵）

家康近侍所用 色々威二枚胴具足 三鍬形前立十六間総覆輪阿古陀形筋兜付
（徳川美術館蔵）

家康近侍所用　色々威二枚胴具足　三鍬形前立十六間総覆輪阿古陀形筋兜付
（東京国立博物館蔵）Image: TNM Image Archives

家康近侍所用 色々威二枚胴具足 三鍬形前立十六間総覆輪阿古陀形筋兜付
（名古屋市秀吉清正記念館蔵）

家康近侍所用　色々威二枚胴具足　三鍬形前立十六間総覆輪阿古陀形筋兜付
（熱田神宮宝物館蔵）

家康近侍所用 色々威二枚胴具足 三鍬形前立十六間総覆輪阿古陀形筋兜付
（大阪城天守閣蔵）

家康所用　日の丸威胴丸具足　三十八間総覆輪筋兜〔前立と鍬形欠〕付
（徳川美術館蔵）©徳川美術館イメージアーカイブ /DNPartcom

家康所用 総熊毛植黒糸威具足 水牛形兜付
（徳川美術館蔵）ⓒ徳川美術館イメージアーカイブ /DNPartcom

家康所用　紅糸威胴丸具足　竜頭鍬形前立四十八間総覆輪筋兜付
（水戸東照宮蔵・茨城県立歴史館寄託）『家康の遺産—駿府御分物—』（徳川博物館）より転載

上部

重文 家康所用 白檀塗 南蛮胴具足 南蛮兜付（紀州東照宮蔵）

正面

兜と面具

草摺の裾柄

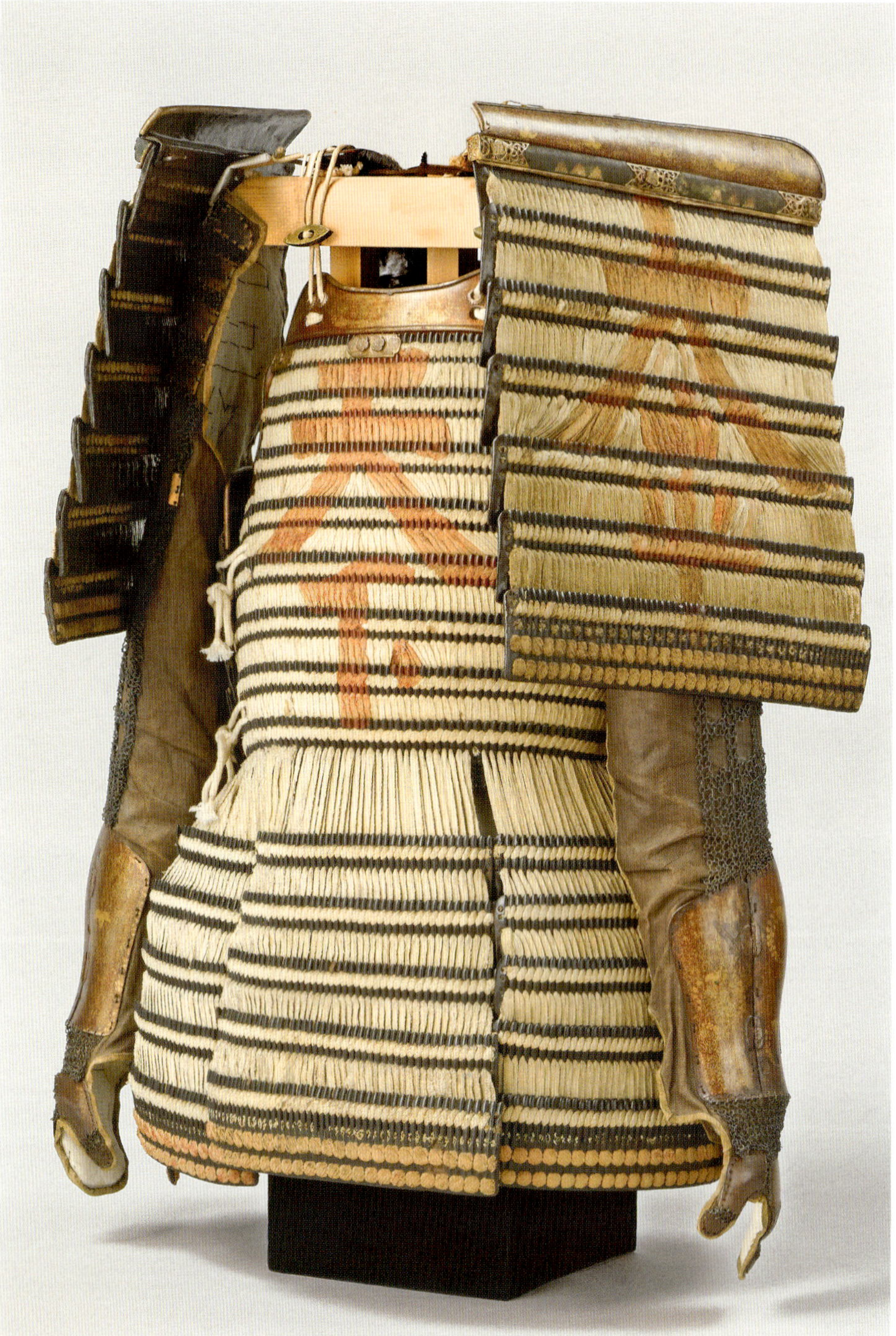

家康贈呈（スペイン王室へ）　**天下太平文字白糸威胴丸具足**〔兜欠〕（ウィーン美術史美術館蔵）
〔写真では左右の袖が逆に取り付けられている〕

背面

上り藤紋蒔絵を施した胸板と織田木瓜紋の八双金物

右の大袖

籠手

家康贈呈（フランス国王へ）　金小札白糸威胴丸具足　二十八間総覆輪筋兜〔三鍬形欠〕付
（フランス武器美術館蔵）〔写真では左右の袖が逆に取り付けられている〕

兜(部分)

胸 板

家康贈呈（フランス国王へ） 黒糸威胴丸具足 二十八間総覆輪筋兜〔三鍬形欠〕付
（フランス武器美術館蔵）

兜(部分)

胸 板

家康贈呈（フランス国王へ）　色々威胴丸具足　十六間筋兜〔三鍬形・祓立台の一部欠〕付
（フランス武器美術館蔵）

兜（部分）

胸 板

家康贈呈（フランス国王へ）片身替色々威胴丸具足〔左脛当欠〕二十八間筋兜〔祓立台欠〕付
（フランス武器美術館蔵）

家康贈呈（イギリス国王ジェームズ1世へ） **色々威胴丸具足 二十二間総覆輪阿古陀形筋兜付**
〔本来の威糸は失われている〕（イギリス王立武器博物館蔵） 修復前の写真は三浦公法氏提供

面頬 左側面

面頬 裏面

兜 斜め上

兜 背面

兜 右側面

兜 左側面

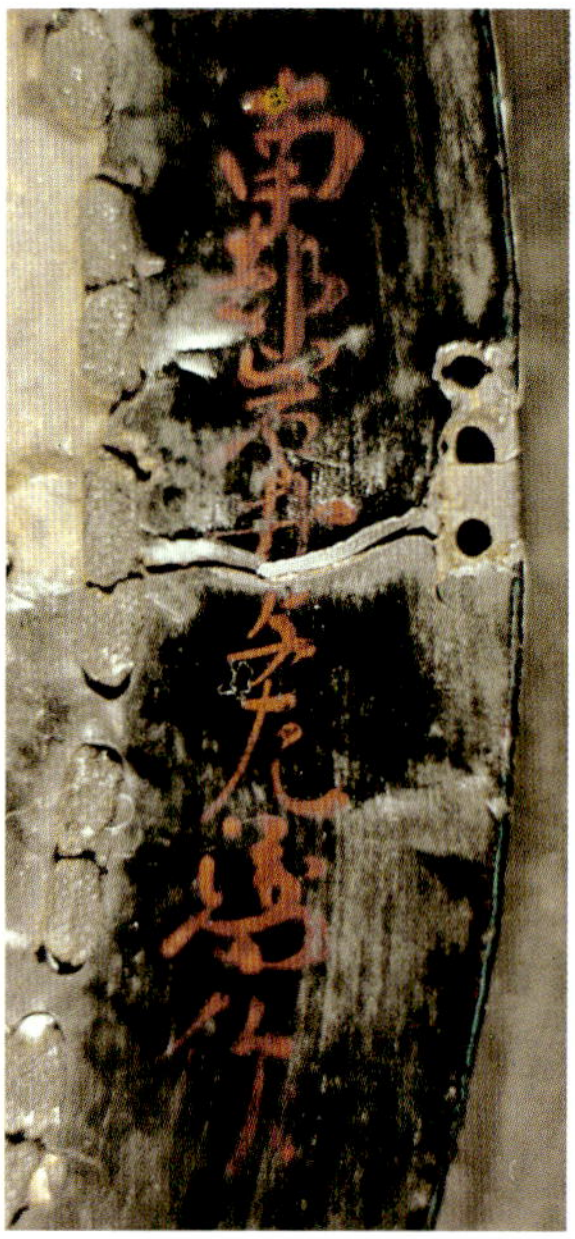

鞠裏の銘「南都岩井与左衛門作」

兜 八幡座

兜 裏側

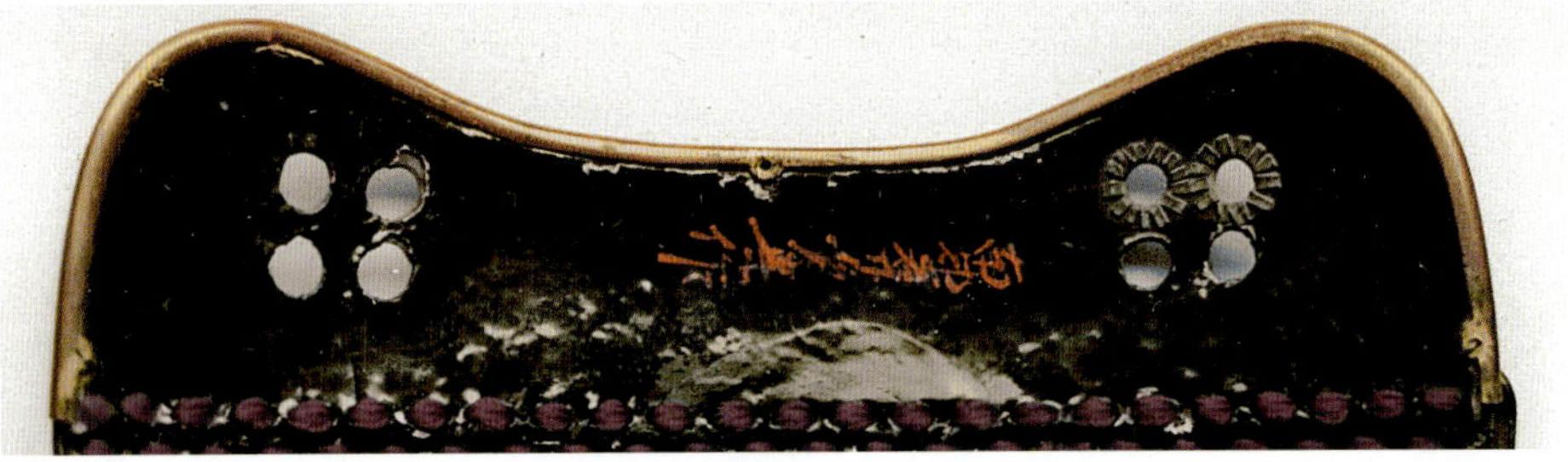

胸板の裏〔銘「南都岩井与左衛門作」〕

胴 背面

右脇板(引合せ後胴側)

左脇板

胴右脇引合せ

胴左脇

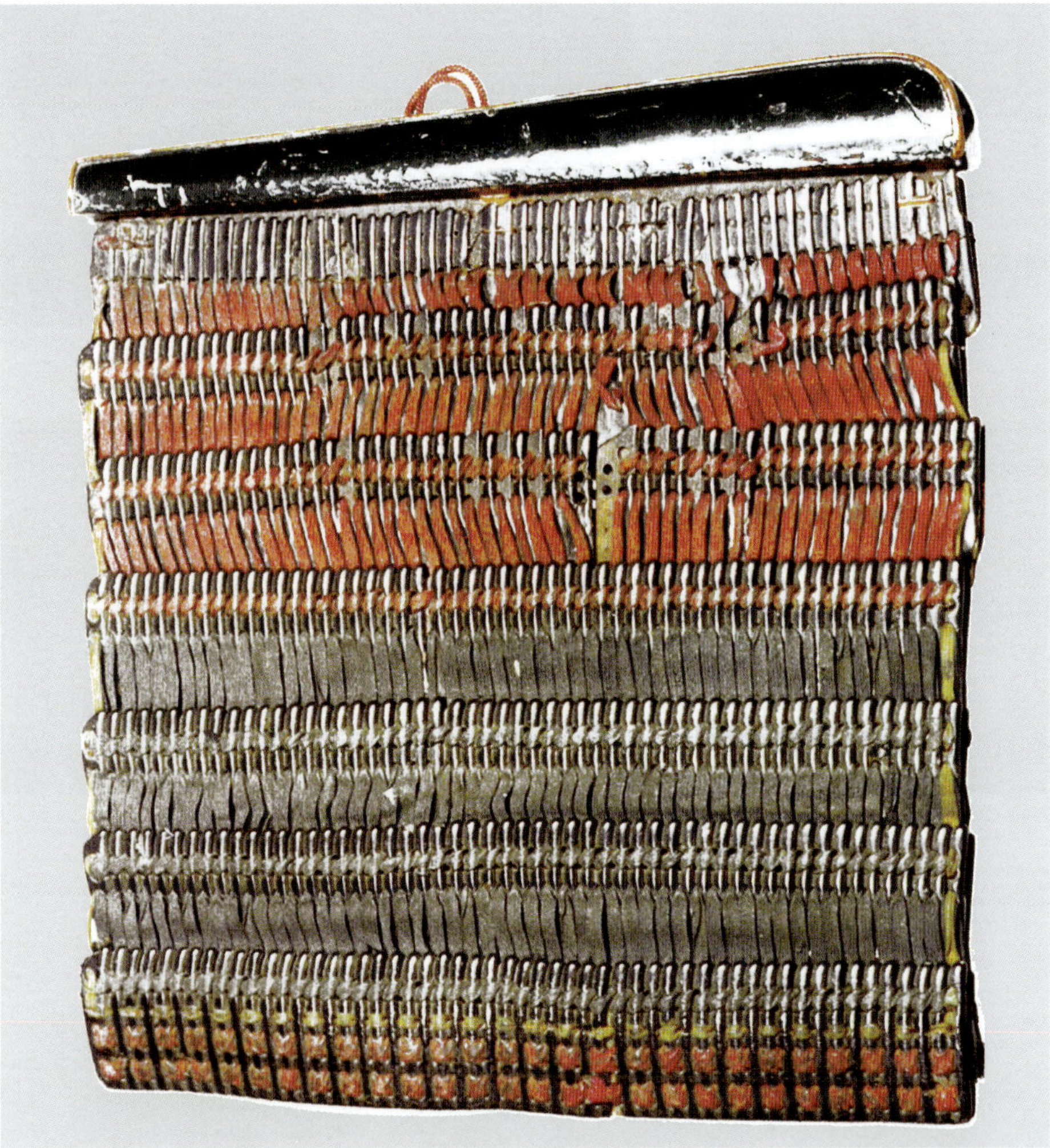

右 大袖

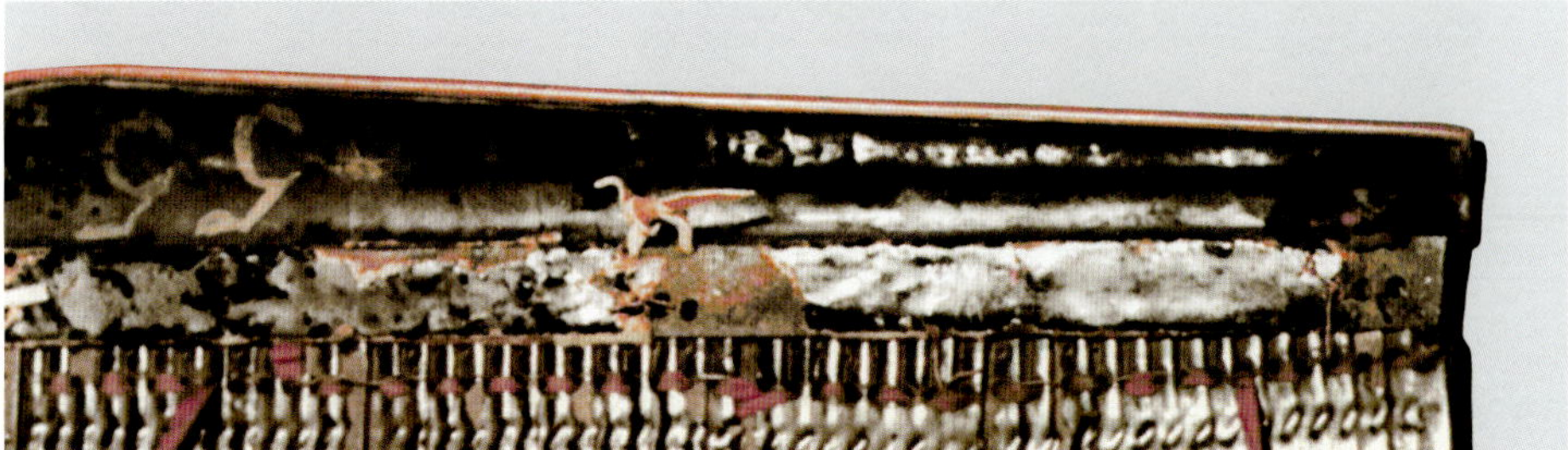

右 大袖の冠板(裏面)〔数字が打たれている〕

紫糸の残欠

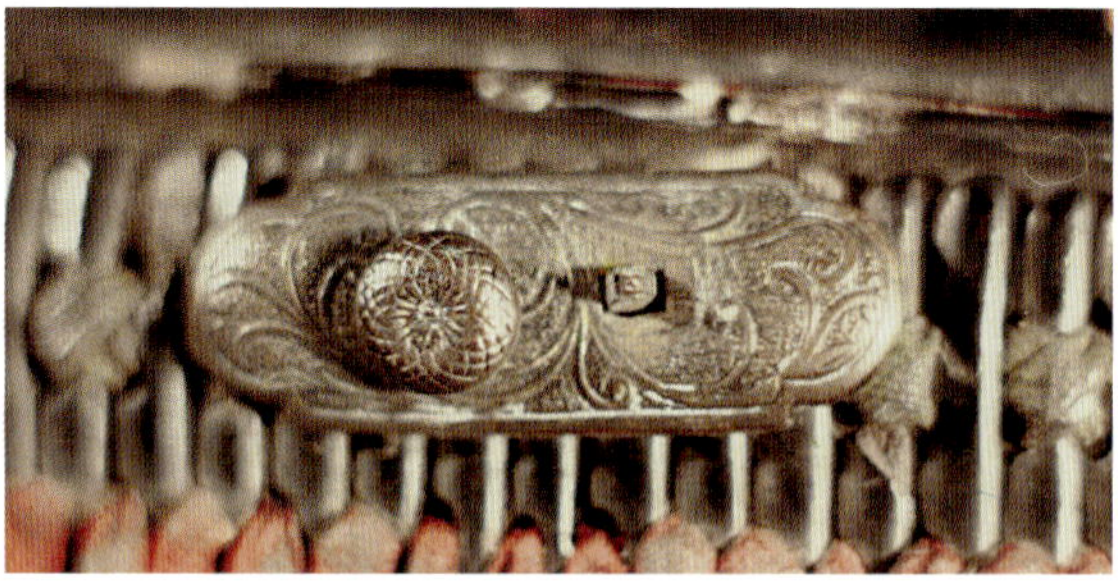

前立挙の八双金物

脇板の剣花菱紋蒔絵

脛当〔上部に数字が打たれている〕

修復後（紫糸胸肩紅威）の状態

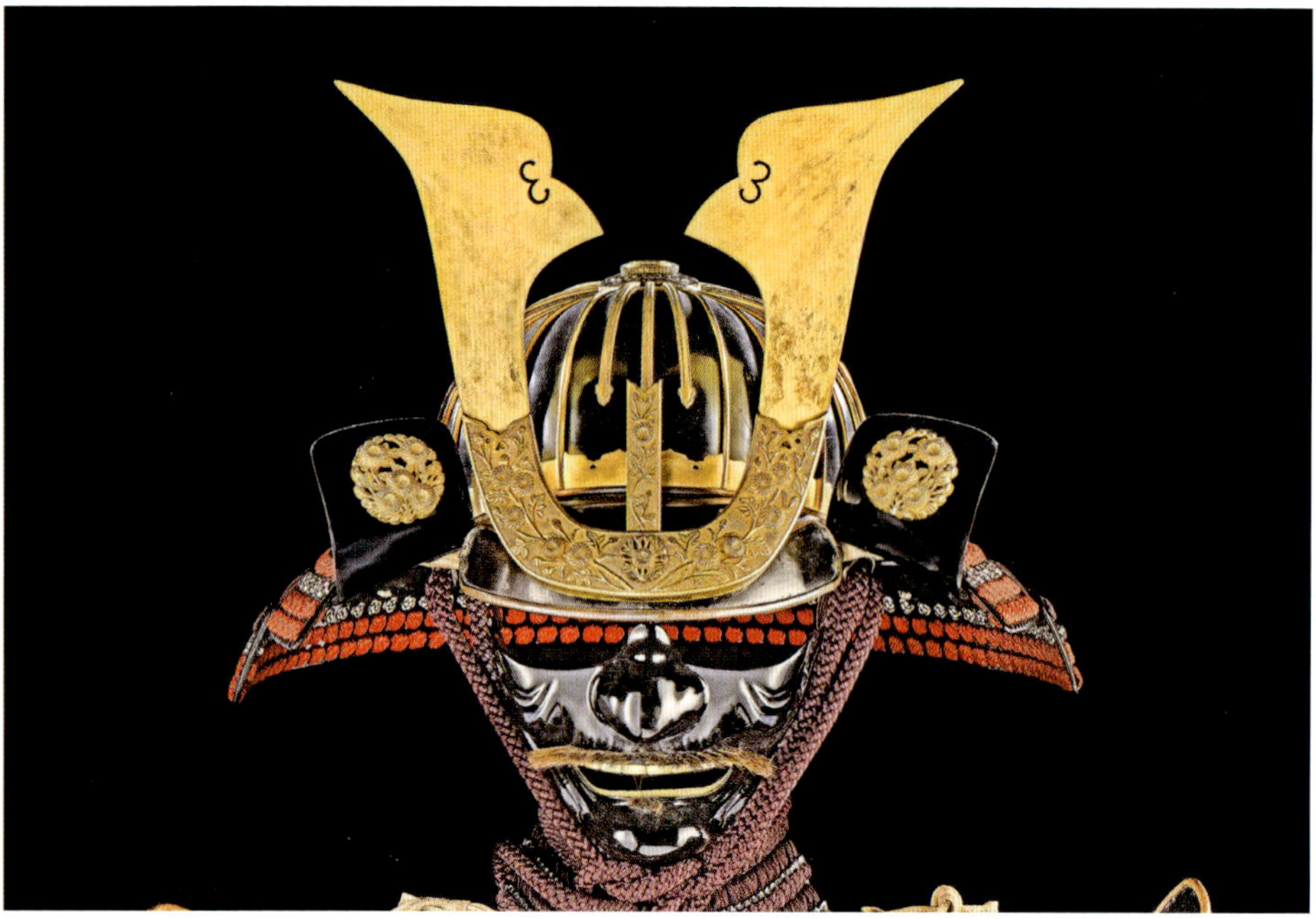

兜 正面（修復後）

兜 左側面（修復後）

胴 背面(修復後)

家康贈呈（イギリス国王ジェームズ1世へ） 綺桃威胴丸具足 五十二間総覆輪阿古陀形筋兜付
（イギリス王立武器博物館蔵）

兜 右側面

次頁腹巻の兜と面具

〔特別収録〕**内藤如安所用 最上腹巻 頭形兜付**〔本来の威糸は失われている〕
（イギリス王立武器博物館蔵・ロンドン塔ホワイトタワー展示）

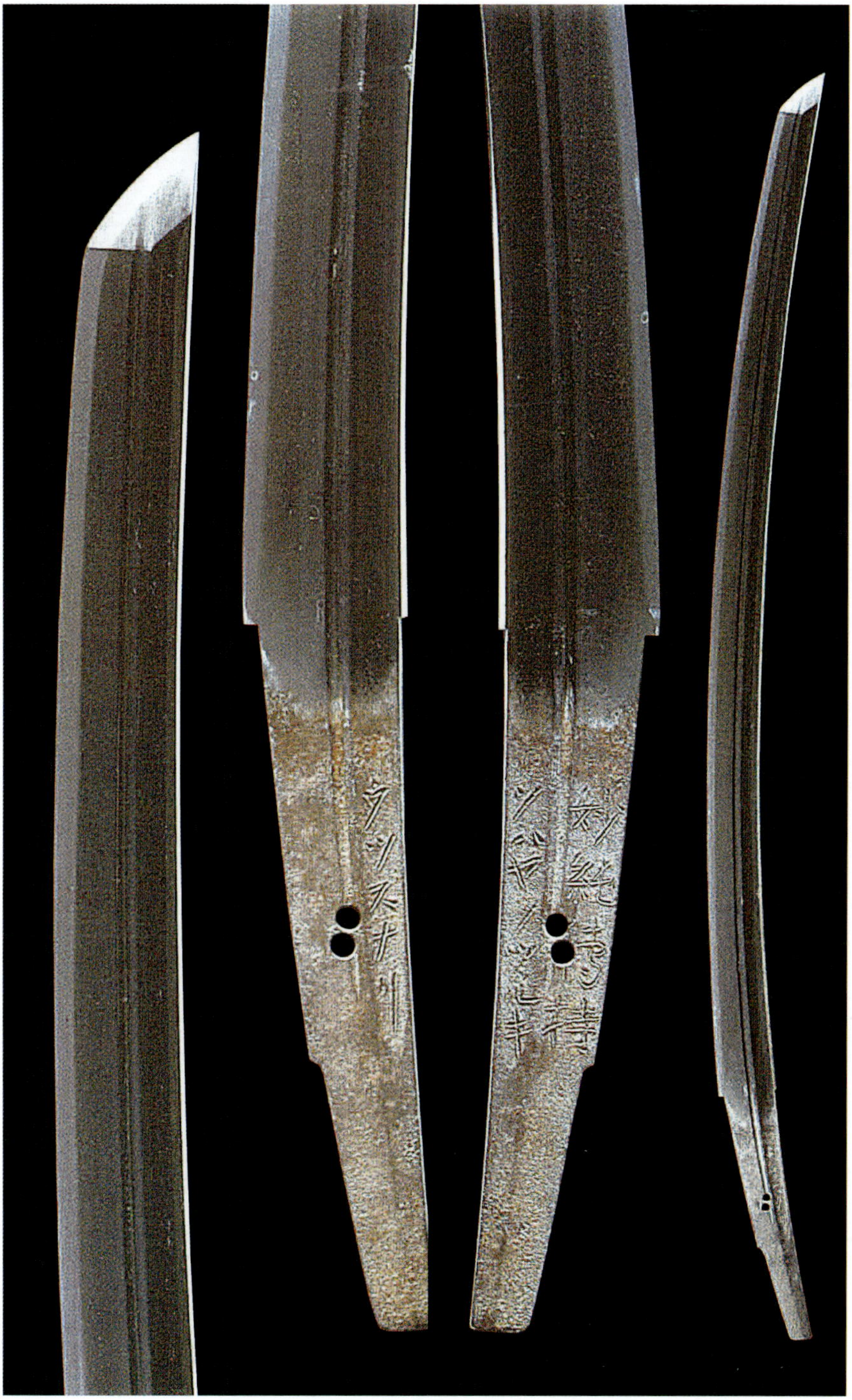

重文　家康所持　太刀　無銘　伝三池典太光世　切付銘「妙純伝持　ソハヤノツルキウツスナリ」（久能山東照宮博物館蔵）

〔御宿政友→徳川家康→久能山東照宮〕

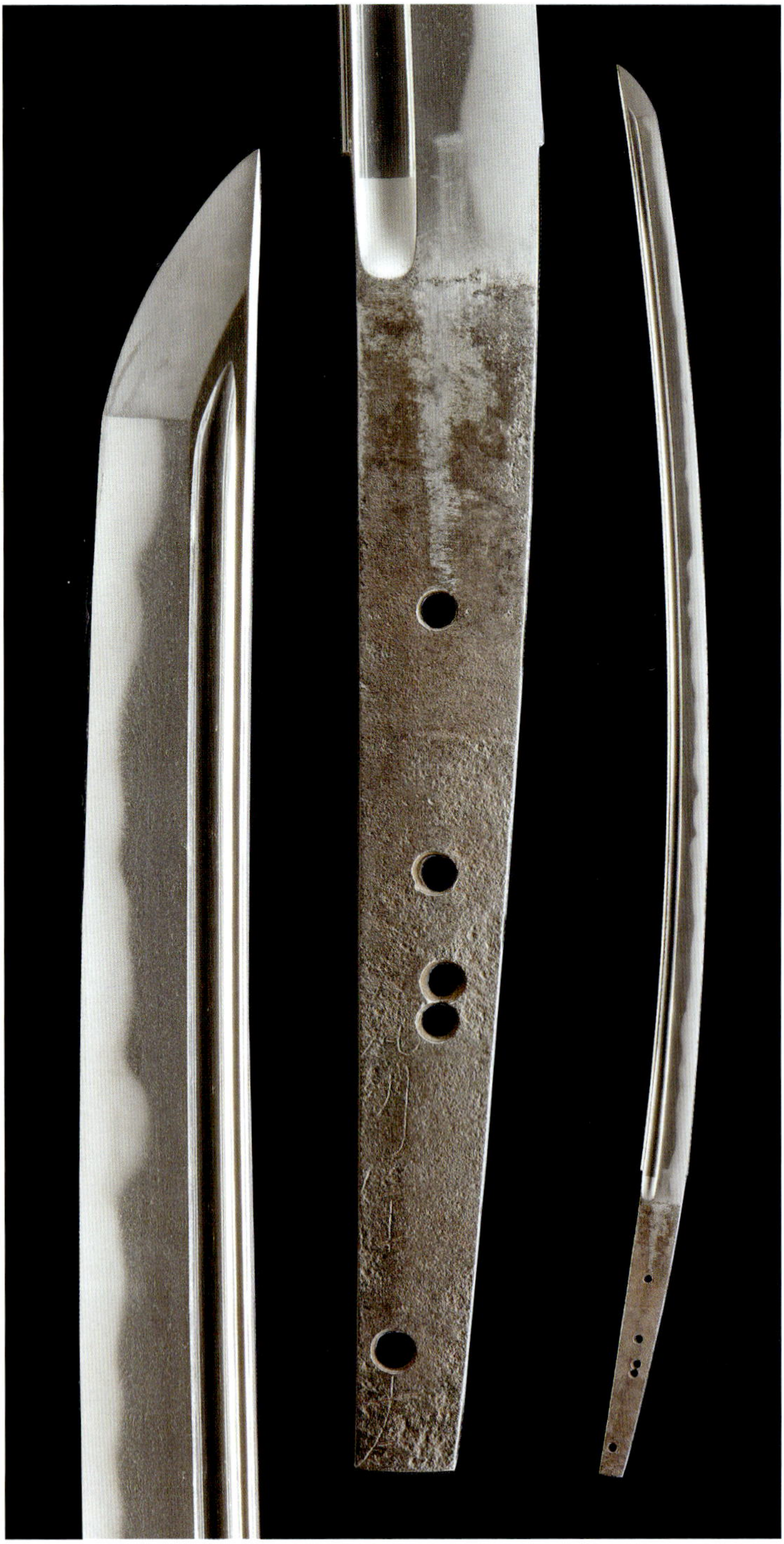

国宝 家康所持 太刀 号「江雪左文字」（個人蔵・ふくやま美術館寄託）〔板部岡江雪斎→徳川家康→紀伊頼宣（紀伊徳川家）〕

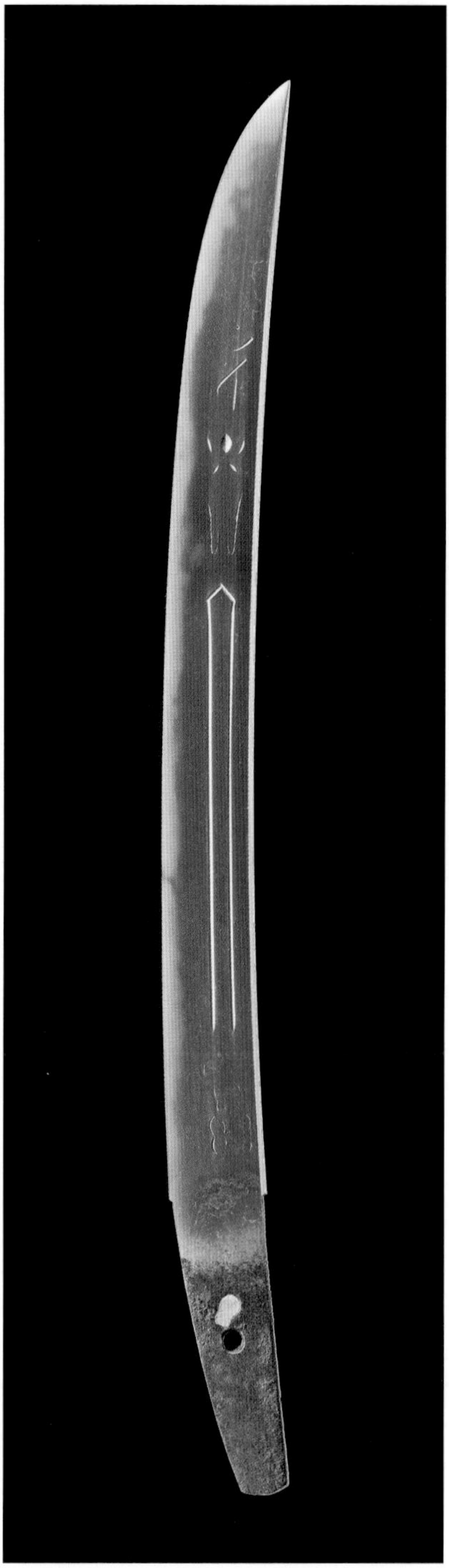

重文 家康所持　脇指　号「物吉貞宗」　無銘　貞宗（徳川美術館蔵）©徳川美術館イメージアーカイブ/DNPartcom

〔豊臣秀吉→豊臣秀頼→徳川家康→尾張義直（尾張徳川家）〕

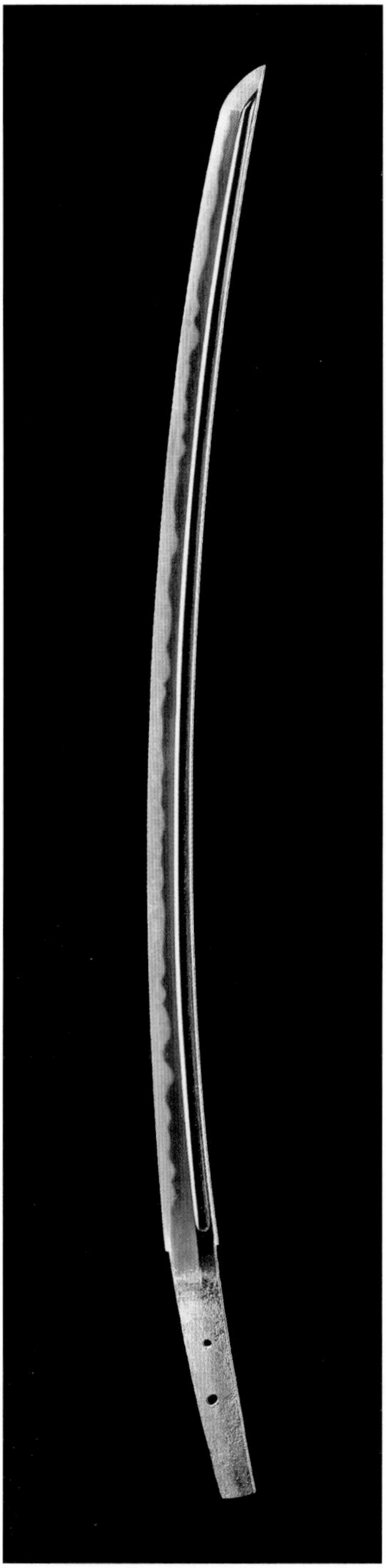

国宝 家康所持　太刀　号「大般若長光」　銘「長光」（東京国立博物館蔵）Image: TNM Image Archives

〔足利義輝→三好家→織田信長→徳川家康→奥平信昌→松平忠明（忍藩松平家）〕

重文　火縄銃（二挺）　銘「刃鉄筒三重張 慶長拾八年七月吉日 日本清尭（花押）」他（久能山東照宮博物館蔵）

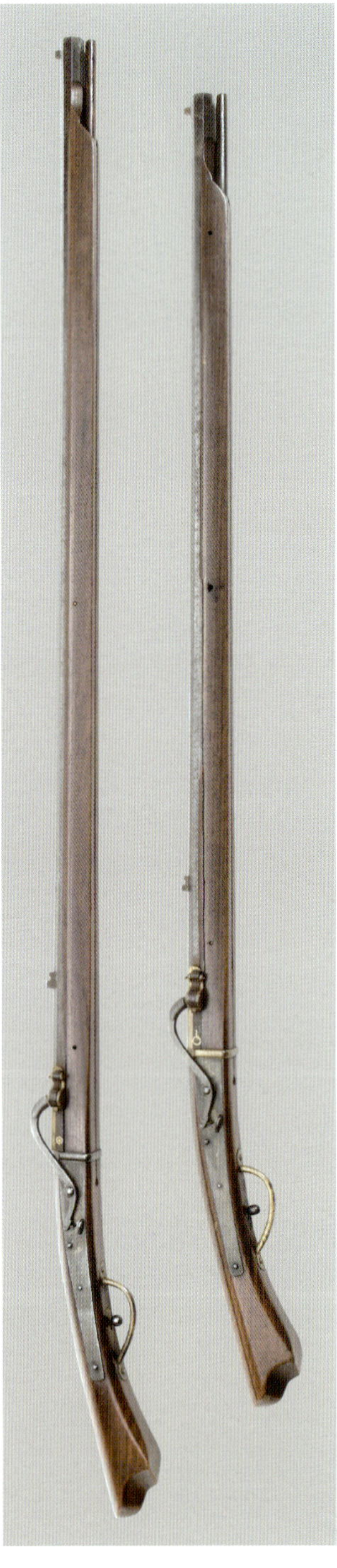

火縄銃　銘「完（宍）粟鋳鍛三重張 慶長拾六年十一月吉日 日本清尭（花押）」（高松松平家歴史資料・香川県立ミュージアム蔵）

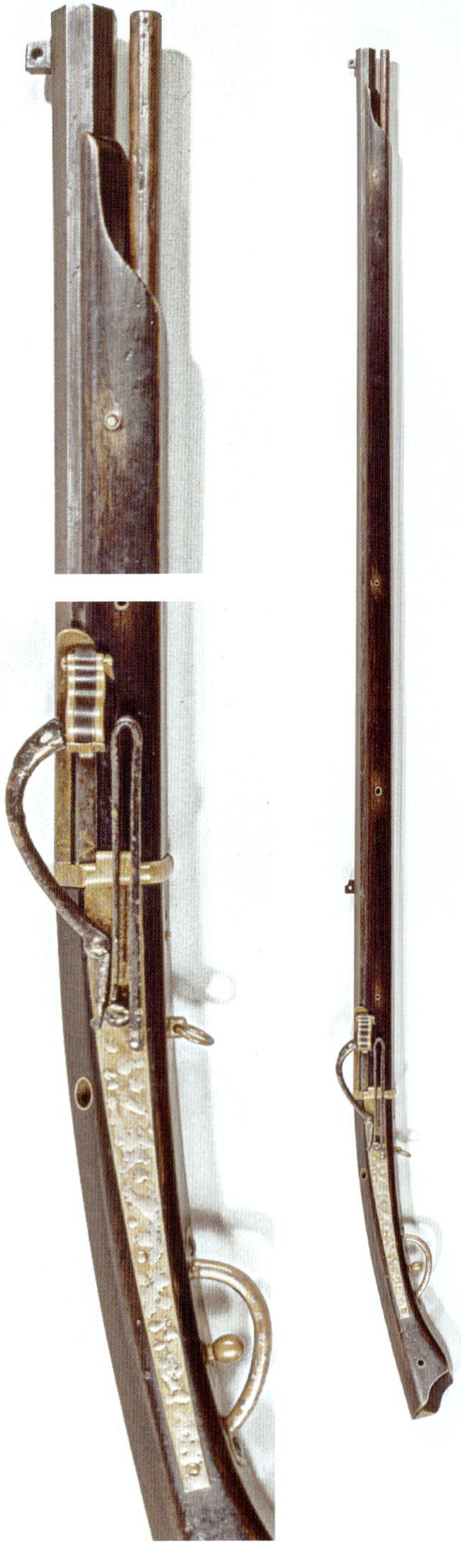

秀忠所用　潤塗茶糸威具足〔兜欠〕（久能山東照宮博物館蔵）

秀忠所用　金箔押切付札紫糸威喉輪（久能山東照宮博物館蔵）『葵 徳川三代展』（NHK）より転載

秀忠贈呈（イギリス国王ジェームズ1世へ）**金小札黒糸腰赤白赤糸威丸胴具足**
十二間総覆輪筋兜〔鍬形欠、剣曲損〕**付**（コペンハーゲン国立博物館蔵）

上部

国宝

秀忠奉納　太刀　銘「真恒」（久能山東照宮博物館蔵）『大徳川展』（大徳川展主催事務局）より転載

〔徳川秀忠→久能山東照宮〕

〔特別収録〕尾張義直所用 白糸威銀箔押二枚胴具足 唐冠形兜付（東京国立博物館蔵）
Image: TNM Image Archives

〔特別収録〕水戸徳川家当主所用　金小札緋威二枚胴具足　竜頭鍬形前立六十二間総覆輪筋兜付
（徳川ミュージアム蔵）©徳川ミュージアム・イメージアーカイブ/DNPartcom

〔特別収録〕水戸徳川家当主所用　金小札緋威二枚胴具足　鍬形前立大円山十八間筋兜付〔やや小型〕
（徳川ミュージアム蔵）

目次

第一章　家康の甲冑

甲冑に関しては伝説や創作話ばかりが幅を利かせ、学術的考察が浸透していない。所蔵先には申し訳ないが、甲冑については厳しい眼で評価し、率直に物申させていただくことにしたい。そして、きちんと年代順に並べたので、変化の流れを体感していただきたい。

家康の甲冑には、中世の名残りのある鎧から、当世具足に変化する過程を知るのに充分な資料が残されている。年代の定かなものをピックアップし、考古学でいう基準資料という考え方を採り入れると、今まで目に見えていなかった甲冑の変遷がご理解いただけると思う。

家康の時代、日本の甲冑はさまざまな発達・変化を遂げ続けた。それは多分に西洋甲冑の要素を取り入れたものであり、二枚胴が発明され、隙間が減ってどんどん完全武装化していった。また、動きを鈍らせる飾りでしかない悪い部分も吸収され、小鰭《こびれ》が付き、襟廻《えりまわ》りが付き、三日月板が付くようになる。

その後、江戸時代中頃になると、胴胸に采配《さいはい》付の鐶《かん》が二つも付くなど、それまでの伝統をまったく無視したような「お化け甲冑」も誕生するのである。そういうものの年代が「戦国時代」とされることもあり、多くの人は騙《だま》されている。

時代劇を見ると、戦国時代の床の間に必ず甲冑が飾ってあるのだが、そういう習慣は江戸時代に入っ

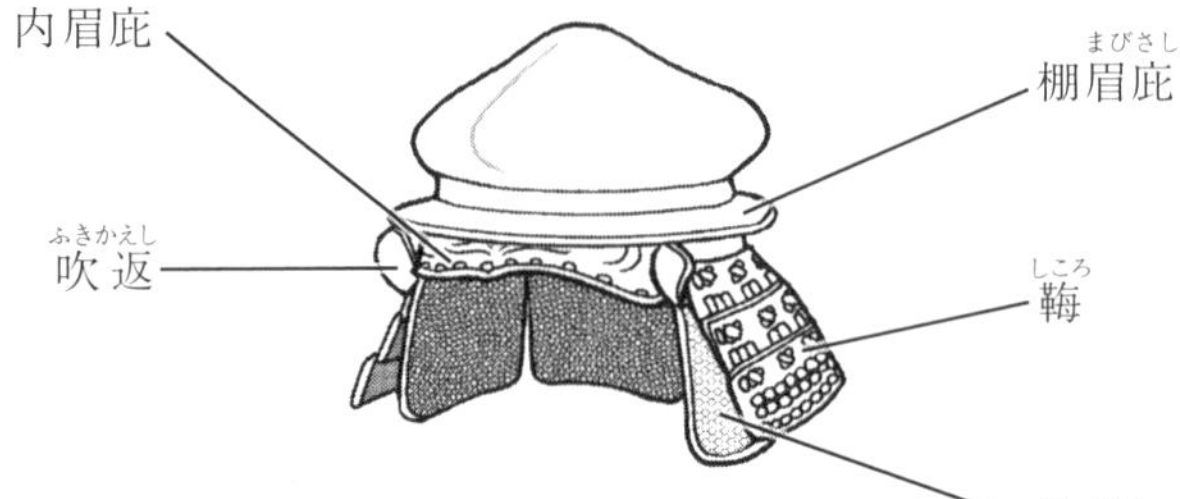

大黒頭巾形兜

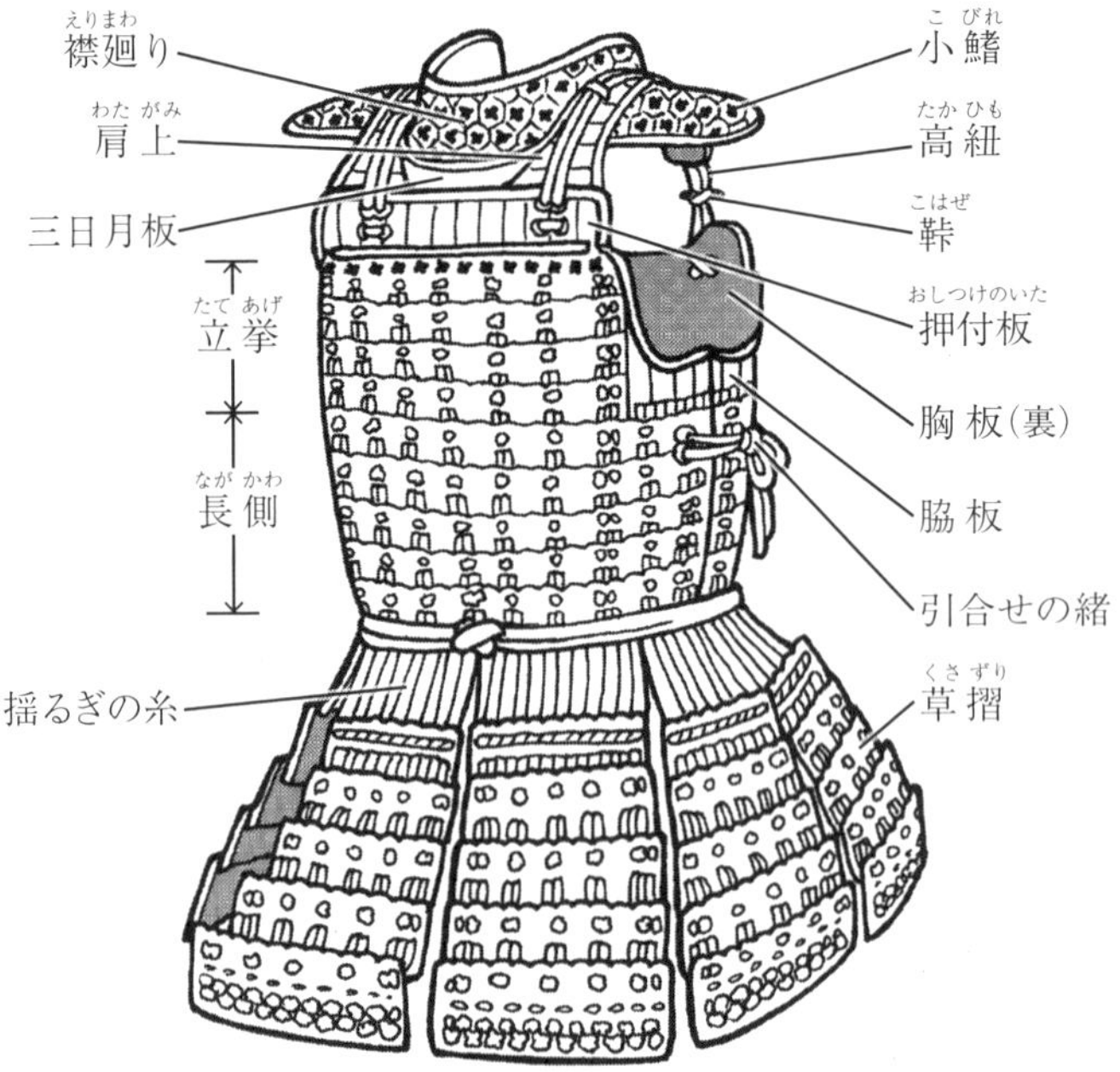

素懸威二枚胴(背面)

甲冑の名所《などころ》図

てからのものである。しかも佩楯《はいだて》や脛当《すねあて》を飾るのは、明治時代に入って甲冑が博物館で展示されるようになってからである。時代劇では、高いお金を払ってせっかくレンタルしたのだからと、飾ったり、戦をしていないシーンでも鎧を着せたりされがちである。

一、家康の若き日の甲冑

本当に戦国時代の甲冑と呼べるものは、今の日本に数えるほどしか残っていない。大名家の伝来品でも、藩祖を偲んで江戸期に作られたものを時々見かける。「甲冑は一合戦きりで使えなくなるものだから華美にするな」という家訓を残している武将もおり、消耗品であった。その点、家康のものはよく残されている。

紅糸威腹巻（静岡浅間神社蔵）戦国時代〈口絵参照〉

南北朝から室町時代にかけて徒歩戦《かちいくさ》が増加すると、その動きやすさから、騎乗の上級武士も腹巻を着用するようになる。兜・袖・杏葉《ぎょうよう》を備えて重装化し、戦国時代末期までは甲冑の主流の形式となった。

この腹巻は静岡浅間《せんげん》神社の社伝で徳川家康の元服鎧と伝えるもの。『駿国雑志』に「浅間神社に東照宮御鎧初の御鎧有り。これ天文二十年、神祖御年十三歳、今川治部大輔義元、府中の館に於いて御鎧初賀儀を行はしめ玉ふ時、義元調進する処の御料也」と記されているもので、駿河国守護職今川義元が、人質だった徳川家康（松平竹千代）のためにあつらえたものという。鎧着初《よろいきぞめ》は、元服や初陣《ういじん》に並ぶ武家の大事な行事であった。家康が駿府在城中、浅間神社の流鏑馬《やぶさめ》祭礼があった。この祭を運営した村岡大夫という神官に家康が与えたものという。大夫というのは御師《おし》のことである。

時代的に当然ながら黒漆塗の盛上本小札《もりあげほんこざね》製。革札が中心で鉄札が若干混ざる程度と思われる。幅の狭い札が使用されていて、奈良の甲冑師による作品と見られる。

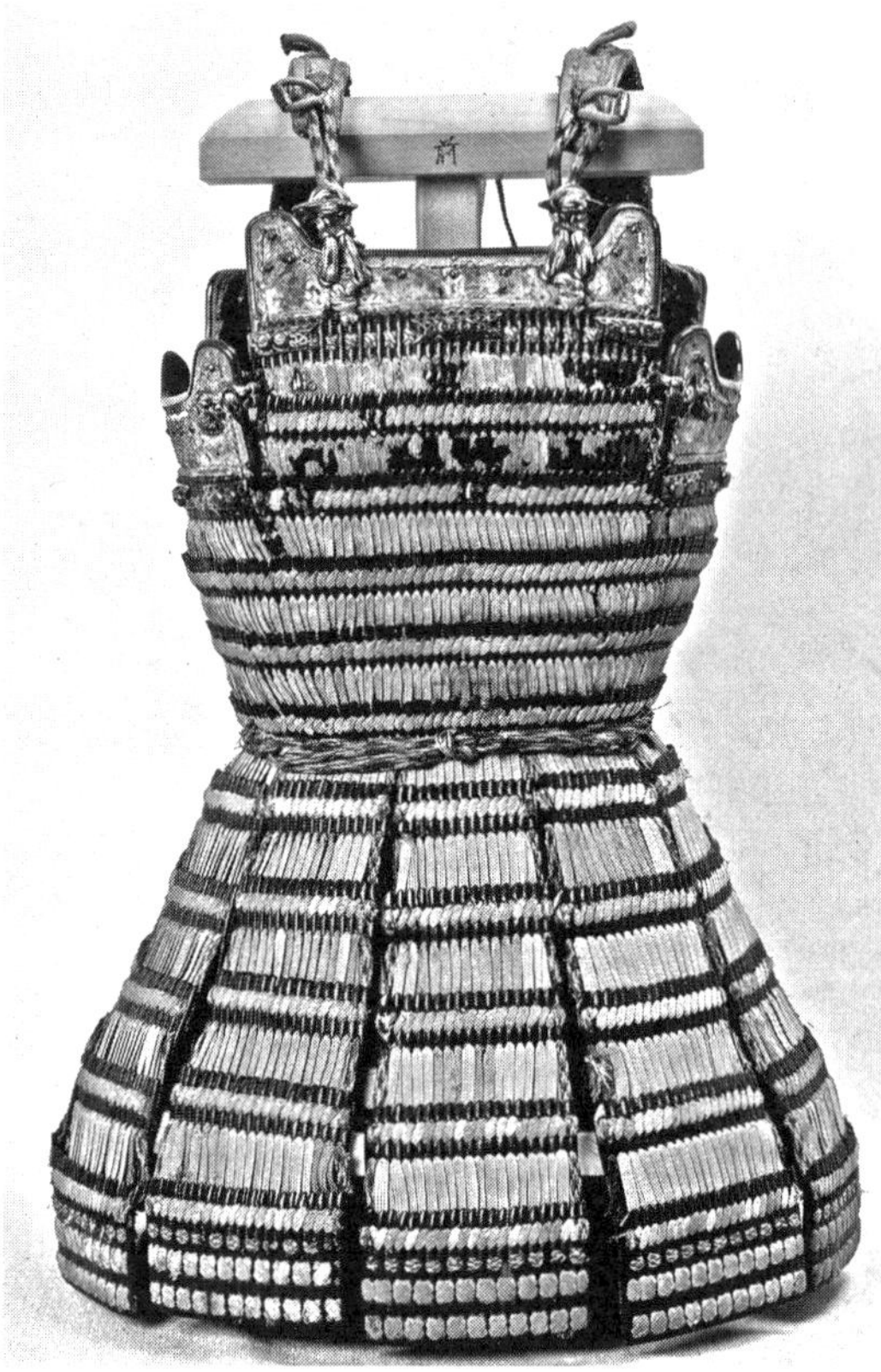
紅糸威腹巻（静岡浅間神社蔵）

胸板・脇板とも狭く、表は藻獅子文韋《もじしもんがわ》、小縁《こべり》は五星赤韋《ごせいあかがわ》。金具廻りの裏や胴裏は黒の滑革《ぬめかわ》包《つつみ》となっている。八双金物《はっそうかなもの》は枝菊文地透彫の座に奈良菊鋲《びょう》を二個ずつ打ってある。

立挙《たてあげ》は前後とも二段、長側《ながかわ》は四段。草摺《くさずり》は九間五段下り。背板の分も入れると十間となる。

上級武士の腹巻の背面には、継ぎ目を覆う背板を備えたが、本品はそれが完備されている（十一段）。腰に向かってすぼみ、草摺は裾が広くなっている。三段目に総角鐶《あげまきのかん》あり。背板は類品も少なく、貴重な遺品といえる。

もともとは全体が鮮やかな紅花染めの毛引威《けびきおどし》であったが、今は退色している。丁寧な菊透彫の金具が施されるなど高級な品で、家康はかなりの高待遇で迎えられていたことがうかがえる。あまりに立派なので、「義元の子氏真の元服鎧をお下りとして頂いたのでは？」という説を唱える人もいる。兜と袖は残念ながら欠損している。

浅間神社は延喜元年（九〇一）、醍醐《だいご》天皇の勅願によって駿河国富士山本宮より分祀されたもの。今川・武田・豊臣・徳川各家の尊崇を受けている。他に山田長政の「戦艦図絵馬（写）」があることでも有名。境内の一角に静岡市が運営する文化財資料館があって、本品が展示されることもあるが常設ではない。

二、関ヶ原合戦前後の甲冑

日本の甲冑は関ヶ原合戦前後で大きく変化している。兜はその武将の象徴として個性が求められ、胴はそれまで直線的だったものが洋樽《ようだる》状になり、前後二枚のものが一般化した。その原因は西洋甲冑が我が国にもたらされたことである。異文化と異文化の衝突によって新しいものは生まれる。

重文 南蛮胴具足 白檀塗南蛮兜付（日光東照宮蔵） 桃山時代 〈口絵参照〉

この甲冑は日光東照宮の社伝によれば、徳川家康が関ヶ原合戦で着用したものである。また、『久能山叢書』には、大坂の陣にも携行されたと記されている。同宮には別のもっと立派な甲冑が家康ゆかりの神宝として飾られていたが、江戸期の宝物庫火災で残念ながら焼失してしまった。そこで、控えの神宝であった実戦使用の当具足がそれに代わったという経緯がある。

兜はイタリア北部のキャバセットと呼ばれる銃兵のものに、日本式の眉庇《まびさし》と䩛《しころ》を取り付けて改造してある（前方の鍔板《つばいた》（水平部分）の縁は切ってあり後方は尖っている）。眉庇は当世風の簡略なもので黒漆塗、䩛は日根野形で朱漆が塗られ、黒糸の毛引威となっている。吹返はない。鉢は溜塗《ためぬり》という技法で赤味がかった透漆《すきうるし》が塗られ、磨き白檀《びゃくだん》としている。鉢裾のリベットは、もともと付いていたものだろう。一部不揃いにぐるっと並んでいて高級品ではない。

黒漆塗の半頬《はんぼお》（燕形《つばめ》）には、朱漆塗の革板札（碁石頭縫延《ごいしがしらぬいのべ》）の三段の垂《すが（たれ）》が付いている。

胴も西洋のフランドル地方（ベルギー）で作られた二枚銅（前胴と後胴）形式のもので正中に鎬《しのぎ》、背中の正中にやや凹《へこ》み、他に三本線の飾り模様（銀象嵌《ぎんぞうがん》）が数カ所ある。日本では「鳩胸形」、イギリスでは「さやえんどう形」、フランスでは「妊婦形」と呼ぶらしい。発手前方（股間）が鋭角的であるため、日本式の草摺《くさずり》を付けるのに苦労したあとが見られる。また、胴の発手は外側に折り返されていて、花模様のリベットが並んでいる。

首や腕の部分も端がかすかにまくれ上がっているのは、正中の鎬と同様に刀や槍の力をそらすためである。日本の当世具足も島原の乱ごろになると胸板の上端が反り返ったもの（鬼会《おにだまり》）が現れるが、やはり西洋甲冑の影響といえる。

草摺は朱漆塗の革板札《いたざね》（碁石頭縫延）を黒糸素懸威《すがけおどし》にしている。前の三間は四段下り、後の三間は五段下り。写真だと分かり辛いが、足の動きにフィットさせるため、かなりの数の蝶番《ちょうつがい》が使用されてい

南蛮胴具足 白檀塗南蛮兜付（日光東照宮蔵）

る。さらに揺るぎの糸で六間の裾が揃うように調節してある。

また、西洋甲冑の特色として、マンチラと呼ばれる喉《のど》から胸をガードする部品が付随している（余談であるが、これは満智羅と表記されて、日本の当世具足に取り入れられている。ただし、それは西洋甲冑のように胴の上に被さる鉄板ではなく、家地に鎖を縫い付けたものである）。これにも三本筋の銀象嵌が放射線状に刻まれている。

大身使用でありながら袖がない甲冑は、作られた当初から具足羽織が付属していたはずだが、それは現存していない。当時は裏地もないような薄いものが使用されたので、傷んで残らないのが普通である。

籠手《こて》は密集した八重《やえ》鎖で編み、瓢箪《ひょうたん》と筏金《いかだがね》を配している。肩上《わたがみ》に直接取り付ける。手甲と瓢箪には模様が打ち出されていて高級感がある。

小篠《こしの》を混ぜた鎖佩楯《くさりはいだて》、簡素な篠脛当《しのすねあて》は軽くて実戦向きだが、家地は新しいものに交換されている。

脛当には立挙がない。欠損したのかもともとないのか判然としない。

この甲冑には鎧櫃《よろいびつ》がそのまま残されている。背負い式で、負い綱も付いている。家康ほどの身分でも、この時代まではこうしたものを使用していたのである（もちろん家人が担ぐのであるが）。なお、前述の通り、甲冑を飾るのは江戸時代に入ってしばらくしてからの習慣である。しかも、佩楯と脛当は泥のつく汚いものなので、明治になって博物館ができるまで、飾ることはなかった。

桐製の外箱には「関原御陣御着用御具足」と墨書きされていて、伝来に疑いの余地はない。時代鑑定の基準資料となり得る品である。なお、関ヶ原合戦において家康は、胴と羽織だけを着用し、頭は雨除けの笠という姿であったという逸話もある。最前列で戦う時以外は、そんなものであろう。

ＴＶや映画の時代劇ではよく織田信長が南蛮具足を着ているが、その時代に日本にもたらされた記録は皆無。西洋では銃の発達によって重い甲冑は時代遅れになっていたのである。ルイス・フロイスが信長に「鍍金《めっき》した円形の盾」を贈ったが、これはまったく日本にはとけ込まなかった。

豊臣秀吉は晩年になってようやく四領の西洋甲冑を入手する。まずはポルトガル人によって、二領の西洋鎧が贈られてきた。馬具付馬も一緒だったことが、京都府妙法院所蔵のインド副王の書簡で確認できる（秀吉の最晩年に金箔押馬鎧札の馬甲が登場したのは、この影響か）。日付は一五八八年なので、秀吉が没する十年前である。あとは一五九六年に土佐に漂着したスペイン船サン・フェリペ号からの没収品。没する二年前である。

また、ローマ時代の革の筋肉鎧の絵などもたらされていたのか、秀吉はそれを模して鉄で打ち出し、肋骨《ろっこつ》胴を完成させた（繋ぎがあって一枚鉄ではない）。そして、スペインのフェリーペ二世（在位一五五六～一五九八）に贈っている（飯田意天『織田信長・豊臣秀吉の刀剣と甲冑』参照）。

二枚胴は構造が簡単で収蔵に便利なため、大いに流行することになる。ただし、軽輩用が多く、大身がこの形式を採り入れるのは江戸時代以降である。日本甲冑の変化の歴史は、身分の低い者が使っていたものを、「あれは便利じゃないか」と大身がプライドを捨てて用いるという流れであった。

家康は信長・秀吉の生存中は西洋文化にあえて関心を示していなかったが、慶長五年（一六〇〇）三月、豊後国に漂着したオランダ船リーフデ号を丸ごと買い取った。これを契機に乗組員だったウィリアム・

アダムス（三浦按針《あんじん》）を雇い、西洋文化に傾倒していく。なお、家康は関ヶ原合戦の少し前から源氏の棟梁を自負して、御旗を総白にしていたが、天守・櫓《やぐら》・塀壁を柱まで白漆喰《しろしっくい》で塗り込めて城のイメージを一新した。アダムスから、ロンドン塔のホワイトタワーなどの話を聞いて、ヒントにしたと思われる。

リーフデ号を買い取った家康の目的は、積荷の銃五百丁、銃弾五千発、火薬五千ポンドにあったが、予想外に六組の兜と胴があった。時代遅れとはいえ、航海中に海賊に襲われた際には甲冑が役に立ったのである。アダムスは、

「鉄砲に当たっても、アーマーなら鉛弾が反れるように設計されているので大丈夫です」

と、兜と胴の中央の鎬を説明した。

コロンブスがアメリカ大陸に到達した姿を一五九〇年に描いた印刷絵が世に出回っている。それには兜と胴だけを着込んで銃を担いだ護衛の姿が二名確認できる。コロンブスの時代というよりも印刷されたこの時代の風潮であろう。家康が入手したのは兜と胴のみであったが、手足の部位を廃棄したわけではなく、初めから無かったのである。フルアーマーではなくハーフアーマーである。それを関東甲冑師に実験的に日本式に仕立てあげさせた。現存するいくつかを比較すると、どれも形状が異なっているのが特色である。

これから検証するが、家康は南蛮具足をよほど気に入ったらしい。二十領もの和製南蛮胴具足を関東の甲冑師に作らせた。それらは後に大坂城へ移されて保管されていたことが、江戸城の富士見多聞櫓に残っていた『大坂御城武具覚』に書かれている。家光の代には二百領にも及んでいたらしい。

これがもとで、当世具足は洋樽形の二枚胴が主流になったと筆者は推定している。よく洋樽形の二枚胴の甲冑を桃山時代と説明する書籍があるが、一部の例外を除いて、二枚胴を見たら、伝来や由緒を信用せずに江戸期以降のものだと思ったほうがいい。

『厳有院殿（徳川家綱）御実紀』『東照宮御実紀』には、後述の「歯朶《しだ》具足」（歯朶は羊歯とも書く）は関ヶ原合戦で家康が使用したものであると書かれており、徳川家の甲冑師岩井与左衛門の子孫も関ヶ原合戦・大坂両陣に「歯朶具足」が用いられたと書き残している。だが、これは遺物の作風から言って肯定しかねる説である。

余談になるが、戦場に女性を伴うことはご法度であった。ところが家康は関ヶ原合戦当時、側室の於梶の方（後の英勝院）に夢中であった。そこで、男装させて騎馬武者姿にして同行させたという。

南蛮兜（紀州東照宮蔵）　桃山時代〈口絵参照〉

紀州徳川家の初代紀伊（徳川）頼宣が、五一頁の「白檀塗南蛮胴具足」とともに紀州東照宮に寄進した、家康の遺品である。日光東照宮の南蛮兜とほぼ同型だが、前立の角本がある（前立は現存せず）。この鉢の表面は溜塗ではなく、日光東照宮の「南蛮胴具足」と同じように黒漆塗銀箔押で、三本線の飾り模様（銀象嵌）が十数条ある。もともと日光東照宮の「南蛮胴具足」と一体だった可能性があるが、紺糸威五段の鞠は黒漆塗で別物としてアレンジされている。後方にグッと下がる形式である。キャバセットの高級なものは一枚鉄の打ち出しだが、これは二枚合わせでランクがやや落ちる。鉢裾の花鋲も不揃いで左右対称でない。

　日光東照宮のものと同じように錣板前方を断ち落とし、和式の眉庇（茶漆塗）を設けている。鞠は黒漆塗で五段を紺糸威している。

　元禄十二年（一六九九）の付属文書には、「この南蛮兜、日光の南蛮兜とともに、徳川家康秘蔵の兜三頭のうちの一頭なり」と記されている。

　余談になるが、日光東照宮の兜の形を「瓜形」あるいは「米粒形」と呼ぶ人もいる。天辺の尖りが逆だが、日本の桃形《ももなり》兜ともよく似ている。桃形兜の古い遺品は本能寺の変（一五八二）で滅んだ穴山梅雪の遺臣望月氏のものがある。

歯朶前立 南蛮兜（紀州東照宮蔵）

　キャバセットそのものが輸入されていなくとも、絵図の類は日本に入っていたと思われる。なぜなら、次いで古いと思われる立花宗茂の「金箔押桃形兜《きんぱくおしももなりかぶと》（金甲《かぶと》）」には後方に羽飾りの筒まで付いているのである。立花家のこの兜は桃山時代から江戸時代にかけて作られた。二百三十九頭が現存しているが、長押《なげし》にズラッと並べて飾る方法も西洋流である。

　日本では大和朝廷が権力を持っていたころは、鎧は朝廷が蓄えて兵に貸していた。ところが、その力

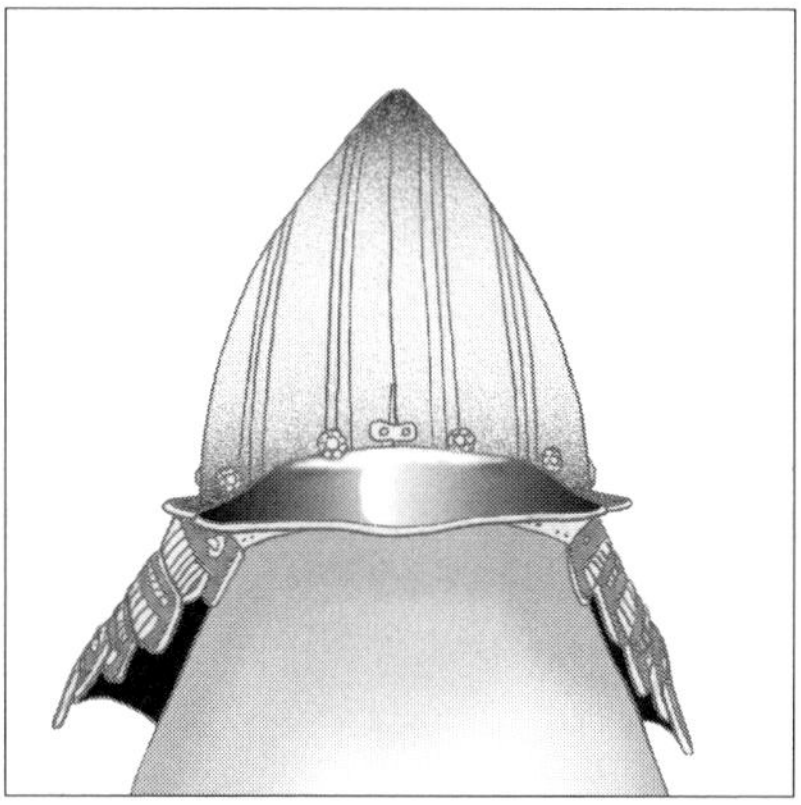

南蛮兜（紀州東照宮蔵）**図**（正面・著者筆）

が衰えて武士の時代になると、武具は各自の負担となっている。「御貸《おかし》具足」なるものの起源は、文禄の役におけるこの金甲にあると推定される。

武将独自の馬験《うまじるし》（後に馬印の字が当てられる）の出現も、兜に前立・後立が付いたのも、変わり兜が流行ったのも、西洋文化との出会いによるものである。それを否定する材料はない。新しい文明とは、異なった文化と文化がぶつかって発生するものであり、影響を受けたことを恥じる必要はない。

最近はこの兜に同じ紀州東照宮蔵の「茶糸威六間筋兜」（五四頁参照）の歯朶前立を付けて展示されることがあるが、別物である。『関ヶ原記』には「内府様《だいふ》（徳川家康）は裏白の御兜を召され、床几に御腰をかけられて首実検に臨まれた」とある。裏白は歯朶のことで、「裏白の御兜」は関ヶ原合戦のころから家康が好んで使用したものである。

重文　南蛮胴具足　南蛮兜付（東京国立博物館蔵）　桃山時代

付浅黄綸子地葵紋付具足下〈口絵参照〉

徳川四天王の一人榊原康政（一五四八～一六〇六）が、徳川家康から拝領したと伝える南蛮甲冑である。伝来した榊原家ではこの具足を「漢南《かんなん》甲冑」と呼んだ。

兜は家康のものと同じく西洋のキャバセットを改造したものである。あまりできのいいものではなく、二枚の鉄板を中央で矧《は》ぎ合わせたものである。あるいは兜だけ和製の可能性もある。しかも、なぜか前後が反対になっていて、日本の桃形兜同様に天辺の尖りが前を向いている。家康はリーフデ号の積荷であったものを、それぞれ別々に実験的に改造していたと思われる。

表面は鉄錆地《てつさびじ》、鉢裾のリベットは日光東照宮のものと違って銀鍍金である。また、鍔板《つばいた》の下に連弧状の眉庇（黒漆塗）を付けている。その両端に蝶番で小鉄片を繋ぎ、榊原家の家紋「源氏車」を金蒔絵《きんまきえ》している。

𩊱は日根野《ひねの》形式の切付小札板物《きりつけこざねいたもの》（黒漆塗）、五段を紺糸で毛引威している。後立《うしろだて》として見事な白熊毛を飾り、さらに白熊毛を𩊱に引廻して単調な南蛮鉢にセンスのいい変化をつけている。

面具は目の下頬で髭《ひげ》はなく、銀鍍金の歯が付いている。表面全体に鑢目《やすりめ》を付けており、内側は朱塗である。垂も𩊱同様の作りとなっている。

胴は鉄地の打延《うちのべ》で正中《しょうちゅう》に鎬《しのぎ》を立てた前後の二枚胴。マンチラがない代わりに、鉄肩上《わたがみ》の前方に鉄片の杏葉《ぎょうよう》を蝶番付している。また、切付小札の小鰭《こびれ》三段も蝶番付されている。表面に模様は一切ないが、股間が鋭角的になっているのは日光東照宮のものと同じである。日本の甲冑師は南蛮胴を真似し始めたころは一枚鉄の打ち出しができず、継いだものにコクソをかけて平らに見せていた。また、和製南蛮胴は胴尻が平らな場合が多い。したがってこれは質素でも舶来品とみていいだろう。

草摺は前五間、後ろ四間で五段下り。黒漆盛上の本小札で紺糸の毛引威となっている。正面一段が逆山形作りになっているのが特徴的。

籠手は瓢籠を付けた小田《おだ》籠手で鉄のカルタ札を配した八重鎖。冠板《かんむりいた》は蝶番が二カ所あって三間になっている。菊形の肘鉄《ひじがね》あり。手甲には帆船などの飾鋲がある。家地《いえじ》は藍地牡丹花文の金襴《きんらん》で、裏は柿麻布を貼って黒革の小縁《こべり》を付けている。

佩楯は黒漆塗の革板小札五段を紺糸で菱威にしている。家地は籠手と同じで高級である。脛当《すねあて》は鉄の六本篠《しの》を八重鎖で繋いでいる。下方内側に漆塗の鉸具摺《かこずり》革を設けている点は、典型的な江戸期の当世具足と同じである。立挙は欠損している。

この具足には、珍しく鎧の下着である「浅黄綸子地《あさぎりんずじ》葵紋付具足下《した》」が付属している。越後国高田藩主である榊原家（十五万石）に、「漢南甲冑」の下に着る装束として伝来したものである。表は浅黄地紗綾《さや》形小花折枝文綸子。裏は白練緯地《しろねりぬきじ》の綿入袷《あわせ》。前開き盤領《あげくび》で、紅地紗綾形蘭菊文綸子の立襟《たてえり》になっている。袖は曲線で袖口が詰まる。袖脇と背には約一五センチの脇明《わきあき》と背割れがある。両胸と袖後・背中に直径六センチほどの丸に三葉葵紋があって、徳川家からの拝領品であることが証明される。

なお、榊原家には家康から拝領した「鎧下」と「小袴」が別に伝来しており（旧高田藩和親会管理）、ともに新潟県指定文化財になっている（絵画資料もあり）。

白檀塗南蛮胴具足　月輪前立南蛮兜付（個人蔵・徳川美術館寄託）　桃山時代

〈口絵参照〉

渡辺守綱（一五四二〜一六二〇）は、徳川家康の重臣で「槍の半蔵」と呼ばれた豪傑である。「鬼半蔵」と

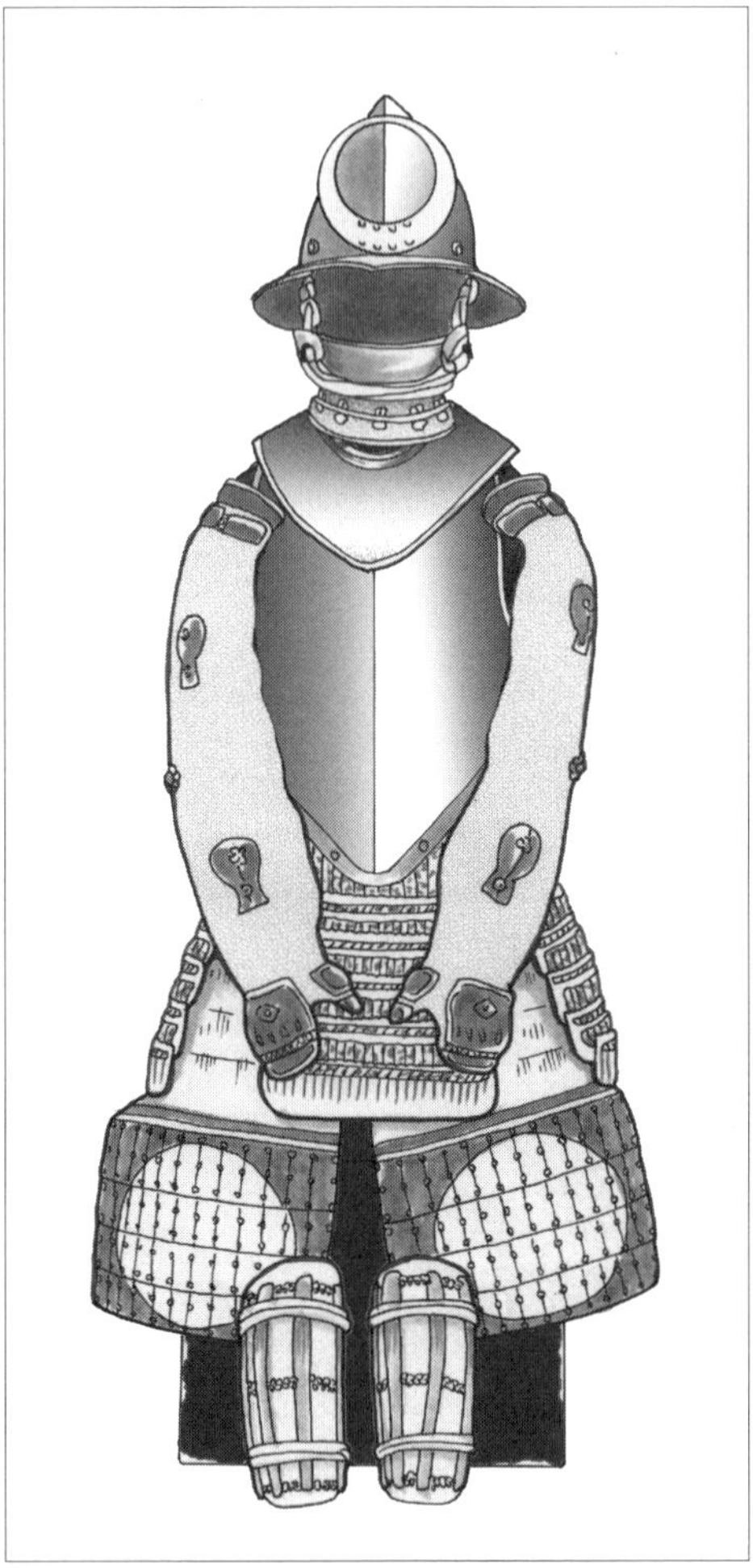

白檀塗南蛮胴具足
月輪前立南蛮兜付（個人蔵）図（著者筆）

呼ばれた服部正成と当時から並び称された。また、徳川十六神将の一人としても讃えられている。徳川家が関東に移ると三千石を拝領。関ヶ原合戦の後、大坂城内において徳川家康からこの甲冑を拝領したと伝えている。

兜は鉄錆地、比較的しっかりした一枚鉄のキャバセットである。鉢裾に鋲がめぐり、錣板はそのままで前後が少し尖った感じである。角本が加えられて八つの鋲が打たれた鍍金の月輪前立が付く。鞠は黒漆塗で威糸のない簡素な一枚板。

面具は鉄錆地の頬当で、垂は三段素懸、鉄地を生かした白檀塗である。威糸は欠損している。

胴は南蛮胴の通例の形で、二枚の鉄板を打ち出して、前と後を合わせる二枚胴である。草摺は六間五段で、黒漆塗切付板札を啄木威《たくぼくおどし》としている。マンチラがあって、肩口には大きな一枚鉄の小鰭も備わっている。胴・マンチラ・小鰭ともに鉄地を生かした白檀塗。

籠手は黒漆塗の瓢箪鎖綴じ。肘鉄あり。手甲には花菱紋がある。佩楯は黒漆塗の練革板で大きな日輪を金箔押している。簡素な篠脛当は立挙と家地がなくなっている。付属するものとして、旗指物の受筒・その支え板・枕、腰当と弁当箱が残っている。

ところで、守綱の子孫は一万石で尾張徳川家の付家老として続いた。領地は尾張国寺部（愛知県豊田市）で、二代目が建てた守綱寺《しゅこうじ》という寺院がある。そこに伝わる愛知県指定文化財「渡辺守綱像」は南蛮甲冑姿で、右の伝来を裏付けるものとなっている。

ただし、細部を見ると遺品と若干異なっている点もある。草摺の裾板に渡辺家の紋「一文字に三星」が書き込まれている点や、威糸の色、小鰭の形状である。また、遺物には亀甲金を縫い付けたワッフルのついた小鰭が付属するが像にはなく、この点が大きく異なっている。もっとも、寄託先が豊田市郷土資料館から徳川美術館に変わってからは、展示では排除されている。

前田慶次所用といわれる「朱漆塗紫糸素懸威五枚胴具足」の袖に似ているが、同品も後世の改造と思われ、類似性を感じる。やや時代の下る画像がもう一枚あり、それは緑の具足羽織を着ていて草摺の裾板は菱綴《ひしとじ》である。

南蛮胴 南蛮兜鉢付（金剛寺蔵） 桃山時代〈口絵参照〉

皆川広照（一五四八〜一六二八）は、下野国の武将である。皆川城（栃木県栃木市）を拠点にしていた。

南蛮胴 南蛮兜鉢付
（金剛寺蔵）栃木市教育委員会提供

天正九年（一五八二）、織田信長に名馬を贈って誼《よしみ》を通じ、関東に赴任した信長の家臣滝川一益に仕えた。信長の死後、やむなく北条氏政の傘下となった。その後、豊臣政権下で徳川家康が関東に入封すると、家臣となって栃木城で一万三千石の所領を安堵《あんど》されている。

関ヶ原合戦では常陸国の佐竹義宣を牽制《けんせい》して三万五千石に加増され、慶長八年（一六〇三）には信濃国飯山城（長野県飯山市）へ移って三万五千石となった。六年後に一度改易となるも、元和《げんな》九年（一六二三）に赦免され、常陸国府中（栃木県石岡市）一万石の大名に帰り咲いた。しかし、三代で血縁が絶えて断絶している。

ここに紹介する南蛮甲冑は皆川広照が徳川家康から拝領したものと伝え、皆川城下の金剛寺に伝来したものである。同寺は歴代皆川家の菩提寺《ぼだいじ》であった。

兜は錆地塗で鉢裾のリベットは和式の奈良菊鋲が十一個並んでいる（一個欠落）。表面には三本並びの筋が線刻されている。正中に長さ六八ミリの角本《つのもと》があるが前立は欠損している。錣板は切り取られずに前後が尖っている。

鞠はなくなっているが内眉庇《まびさし》と腰巻板は残っている。その状態で重さは一・二四キロである。

面具は目の下頬で、鑢目を刻んだ上から錆地塗としている。鍍金の禿げた歯《は》が並んでいる。唇や髭《ひげ》はなく、左右に忍の緒を引っ掛ける鉤釘《かぎくぎ》がある。垂は錆地塗鉄札四段で縹糸《はなだ》の素懸威。裾は二段の菱綴。重さは〇・六キロ。

胴は蝶番を付けた二枚胴。錆地塗で線刻もなく、榊原康政のものと酷似している。肩上《わたがみ》は日本式になっており、草摺が欠損しているため、重さは四・五キロと軽い。

その他の三具は失われている。江戸期の鎧櫃に収納されているが、金具に三頭右巴《みつがしらみぎともえ》紋の透かしがある。皆川家の紋は二頭右巴といい、これは広照の母方水谷家の紋であるという。この櫃は入れ替わって本来のものではないのだろう。

歯朶前立黒漆塗南蛮兜（福岡市博物館蔵）　桃山時代〈口絵参照〉

慶長五年（一六〇〇）七月、関ヶ原合戦直前に徳川家康が黒田長政に与えた南蛮兜である。『黒田家重宝故実』には、家康が小牧・長久手の合戦で使用したものとあるが、明らかに誤り。時期からみても、リーフデ号の積荷であった南蛮鉢と思われる。あるいは一緒に拝領した「梵字《ぼんじ》の采配」との混同だろう。福岡市博物館では「黒漆塗」とされるが、実際は「黒漆塗銀箔押」である。鉢裾にリベットがないのが特徴。しかも異様に軽いので和製南蛮鉢の可能性もなくはない。錣板の前方を切って黒漆塗の和式の眉庇を付けている点は、日光東照宮蔵の家康の「南蛮胴具足」と同じである。眉庇の内側には朱漆が塗ってある。江戸時代では一般的だが、この時代としては先駆けといえる手法であろう。

　正中に双《ならび》角本を設け、歯朶前立（鍍金）が付くようになっている。この前立は精巧で実に家康のものに相応しい。立派な箱も付いている。歯朶は裏白ともいうが、この頃から家康が自分のシンボルとして使うようになった。子孫繁栄の意味あいもある。肝心の家康の遺物で歯朶の前立が付くのは、この兜と「歯朶具足」（漢國《かんごう》神社蔵）だけである。この前立には純金製の差し替えがあるが、なぜか角本が合わない。純金は固さに欠けるのでやや太目。歯朶の左の先端が少しだけ欠けている（拙著『黒田官兵衛と二十四騎』参照）。

　鞠は鉄板物を薄革で包み、金白檀塗としている。現在は二段しか残っていないが、孔の数からみて、三段からなる下散鞠であったらしい。

　大坂の陣で黒田長政は息子忠之《ただゆき》に、この兜と南蛮胴を着用して参陣するように指示書を発している。つまり、家康から拝領した当初は胴も存在していたのである。

　この南蛮具足にはさらに後日談がある。黒田忠之が当主になった後のこと、倉八十太夫という寵臣《ちょうしん》がいた。この者に箔を付けさせるために、若い藩主は南蛮具足をポンと与えてしまうのである。怒った重臣の栗山大膳は南蛮具足を取り返して福岡城の武具櫓に戻し、二人の間に遺恨が生じて「黒田騒動」に発展するのである。

　『栗山大膳記』にこうある。「先年、関ヶ原御陣に権現様より長政へ遣わされし御具足を十太夫に下し候」。ここでも胴の存在が証明できる。「例の歯朶の御具足」と書かれた文献もあるが、明治時代にこれが如水の合子《ごうすなり》形の兜と具足にすり替えられて世に広まってしまった。

ところで、黒田家の武具櫓は江戸時代半ばに火災にあっている。その際に胴や鞆の一部を失ったと思われる。同じ時に長政は家康から「梨子地《なしじ》三葉葵紋錐金鞍《きりかねくら》」と「梨子地三葉葵紋錐金鐙《あぶみ》」と采配を拝領しており、それらは現存している。

黒田家では江戸期に歯朶前立の甲冑が二領作られている。一つは黒田吉之所用（個人蔵）、二つめは黒田治高所用（福岡市博物館蔵）のものである。後者は一本歯朶でさらに珍しい。

白糸威銀箔押板札革包五枚胴具足 頭形兜付（徳川美術館蔵） 桃山時代

所用者の松平忠吉は徳川家康の四男で、秀忠の同母弟にあたる（母は西郷局）。忠吉は天正八年（一五八〇）、遠江国浜松城で生まれた。文禄元年（一五九二）に、わずか十三歳で武蔵国忍《おし》城（埼玉県）の城主となり十万石を領した。

慶長五年（一六〇〇）の関ヶ原合戦で、この甲冑を着して初陣を飾り、福島正則と先を争って戦闘に参加した。徳川四天王の一人・井伊直政の娘婿ゆえになしえた勲功である。

敵中突破を図った島津義弘勢を追撃して忠吉は数騎を斬って落とすが、松井三郎兵衛という者と激闘した際に籠手を斬られて落馬した。松井は飛びかかって忠吉の首を取ろうとするが、間一髪、忠吉の従者が駆けつけて松井を討った。しかし、松井の首は乱戦となって取れなかった。この時、具足に鮮血が付着したという。この戦功により、尾張国清須城（五十二万石）を与えられた。だが、七年後に関ヶ原合戦の負傷がもとで江戸で死去している。享年二十八歳であった。このため、忠吉の初陣具足であ

白糸威 銀箔押板札 革包五枚胴具足
頭形兜付（徳川美術館蔵）図（著者筆）

る本品は、領土を継ぐことになった弟の義直の所有となって、尾張徳川家に伝来した。

装飾性を排除した実戦用甲冑だが、総体を銀箔押白糸威として使用者の身分の高さを表している。

兜は越中形の古頭形《こずなり》で、単弧状の眉庇には太眉《まゆ》が打ち出されている。𩊱は五段板物を素懸威としている。首を守るために裾がぐっと下るのはこの時代の一過性の特色である。肩には小鰭が付いたが、首を守る襟廻り《えりまわ》が付くのはもう少し後であったためにこうなった。面具は朱漆塗目の下頬、垂は五段で素懸威。髭はあるが歯はまだ付いていない。

胴は板物を横矧《よこはぎ》とした簡素な菱縫《ひしぬい》胴だが、鋲《びょう》でカラクリ留めをした上に白糸で菱綴している。草摺は六間五段。碁石頭の革板物を素懸威している。袖は八段の切付札を毛引威としたもの。

籠手は三枚筒籠手だが遠目には細かい篠籠手にも見える。手甲《てこう》には丸に三葉葵紋の打ち出しが一つある。

佩楯は革の板物で革糸綴。脛当は共立挙の三枚筒。膝に五木瓜の打ち出しがあり、脛は篠風で左右に丸くて複雑な金具がある。

時代的特徴を多く持ち、基準資料としての価値が高い。ゆえに、家康所用とはいえないものの、桃山時代を代表する優品としてここに掲げた。

三、家康晩年の甲冑

徳川家康は長寿であったし江戸幕府の開祖として神格化されたので、その遺品はすこぶる多い。刀剣に次いで甲冑が多いのは武家政権として当然のことだろう。質素倹約で華美を好まぬ家康であったが、晩年のものは天下人としての風格が漂っている。大政奉還と江戸無血開城で徳川家が滅ばなかったのも幸いした。

茶糸威朱札胸取革包二枚胴具足（たつの市立龍野歴史文化資料館蔵）江戸時代初期〈口絵参照〉

播磨国龍野の脇坂家に伝来、徳川家より拝領とされる。豊臣恩顧の小さな大名だったが、関ヶ原合戦から徳川派に転じた。

具足とは揃っているものをいうが、江戸時代でも胴を具足と呼んだりしている。本品は兜と脛当《すねあて》を欠く。胸板は一文字で絵革に覆輪。立挙三段は朱漆塗の本小札を茶糸で毛引に威してある。長側《ながかわ》は伊予札を白革で包み、茶糸で素懸に威している。こうした作りを段替《だんがえ》というが、胸取《むなどり》仏胴あたりが変化して生じたものだろうか。発生は江戸時代初期、拝領時期とも矛盾はしない。肩口に小鰭《こびれ》が付いているから、関ヶ原合戦の直後ではなく、やや下るであろう。

左脇に赤羅紗《らしゃ》の塵紙袋《ちりがみぶくろ》が付き、草摺《くさずり》は革の平小札を茶糸で毛引威にしている。揺るぎの糸は茶

茶糸威朱札胸取革包二枚胴具足
（たつの市立龍野歴史文化資料館蔵）

色に染めた革紐と手が込んでいる。なにより丸に三葉葵紋の鍍金《めっき》された金具が胸に三カ所ある。

さらに籠手《こて》は手甲のないタイプで格子状の鎖しかないが、肩口に大きめの丸に三葉葵鍍金《めっき》金具がたくさん入っている。徳川家からの拝領の品であることは間違いない。これに接触するから、袖は初めから無かったと思われる。小鰭は隙間を守るものだが、具足羽織を着た時に肩口がピンと張るようにするためでもあるという。

佩楯《はいだて》は麻地に革紐綴じの板佩楯と呼ばれるものである（革製、赤茶漆塗に金箔で日輪）。

余談であるが、脇坂安治はかつて豊臣秀吉から「縹《はなだ》色下散《げさん》紅威胴丸」を拝領したと伝えられている。こちらは大阪城天守閣蔵となっている（飯田意天『織田信長・豊臣秀吉の刀剣と甲冑』に掲載）。俗に秀吉の影武者七騎の鎧と呼ばれるものと似た二枚胴で、襟廻《えりまわ》りが付くなど家康時代のものの可能性がある。

重文　伊予札黒糸素懸威丸胴具足　大黒頭巾形兜付（久能山東照宮博物館蔵）

江戸時代初期〈口絵参照〉

久能山東照宮では「歯朶《しだ》具足」と呼称している。もっとも、江戸期には「歯朶具足」と呼んでいたので、むしろその呼び方が正しいともいえる。家康が大坂の陣で使用した、という伝承は正しいと思われる。ただし、『武功雑記』には「大坂陣之時、権現様（家康）は終に御具足を召させられず」という記述もある。真田信繁が徳川陣営に切り込んだ時にはどうであっただろうか。漢國《かんごう》神社蔵の「歯朶具足」と同時に作られたものと思われ、作者銘はないが岩井与左衛門で間違いない。

兜は鉄板を大黒天の頭巾のように打ち出したものに、高級なうるみがかった黒漆を塗ってある（やや茶色く見える）。真上から見ると頭巾の十字の筋が見える。黒覆輪のついた棚眉庇《たなまびさし》（水平で円形の張り出し）があり、その下に朱漆塗の内眉庇がある。連単弧状に刳《く》り込んでいて、江戸時代初期特有のクッキリした眉が打ち出されている。また、吹返は小さい。𩊱《しころ》は黒漆塗の板物が三段、茶糸の素懸威となっている。縁を折り返した丁寧な作りで、鉢付鋲には丸に三葉葵が彫られていて、完全に江戸期の作品

伊予札黒糸素懸威丸胴具足 大黒頭巾形兜付
（久能山東照宮博物館蔵）

である（桃山期のものは丸平鋲）。

やや丸みを帯びた笠錣の内側に三間の内錣（八重鎖）を備えている。こうした二重錣は上杉謙信が好んだ形式で、他家では珍しい。一の錣（鉢付板）に取り付けてある。

この兜には名称の由来となった「歯朶の前立」が付属するが、装着するための角本がない。したがって前立は本来この兜のものではない。

歯朶は生皮《きがわ》金箔押、輪貫《わぬき》は金銅《こんどう》、獅噛《しがみ》は木彫に黒漆、目と牙は金銅、髭は真鍮《しんちゅう》、耳は生革である。二本角本《つのもと》用でその間も途中まで凹みがある。

この兜は家康が大黒天の夢を見て作らせたという伝説があって、「吉祥の鎧」「御夢想形」「御霊夢《れいむ》形」とも呼ばれる。また、家康が描いたという大黒天の絵も久能山東照宮に残されている。

大黒頭巾形兜（久能山東照宮博物館蔵）
図（側面・著者筆）

面具は裏表黒漆塗の目の下頬で髭と小さな歯（銀鍍金）が付いている。上唇《うわくちびる》はない。面頬に歯が付くのは大坂の陣あたりからである。垂は黒漆塗の矢筈頭《やはずがしら》の縫延《ぬいのべ》が四段、茶糸素懸威となっている。

胴は黒漆塗矢筈頭の縫延を黒糸で素懸に威している。展示では見えないが珍しい六間の腰鎖がある。肩上《わたがみ》は雁木《がんぎ》状で高紐《たかひも》が伸びる。責鞐《せめこはぜ》に丸に三葉葵を刻む。

草摺は革製で八間五段、茶糸の素懸威。金具廻りは雁木篠《がんぎしの》、山銅覆輪《やまがねふくりん》。

籠手は三枚筒で篠や瓢箪もなく、八重鎖で覆われている。一つの丸輪に四つの丸輪を繋いだ手間のかかる代物である。当然肩上に直接取り付ける仕様である。

佩楯は茶糸綴じの板佩楯と呼ばれるものである（革製、黒漆塗）。脛当は共立挙の三枚筒（黒漆塗）で籠手と合わせてある。脛当と立挙の隙間は茶糸の毛引威。立挙に古式の五七の桐紋と六弁の唐花紋の切金《きりかね》がある。脛当の上・下部に紐状二本筋の打出がある。

甲冑全体が大振りなのだが、特に脛当は現代人用ではないかと疑いたくなるほどの印象がある。鎧櫃《よろいびつ》は実戦を離れた江戸時代のもので、丸に三葉葵が大きく金泥で描かれ、四隅の金具にも文様とともに彫金されている。

この甲冑は家康の死まで常に傍らにあり、死後は一旦久能山東照宮に収められたという。しかし、承応元年（一六五二）八月、徳川家光は息子家綱の具足初に飾るために江戸城に取り寄せた。そして、江戸城内の紅葉山東照宮で大切に保存された。今ある歯朶前立は、この際の後補の可能性がある。以後、毎年正月十一日に江戸城黒書院の間で行われた具足開きには、この甲冑が飾られたという。家綱は明暦二年（一六五六）に、歯朶具足の御写形《おうつしがた》を二領製作し、一領を久能山東照宮に奉納した。その具足は瑞祥の文字として「貫衆《しだ》」を選び、神祖家康の「歯朶具足」と区別したと、同宮では伝えている。

また、歴代将軍は代替わりごとにこの写しを作ったので、ほぼ同型のものが十三領も現存する（十四代家茂と十五代慶喜は新調していない）。二代将軍秀忠のもののみ兜を欠くのは、明暦の大火（一六五七）あたりで焼失したのであろうか。三代目以降のものには角本があって「歯朶の前立」が装着できる。棚眉庇の正中の端に二本角本が垂直に立つ感じで不安定。

ところで、久能山東照宮で「貫衆《しだ》具足」といって区別した宝物は、角本があって歯朶の前立がある。

切付伊予札二枚胴で草摺も七間と少ない。歴代の「歯朶具足」は胴丸形式なので異色である。「貫衆」という当て字もいかがなものか。

どれも平和な時代に作られたものなので、甲冑としての出来栄えは劣るものばかりで、張懸《はりかけ》（和紙で象《かたど》って漆で固める技法）のものもある。また、初代のものは頭巾の突起が明瞭でサイズも歴代将軍と比べて一際大きい。この甲冑が家康の体格に合ったものだったとしたら、家康は巨漢で顔の大きな人物だったことになる。

歯朶前立（久能山東照宮博物館蔵）

歯朶も家康のものはシンプルで美しいが、家光以降のものは獅噛と輪貫が付属する（日光東照宮にある徳川家光の甲冑には歯朶と獅噛のみの古い形式の前立もあり）。輪貫前立は家康の近習《きんじゅう》の合印で、旗指物絵図や日光千人行列に見ることができる。関ヶ原合戦あたりから使用され、これを付けた近習たちを貫衆《ぬきしゅう》と呼んだ。

余談であるが、忍緒《しめお》と胴帯に茶色の丸八打紐《まるやつうち》が用いられているが、飾るためのものであって本来のものではない。飾り組紐などを実戦で使ったら緩んで役に立たない。綿が入って太くなるのも実戦を離れてからの産物である。腰帯も同様で、綿を入れたために太くなると、揺るぎの糸が長くなった。

ところで、寛永十九年（一六四二）に描かれた「池田恒興像」を見ると、恒興（一五三六〜一五八四）が似たような頭巾に笄《こうがい》を付けた兜をかぶっている。同画は大袖を付けたり、鎧の上から袈裟《けさ》を着たりと、実際にはあり得ない、絵画ならではの要素が多く、描かれた甲冑の現物も伝来しない。家康の歯朶の兜を真似た単なる想像図であろう。

茶糸素懸威胴丸具足（漢國神社蔵）江戸時代初期〈口絵参照〉

「歯朶具足」とも呼ばれる。具足といっても兜と脛当を欠く。『漢国古日記《かんごう》』によると、慶長十九年（一六一四）十一月十五日、徳川家康は二条城を発ち奈良に止宿した。大坂冬の陣に向かう途中である。翌日、奈良甲冑師の岩井与左衛門宅を休憩所として漢国神社（奈良県奈良市）に詣でた。その際、家康はこの具足を奉納しようとしたのだが、礼拝中に兜のみが左に落ちてしまったという。そこで兜を奉納せず、兜の絵に替えた。それを見ると、兜は大黒頭巾形で、棚眉庇の付け根に角本が描かれている。久能山東照宮のものと違って、金銅製の「歯朶の前立」が付く兜が存在していたのである。ところで「歯朶の前立」を家康の意に沿って与左衛門がデザインしたとする文献があるが、彼が徳川に仕えたのは関ヶ原合戦以降というのが定説であり、かつ「歯朶の前立」は関ヶ原合戦時にすでに使用されているので、疑わしい記述である。

岩井家ではこの具足そのものを関ヶ原合戦・大坂両陣で使用したと記しているが、無理がある。自家の手柄を誇張する記述であろう。

面具は黒漆塗の目の下頬で髭と歯（金鍍金）が付いている。汗抜きの穴が大きいのは、古いものの証拠である。垂は黒漆塗の本小札が四段、茶糸素懸威となっている。現在の明るい茶色は修復によるもので、本来は黒に見えるほどの焦茶色《こげちゃいろ》の糸であった。

胴は盛上げのない黒漆塗の平小札を面頬と同じ糸で素懸に威している。要所は鉄札と革札を交互に配した強固な一枚交《いちまいまぜ》というから、やや軽めで実戦的である。金具廻りは雁木篠、山銅《やまがね》覆輪。草摺は八間五段、茶糸の素懸威。写真では分かり辛いが、胴尻と草摺の隙間は八重鎖形式の腰鎖六間で守られている。同類のものは永青文庫蔵の細川忠興所用「黒糸威革包畦目綴《うなめとじ》二枚胴具足」などで見られる。

大袖はすべて革小札を使用していて軽い。金具廻りに三葉葵紋と桐紋の鋲が打たれている。

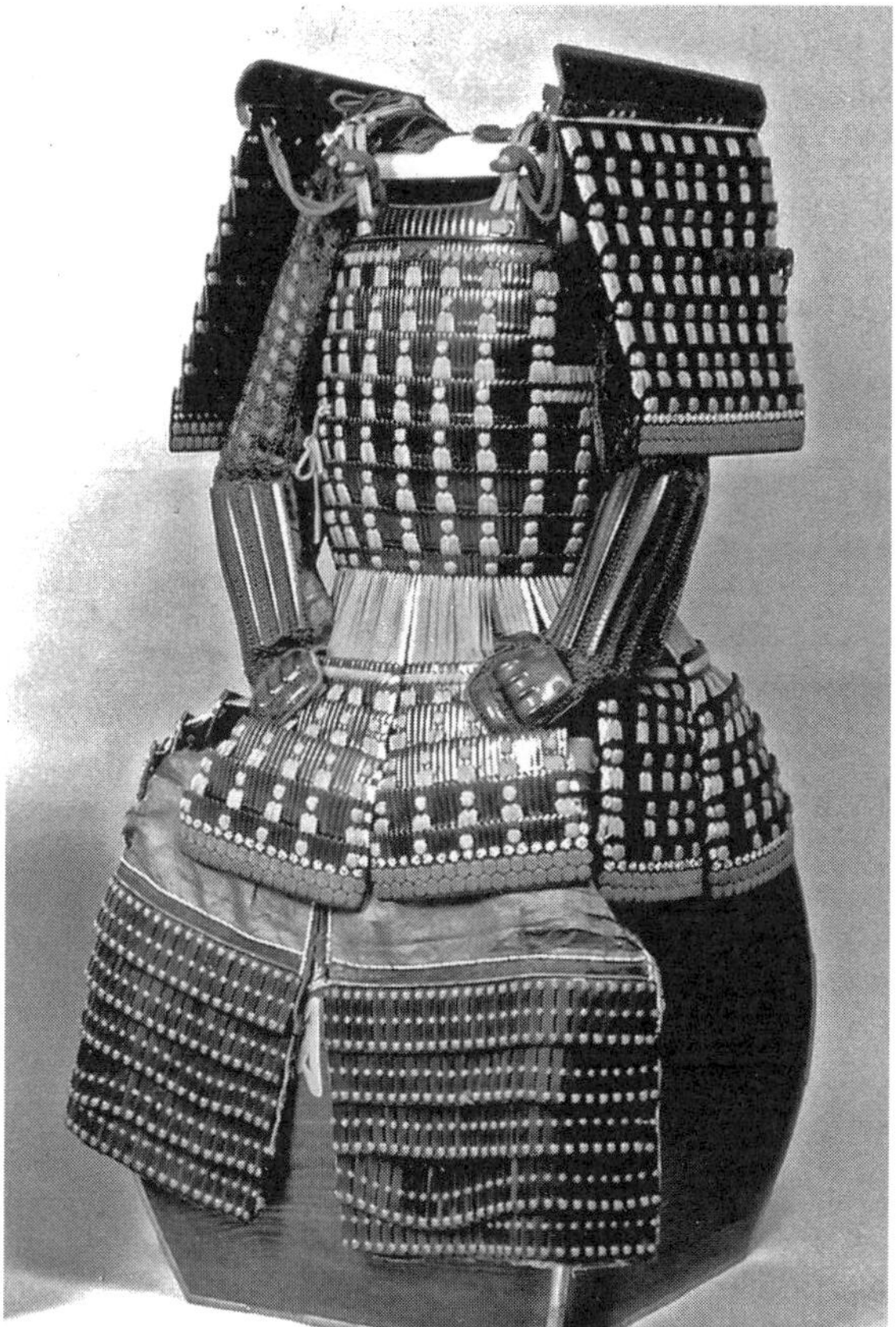

茶糸素懸威胴丸具足（奈良県漢國神社蔵）

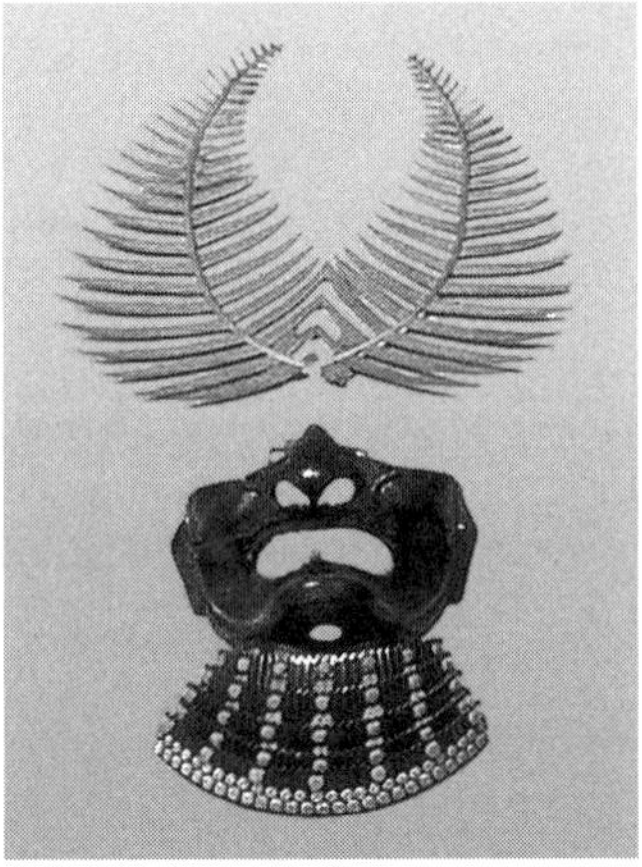

歯朶前立・面具

そもそも大袖は矢を防ぐために発達したもので、鉄砲の普及で消滅した。その後、見栄えをよくするために平和な時代に復活したのである。合戦図などでも威厳を見せるために大袖を描き加える場合が多い。したがってこの甲冑は奉納儀式用として作られたものである。

籠手は篠籠手で、格子状に鎖を這わせた簡素なもの。瓢箪も筏《いかだ》もなくて、肘鉄《ひじがね》だけである。

佩楯は茶糸綴じの板佩楯で久能山東照宮のものと比べるとやや細かい。鎧櫃は中膨らみの優雅な曲線形をしている。脛当は江戸時代初期から欠いている。年代を特定できる基準資料である。

大和国奈良では春田姓の甲冑師と岩井姓の具足屋（仕立てを行う）が工房を設けて鎧を作り続けていた。徳川家康から信頼を受けていた岩井与左衛門は、漢国神社大鳥居の北方西側に屋敷を構え、諸役御免の家柄となる。明暦三年（一六五七）、二代目の時に材料調達のための足場を奈良に残して江戸へ移住した。その後も幕府に重用されて甲冑を作り続けている。

重文 金陀美塗胸取仏胴具足 頭形兜付（久能山東照宮博物館蔵）

江戸時代前期〈口絵参照〉

江戸城内の紅葉山東照宮に保管されていた徳川家康の甲冑という。明治になって静岡県の久能山東照宮に奉納された。

兜は日根野鉢で眉の打出も角本もない。綺麗に整った丸みは明らかに泰平の世になってからの産物であるし、頭高《ずだか》であることも時代が下る証拠である。鞠は裾板の左右を刳り込んで後部を伸ばした形。板物五段の素懸威、吹返は実戦時代の名残りで小さい。

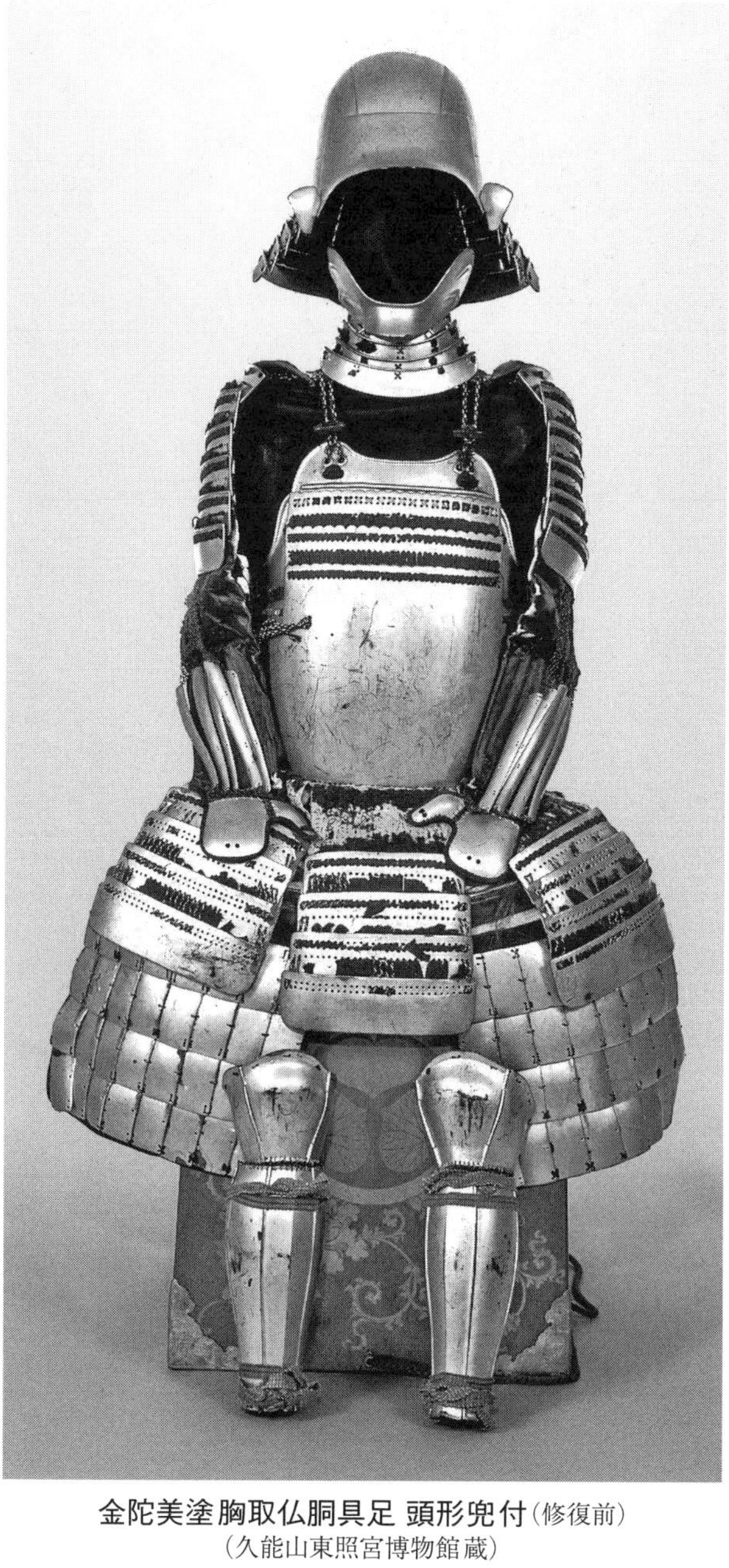

金陀美塗胸取仏胴具足　頭形兜付（修復前）
（久能山東照宮博物館蔵）

面具は越中頬で左右に皺《しわ》を打ち出し、汗抜きの孔がある。忍びの緒をかける釘は折釘でなく、一直線で古風に見せている。垂は一文字板物で三段の素懸威。

胴は二枚胴。胸取仏胴という形式で段替の一種である。仏胴とは桶側胴《おけがわどう》をコクソなどで塗り固めて一枚鉄に見せた胴のことである。前立挙《たてあげ》二段、後立挙一段を碁石頭《ごいしがしら》の板札で毛引威に胸取して変化を付けている。肩上は鉄製、肩の小鰭は黒羅紗《らしゃ》の亀甲金《きっこうがね》入りである。

胴裏は馬革包《つつみ》で黒漆塗、これでは汗が抜けない。草摺は六間四段下り、毛引威。

籠手は鉄製六段下りの置袖が付いた毘沙門《びしゃもん》籠手。五本篠で手甲はツルっとして何の装飾もない。家地《いえじ》は黒緞子《どんす》。脛当も鉄製で四本筒、端が折り返してある。大立挙は蝶番《ちょうつがい》を使った三つ割。家地は黒緞子、鉸具摺《かこずり》はない。佩楯はカルタ札の板物で黒糸菱絡み。家地は黒緞子。すべてを金箔押にしてある。数枚重ねの金箔を丁寧に張り込んだものだろう。

ところで、明治二十一年の『久能山御宮御宝物目録』によれば、この甲冑は永禄三年（一五六〇）桶狭間の戦いで、家康（十九歳）が大高城に兵糧を運び込んだ際の初陣具足という伝承がある。ただし、それはナンセンスで有り得ない。完全に大人サイズであり、こういう伝説を信じると、まったく鎧の時代変化を理解できなくなるのである。信用できないが、小瀬甫庵作『信長記』ではこの時の家康の着領を朱具足と記している。

なお、この具足を納めるための、梨子地に三葉葵紋と牡丹唐草の金蒔絵を施した、裾広の見事な具足櫃（二合一組）も現存している。

この甲冑の胴の首の後ろに当たる部分には鬼会《おにだまり》付きの三日月板が付いている。したがって、十七世紀前半（江戸時代前期）以降の作である。つまり、次の「白檀塗《びゃくだんぬり》胸取仏胴具足」ともども、家康没後に家康を神格化するために作られたものである可能性がある。

重文　白檀塗胸取仏胴具足　頭形兜付（久能山東照宮博物館蔵）　江戸時代前期

〈口絵参照〉

この甲冑も江戸城内の紅葉山東照宮に保管されていたもので、明治になって久能山東照宮に奉納された。「金陀美塗《きんだみぬり》胸取仏胴具足」の着替えの召具《めしぐ》（御召替具足）として製作されたというが、おそらく同時に製作されたものであろう。

『紅葉山御宮御道具上覧御用留』によると、天文年間（一五三二〜一五五五）の「家康誕生具足」として伝えられたものという。江戸時代に入ると甲冑師の岩井与左衛門家では、将軍家の若君誕生の際、この具足の雛形を作った。そして、「菖蒲の具足」として将軍家に献上するのが恒例であったという。だがこれは「歯朶具足」との混同であろう。岩井家の伝統的な作風とも異なる。

白檀塗である点を除けば、「金陀美塗胸取仏胴具足」とほとんど同じ具足である。ただ、面具が燕頬《つばめほお》で汗抜きの孔がない。表面全体を金箔押にし、その上に透漆を塗ったのが白檀塗である。この甲冑は薄暗い所だと、なお赤く透けて見える。

二領とも、家康最晩年のものと思いたいが、家光が祖父を偲んで製作した可能性がある。そういえば、徳川美術館の重文「純金台子《だいす》皆具」も『駿府御分物《おわけもの》御道具帳』に出ている家康の遺品といわれていたが、近年は三代将軍徳川家光の長女千代姫の婚礼道具と訂正されている。

茶道家元の千家には利休所用という全体が金箔押の甲冑（鎧櫃に箱書あり）があるが、これも時代がまったく合わない。江戸時代のものである（桑田忠親著・小和田哲男監修『千利休』に掲載）。

白檀塗胸取仏胴具足 頭形兜付
（久能山東照宮博物館蔵）

四、近侍用の具足

家康の近習用具足として有名なものは、日光東照宮大祭の武者行列に見られる金輪貫前立の日根野形兜と緋糸《ひいと》素懸威の伊予札《いよざね》胴である。現在は金箔押兜が使用されているが、絵図を見ると、赤茶色で質素なものである。これに対し明治以降、大変華美なものが公開されるようになった。

かつてはその華やかさから、「秀吉の影武者七騎の鎧」と称されていた。しかし、実際は海外のものを含めて十四領の遺物が現存しており、徳川美術館の調査研究で家康の近侍具足であると断定された。「影武者七騎」も明治以降の造語である。

すべての具足に見られるわけではないが、具足の諸所に「林孫四郎」「八久」「助右衛門作」「林右」などの朱漆銘が見られ、奈良の岩井系甲冑工房で一括製作されたと思われる。

派手で一見高価なものに見えるが二枚胴であるし、「日の丸威胴丸具足」（徳川美術館蔵）が大将用で、近習用として細部はいたって簡略化されている。個人所蔵のものも数領あるが、ここでは博物館・神社など公的な施設が所蔵するもののみを紹介する。

兜は黒漆塗の十六間総覆輪《そうふくりん》。八幡座は金銅・赤銅《しゃくどう》の四重《よんじゅう》金物。眉庇《まびさし》は単調な黒漆塗で金銅の覆輪が付く。前立は金銅一枚造りの三鍬形《みつくわがた》で中央部に唐草文が毛彫りされている。𩊱《しころ》は黒漆塗の鉄板三段を赤・白糸で毛引に威す。饅頭《まんじゅう》𩊱と呼ばれる形である。吹返は一段で五三の桐紋を金蒔絵している。

面具は黒漆塗の猿《さる》頬。垂も黒漆塗鉄板の二段下りで、紅・白糸の毛引威。

胴は鉄の切付盛上板札で二枚胴、毛引の色々威である。胸板・押付板《おしつけのいた》には竜の蒔絵があって高級感を出している。

草摺《くさずり》は革の切付盛上板札で六間四段下り、黒・紅・茶糸の毛引威である。草摺各間の裾板にも五三の桐紋が三つずつ金蒔絵されている。

肩上《わたがみ》に紐は懸けておらず、亀甲金入りの小鰭《こびれ》が付いている（襟廻《えりまわ》りにはない）。当世具足のやや古い形式といっていい。袖は折冠板《おりかんむりいた》で、黒漆塗の鉄板七段を紅・白・茶糸で毛引威としている。

籠手《こて》は五本篠《しの》で鎖は格子状、肘鉄《ひじがね》はない。手甲もツルっとしていて何もない（民間に流出したもので、後から金箔押としたものもある）。家地は金糸で刺繍《ししゅう》されて高級感を出している。

佩楯《はいだて》は黒漆塗の革板で、金白檀《きんびゃくだん》または金箔で大きく「日の丸」を描く。脛当《すねあて》は黒漆塗の三枚筒で鉄三枚の山形中立挙。紅糸毛引で繋いでいる。

余談になるが、御貸具足の登場は、文禄の役における立花家の金箔押桃形兜あたりが最初で、江戸時代になって経済的ゆとりが生まれてから世に広まった。絵画資料でも大阪城天守閣蔵の「大坂夏の陣図屏風」くらいからしか確認できない。戦国時代に御貸具足があったというのは、まったくの空想なのである。

色々威二枚胴具足　三鍬形前立十六間総覆輪阿古陀形筋兜付

〈徳川美術館蔵〉　江戸時代初期　付笈形具足櫃〈口絵参照〉

家康の遺品のうち、諸家に形見分けされたものを駿府御分物といい、『駿府御分物御道具帳』または『駿府御分物刀剣元帳』に記録されている。『駿府御分物御道具帳』によると、家康が没した際、第九子の尾張（徳川）義直（尾張藩祖）に十六領の具足が分与された。本品もその一つで、尾張藩に伝来した。

御具足拾六領分
一　筒　けひき（毛引）　けさん（下散）
　　くれない（紅）　ちゃ（茶）　こん（紺）　白いと（糸）　たんたん（段々）
一　甲筋はち（鉢）　くわかた（鍬形）有り
一　ほう（頬）　黒ぬり
一　こて（籠手）　けひき　たんたん
一　はいたて（佩楯）　くろぬり（黒塗）
一　すねあて（脛当）　同

本来は右のように紅・白・茶・黒の色糸段威であったが、宝暦十二年（一七六二）の修理で紅・白・花色・紺の色糸段威に変わってしまった。

現在徳川美術館に残っている伝来品はこの一領で、明治になって一旦払い下げられたものを買い戻したという。

色々威二枚胴具足 三鍬形前立十六間総覆輪阿古陀形筋兜付

（名古屋東照宮蔵） 江戸時代初期

尾張藩伝来品のうちの一領と思われる。胴の威しが生《う》ぶのままである。宝暦十二年以前に名古屋東照宮に奉納されたのであろう。佩楯を欠く。揺るぎの黒糸が劣化して草摺がバラバラになっている。草摺の裾板が他の遺品と多少異なる作りになっている。また、面具が猿頬でなく燕頬《つばめほお》である点が、他の遺品と比べて変わっている。

色々威二枚胴具足 三鍬形前立十六間総覆輪阿古陀形筋兜付

（東京国立博物館蔵） 江戸時代初期 〈口絵参照〉

尾張藩伝来品のうちの一領と思われる。胴の威しが徳川美術館蔵のものと同じである。胸板の蒔絵の竜が振り返っていて、逆向きになっている。

色々威二枚胴具足 三鍬形前立十六間総覆輪阿古陀形筋兜付

（名古屋市秀吉清正記念館蔵） 江戸時代初期 〈口絵参照〉

尾張藩伝来品のうちの一領と思われる。

色々威二枚胴具足 三鍬形前立十六間総覆輪阿古陀形筋兜付
（熱田神宮宝物館蔵） 江戸時代初期　付笈形具足櫃〈口絵参照〉

尾張藩伝来品のうちの一領と思われる。胴の威しが徳川美術館蔵のものと同じである。宝暦十二年以降に熱田神宮に奉納されたのであろう。

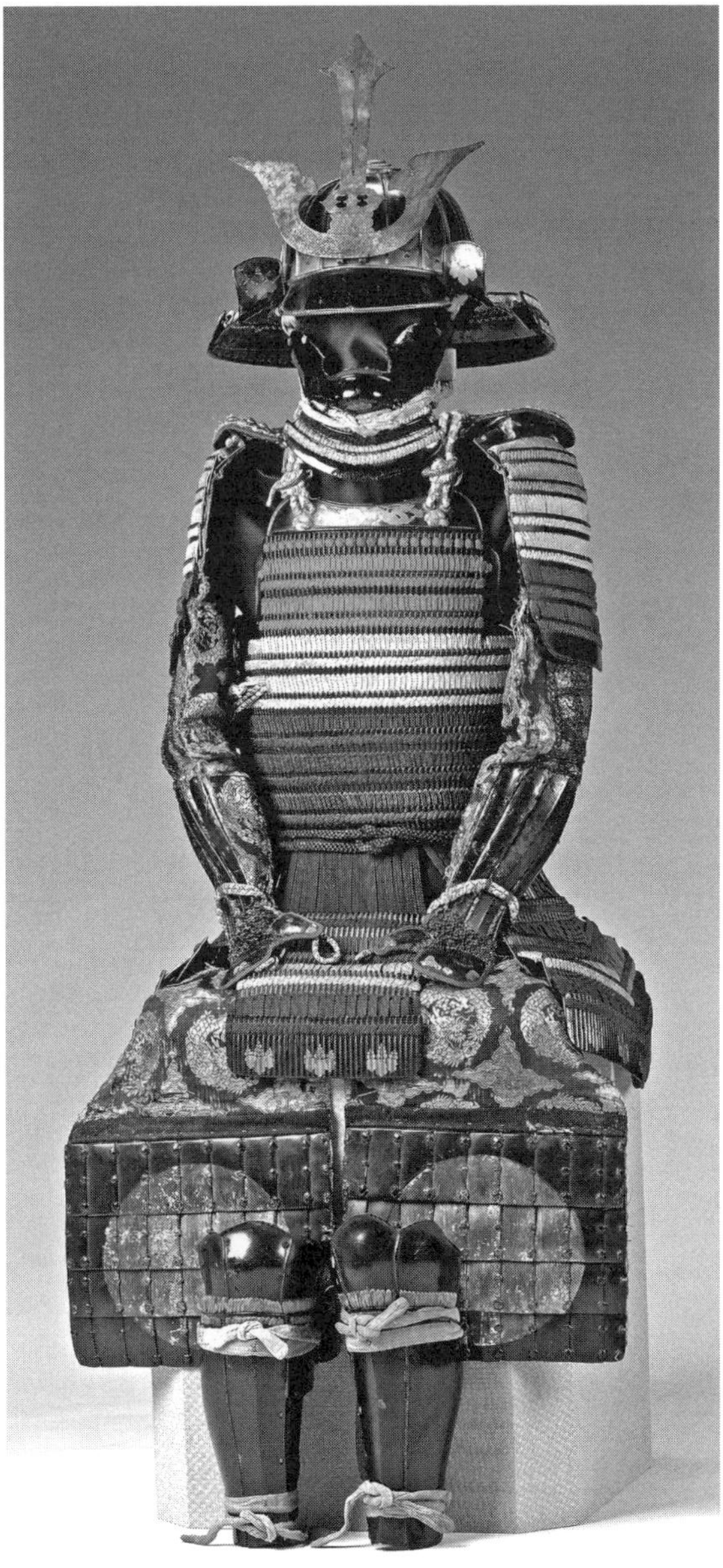

色々威二枚胴具足
三鍬形前立十六間総覆輪阿古陀形筋兜付
（名古屋市秀吉清正記念館蔵）

色々威二枚胴具足 三鍬形前立十六間総覆輪阿古陀形筋兜付

〈大阪城天守閣蔵〉 江戸時代初期 〈口絵参照〉

尾張藩伝来品のうちの一領と思われる。胴の威しが徳川美術館蔵のものと同じである。

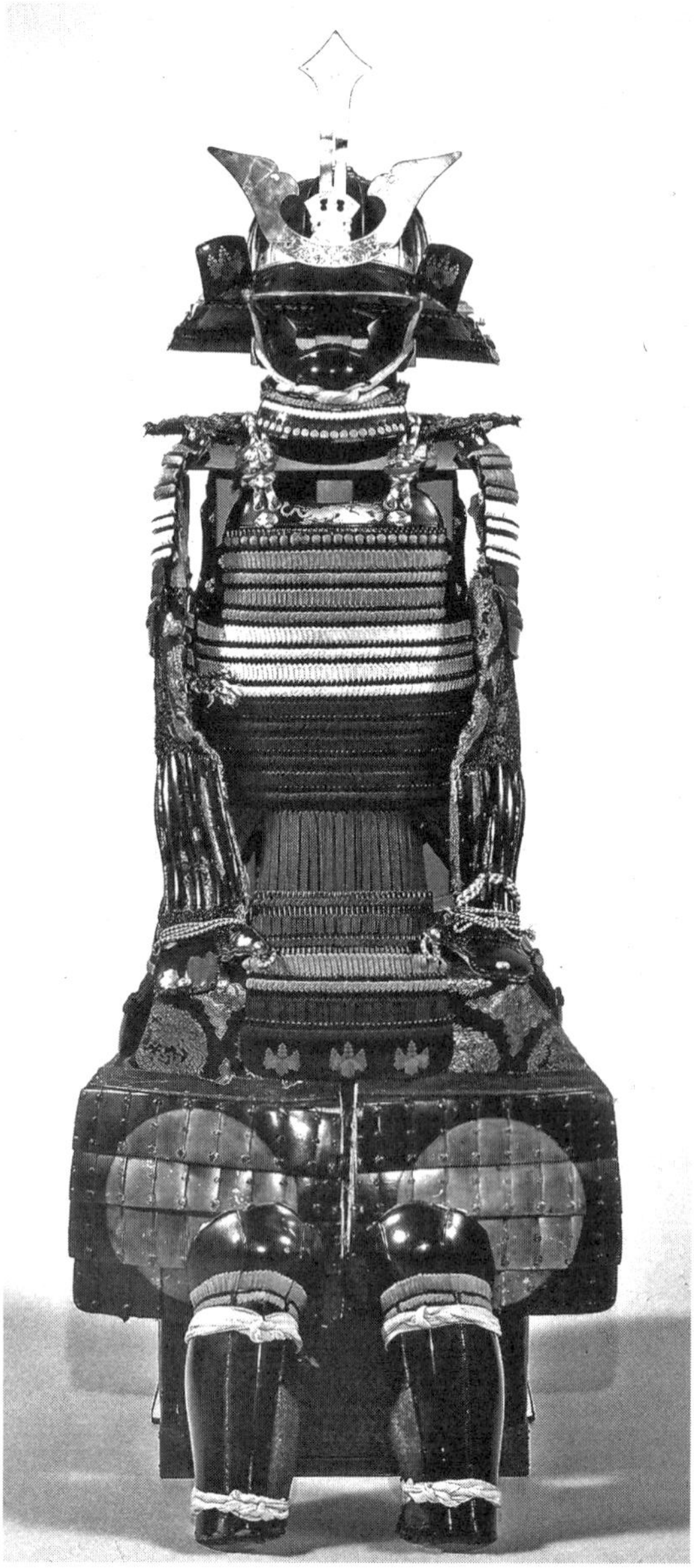

色々威二枚胴具足
三鍬形前立十六間総覆輪阿古陀形筋兜付
（熱田神宮宝物館蔵）

色々威二枚胴具足　三鍬形前立十六間総覆輪阿古陀形筋兜付

（靖国神社遊就館蔵）　江戸時代初期

尾張藩伝来品のうちの一領と思われる。胴の威しが徳川美術館蔵のものと同じである。亀甲金の襟が付いているが、その点は後補であろう。

色々威二枚胴具足
三鍬形前立十六間総覆輪阿古陀形筋兜付
（大阪城天守閣蔵）

色々威二枚胴具足 三鍬形前立十六間総覆輪阿古陀形筋兜付
（紀州東照宮蔵） 江戸時代初期

駿府御分物の一領。家康は尾張徳川家の十六領以外にもこの甲冑を作らせていたと思われる。紀伊国和歌山藩の初代紀伊頼宣が家康の遺物として拝領し、紀州東照宮に奉納したものである。胴の威が生ぶのままであり、紅・白・茶の色々威である。籠手の家地を欠き、揺るぎも黒糸が劣化して草摺がバラバラになっている。

五、御三家に分配された甲冑

徳川宗家の血が続かなかった場合に備えて、御三家という制度が設けられたのはよく知られている。家康の九男義直、十男頼宣、十一男頼房がそれぞれ、尾張徳川家、紀州徳川家、水戸徳川家を設立。実際それらの家から養子を迎えることで徳川幕府は存続した。各家は家康の遺品を大切に伝えて誇りとしている。特に尾張徳川家は近代に徳川美術館を設立し、蒐集《しゅうしゅう》と公開に努め今日に至っている。また、水戸徳川家も徳川ミュージアムを設立して公開している。

日の丸威胴丸具足　三十八間総覆輪筋兜付（徳川美術館蔵）

江戸時代初期〈口絵参照〉

日の丸を威している。華美で豪華な雰囲気を持っており、桃山という華やかな時代を反映した優品である。明治維新まで名古屋城内で保管されていた。

兜は三十八間総覆輪筋兜。黒漆塗の阿古陀形《あこだなり》の鉢で、各筋に覆輪が施されている。吹返の据金物《すえかなもの》は透彫枝菊《えだぎく》の丸紋である。

𩋡《しころ》は三段の切付盛上札で、紺糸で毛引威した黒漆塗の饅頭𩋡《まんじゅう》である。吹返に枝菊透の丸い金物が据えられ、覆輪の付いた眉庇《まびさし》には魚子地《ななこじ》枝菊の毛彫の鍬形台《くわがただい》が付けられているが、中央の立物は欠損している。

面具は目の下頬。歯はなく、髭は毛穴だけになっている。垂は黒漆塗の三段板𩋡を毛引威にしてある。

胴と七段の大袖も黒漆塗の切付盛上札で、全体を紺糸で毛引威にしている。なお、中央は朱糸で日の丸に威してある。胸板・脇板や大袖の冠板《かんむりいた》には、菊・桐・輪宝《りんぽう》の紋が、また三枚筒籠手《つつごて》・三枚筒《つつ》脛当《すねあて》には酢漿草《かたばみ》・七宝・桔梗《ききょう》・菊・桐・巴の紋などが、金平蒔絵で施されている。佩楯《はいだて》は残っていない。

この具足は華麗な姿から、かつては、豊臣秀吉所用の具足といわれていた。ところが、近年徳川美術館が調査してみると、この具足は尾張家本『駿府御分物御道具帳』の「御召し領之具足、筒毛引、下散《げさん》、日の丸」とある家康着用の具足と判明した。

総熊毛植黒糸威具足 水牛形兜付（徳川美術館蔵） 江戸時代初期〈口絵参照〉

兜の土台は頭形であろうか雑賀《さいか》鉢であろうか、角ばって見える。眉庇は単純な一直線である。雑賀兜は近年の研究では戦国時代ではなく、浅野幸長《よしなが》が紀州藩主になってから興ったとされている。頭形だとしても桃山期の古頭形とは思えない。

鉢の上に熊毛を植え、筋模様の入った黒漆塗の大水牛脇立《わきだて》（桐製）を立てている。この角は珍しいことにやや後ろに反っている。䩭も五枚の板物すべてに熊毛が植えられており、また小さくて後ろにグッと下がっている（後に三日月板が発明されるとその必要はなくなる）。

濃い朱漆塗の目の下頬には歯がなく、古いものにも見えるが、口下の髭が長めで特徴的であり、兜の緒を環で通すようになっているので古くはない。能面の「翁」を参考にしたのであろう。垂《すが(たれ)》は黒漆塗で黒糸威の素懸の三段。別に古風な扇形二段の喉輪《のどわ》が付属している。素懸の黒革威である。

胴は全体にくまなく熊毛を植えた五枚胴形式で、六間五段の草摺《くさずり》も熊毛植鉄板物である。草摺裾板の角が丸いのは時代が下る証拠で、揺るぎの糸が長いのも実戦期でなく平和期のものの証である。

籠手は袖を仕付けた置袖タイプの三枚筒でやはり熊毛植。上端が尖っている。小鰭《こびれ》にも熊毛が植えてある（襟廻《えりまわ》りは欠損したのか最初からないのか不明）。佩楯も三枚筒の脛当もすべて熊毛植である。全体を熊毛で覆うことで勇猛さを表している。

「熊毛植」といっても、実際には、塗った漆が生乾きのうちに、毛を置いて接着させるという手法が用いられている。例えば胴は薄革に生漆《きうるし》を塗って熊毛を付着させたものを貼り付けているようである。目的は、視覚的効果と雨水除《よ》けである。袖や鞆、草摺の最下段に施す場合が多いが、本品のような例は珍しい。

大水牛兜は当時黒田家の象徴であったが、天下人になった家康なら遠慮はいらない。それにオリジナリティーの高いデザインである。

ずっと後世に分派した一橋徳川家には「大水牛脇立付桃形兜」が伝来し、現在は靖国神社蔵となっている。これはおそらく現存する大水牛兜の最古のものだろうが、同家と黒田家の婚礼で渡った可能性が高く、家康との関連は望めない。

他に九鬼嘉隆も黒い大水牛兜を着用していたが、戦災で失われて残っていない。大阪城天守閣蔵の伝浅野長政所用「黒漆塗茶糸威桶側五枚胴具足」に添う兜の銀箔押大水牛脇立は新物である（背胴に三日月板があって時代の下るものであることも明白）。

寛政三年（一七九一）に書かれた『尾張家御譲道具帳』によれば、尾張徳川家ではこの具足を「東照宮御召」としている。名古屋城小天守閣内で他の具足と区別して、二畳の上等な畳の上に白木脚《しらきあし》付の台を置き、その上に具足櫃《ぐそくびつ》を載せ、布をかけて安置していたともいう。

桃山時代の作と思われがちだが、肩上《わたがみ》に小鰭《こびれ》がついているので江戸時代以降の作である。初めに小鰭が付き、やや下って襟廻りが付いた。それで当世具足が完成する。

兜は上方らしく派手で、胴は関東らしい鉄の重厚さを感じる。この折衷型の作品は、筆者が思うに尾張義直お気に入りの甲冑師春田大和守吉次・加藤彦十郎(名古屋在住)あたりの作ではなかろうか。家康を神格化するためのものと思えなくもない。

この甲冑はかなり重くて実戦で使用できるものではないらしい。正確に計測されたことはないが、徳川美術館の回答では二〇キロ以上とのこと。ちなみに、計測されている兜の重さを比較してみると、次のようになる。

久能山東照宮博物館蔵の金陀美兜が一・七キロ。
福岡市博物館蔵の南蛮兜が一・八キロ(鞠の一部を欠く)。
大阪城天守閣蔵の南蛮兜が二・一キロ(鞠の一部を欠く)。
文化庁蔵の南蛮兜が二・三キロ。
金剛寺蔵の南蛮兜が一・一四キロ(鞠と前立を欠く)。
紀州東照宮蔵の南蛮具足の兜が二・四四キロである。

また、総重量では次のようになる。

アンブラス城蔵の「天下太平」具足が一〇・四キロ(兜を欠く)。
久能山東照宮博物館蔵の金陀美具足が一一・七キロ。

紀州東照宮蔵の南蛮具足が一二キロ。
漢國《かんごう》神社蔵の歯朶《しだ》具足が一三・一キロ（兜と脛当を欠く）。
久能山東照宮博物館蔵の歯朶具足が一八・九キロ。

重い甲冑を着ていたことで有名な井伊直政の甲冑（彦根城博物館蔵）が二七・三キロである。これは江戸期の飾りもので、関ヶ原合戦では天衝《てんつき》のない質素な朱具足と黒具足（銘が入った雪下《ゆきのした》胴としては最古のもの）を使用している。

総髪《そうごう》の兜の古い遺品としては、越前国朝倉氏の家臣真柄《まがら》十郎直隆が姉川の戦いで使用し、討ち取った青木所右衛門《しょえもん》一重（摂津国麻田藩主）の子孫に伝えられたものがある。ただし、それも姉川の戦いまで遡《さかのぼ》るものかは疑問である。

豊臣秀吉が小田原の陣中で伊達政宗に与えた、基準資料である「黒熊毛植兜」は、桃形兜に熊の毛皮を被せたものである。「熊毛植」の起源を考えるうえでの参考に記しておく。

紅糸威胴丸具足　竜頭鍬形前立四十八間総覆輪筋兜付

（水戸東照宮蔵・茨城県立歴史館寄託）江戸時代初期　〈口絵参照〉

家康第十一子の水戸（徳川）頼房（水戸藩祖）が、水戸東照宮に徳川家康の遺品として奉納したものである。

紅糸威胴丸具足 竜頭鍬形前立
四十八間総覆輪筋兜付
（水戸東照宮蔵・茨城県立歴史館寄託）
『家康の遺産―駿府御分物―』（徳川博物館）より転載

兜は四十八間の総覆輪筋兜。三鍬形の中央には立体的な竜の彫刻があり、平和な時代になってからの飾る甲冑であることを感じさせる。毛引威で本小札の五段䩊。覆輪の付いた吹返も大きくて中央に丸に三葉葵の金物がある。

面具は目の下頬で歯と左右に大きく開いた髭が付いている。垂は四段で、これも毛引威で本小札。兜裏には朱漆銘「南都藤原住岩井与左衛門（花押）」があり、家康のお抱え甲冑師・岩井与左衛門が製作したことがわかる。南都藤原は奈良の別称である。

胴も大袖（七段）も当然、盛上の本小札。すべてを紅糸の毛引威とした鮮やかなものである。金具廻りは梨子地に丸に三葉葵紋を金泥で緻密に盛り上げている（高蒔絵）。六間五段の草摺は革製だが同様の作り。

籠手は地味な篠《しの》籠手であるが、手甲には三葉葵紋・桐紋が打ち出されて金で塗られている。佩楯も本小札の毛引威で統一されている。三枚筒脛当と立挙は葵と牡丹が精巧に金蒔絵されていて美しい。脛当と立挙の隙間も毛引威。

実戦を離れた家康の晩年は、天下人として伝統的な毛引威で、大袖付きの胴丸具足に回帰したようである。これはもう実戦を考えていない証拠である。

重文　白檀塗南蛮胴具足　南蛮兜付（紀州東照宮蔵）　桃山〜江戸時代初期〈口絵参照〉

紀州徳川家の初代紀伊頼宣が、一一頁の「南蛮兜」とともに紀州東照宮に寄進した、家康の遺品である。兜鉢は一枚鉄の舶来の高級品。ギリシア神話に題材を取った人物模様が一面に入念にエッチング（腐食加工による陰刻）されている。日本に現存する類品の中でも抜群の品といえる。

表面に赤茶がかった透漆を塗っているのは日光東照宮のものと同じだが、十三ある鉢裾の真鍮《しんちゅう》のリベットの花びらはやや大きい。小さな角本を付けてあるが前立は現存していない。前方の鍔板《つばいた》は切らずにそのままなのが特色であり、二重になっている。縁は縄目覆輪になっており、水平面にも真鍮の平鋲がぐるっと打ってあり、受張《うけばり》を止めるための茶糸も見える。

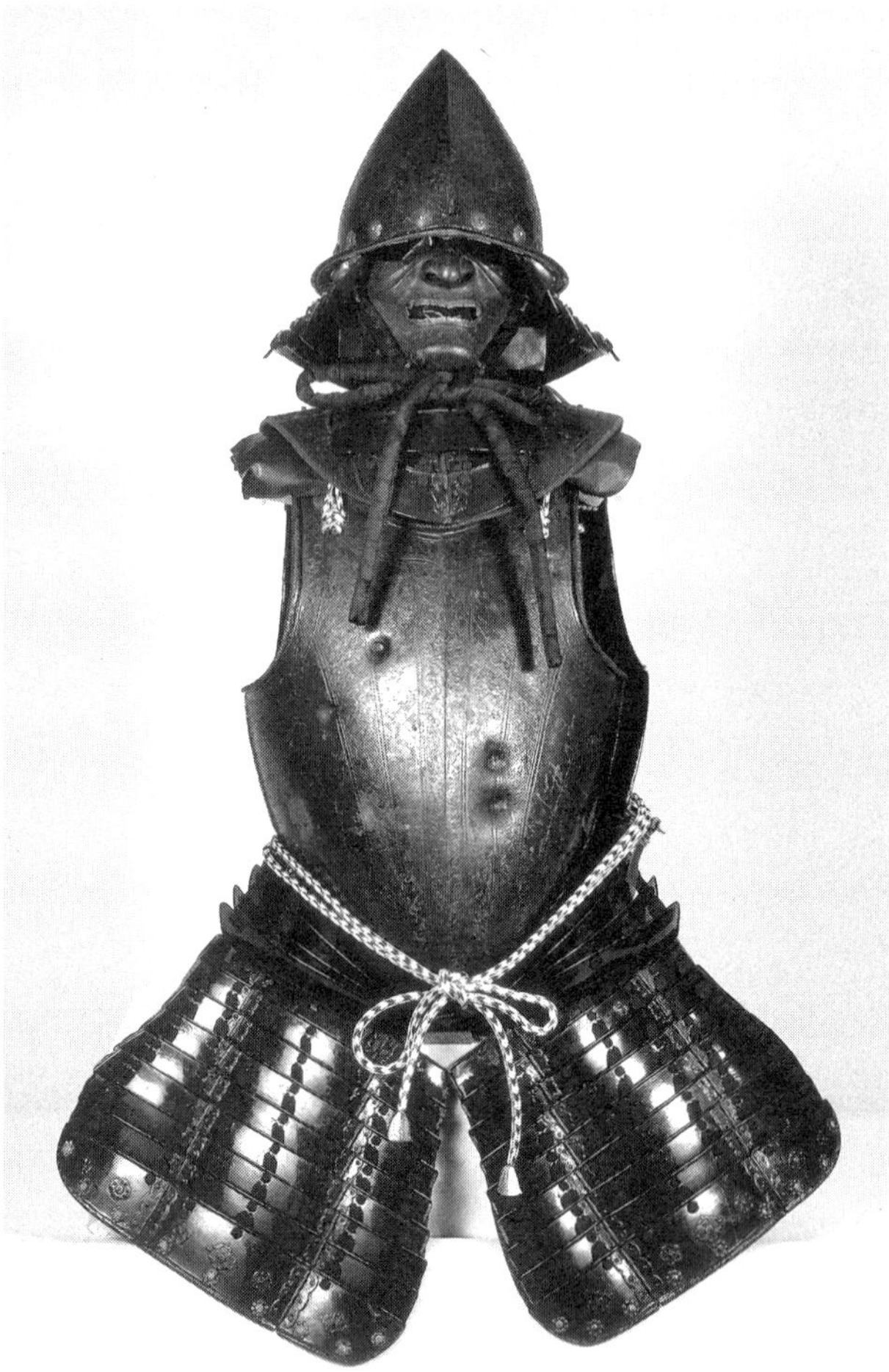

白檀塗南蛮胴具足 南蛮兜付
（紀州東照宮蔵）

𩊱は黒糸素懸威で日根野形の黒漆塗鉄板札三段が残っていたが、現在は五段に補修されている。一段目には小さな吹返が付いている。

　面具は鉄錆地の目の下頬。髭はないが金鍍金《きんめっき》された歯は付いている。忍《しのび》の緒《お》をひっかける釘《くぎ》は折釘と棒の両方が付いている。垂は素懸威の三段。

　胴・マンチラも、剣・楯・楽器・人物・洋唐草などの模様が兜と同じようにエッチングされており、同じく赤茶がかった透漆《すきうるし》を塗った白檀塗二枚胴である。マンチラの縁は革覆輪《ふくりん》になっており、正面に二つの丸平鋲が打ってある。前後はベルトではなく紐で留めてある。

よく出来た前胴に対して、後胴は無地でまったく文様がない。正中に鎬《しのぎ》があり、背中の正中がやや凹んでいるのは日光東照宮のものと同じ。袖口は兜の縁と同じく縄目《なわめ》覆輪。脇当《わきあて》(三段)の片方が残っている。腰廻りは原型のままなのだろうが、鉄打延《うちのば》しの庇《ひさし》が花びらのように凹凸《おうとつ》を付けてめぐっている。草摺は黒漆塗の革板物が前胴側左右に三段あって、黒糸素懸威、中心側を鋲で留めてある。二間だけで後方にはない。脇板は素懸の四段で真ん中に蝶番《ちょうつがい》が施されている。

籠手と脛当は現存しない。独特の佩楯《はいだて》が異彩を放っている(茶色の家地)。二カ所の蝶番で股にフィットするようになった革製の板物が九段、黒糸で素懸威となっている。裾の段には兜と同じような花の鋲といくつかの紋が並び、縄目覆輪で統一されている。これを草摺と呼ぶ人もいるが、これも二間だけである。後方がガラ空きなのは、イタリア甲冑のピザン式と呼ばれる作りである。

南蛮兜(紀州東照宮蔵)**図**(側面・著者筆)

この甲冑の最大の特徴は、前胴に九～十カ所にのぼる弾痕があることだろう。鎧の強度を試した、いわゆる「試し胴」である。「試し胴」が西洋で流行ったのは、十七世紀前半というのが定説である。鎧の強度を誇示するために、わざと弾痕のついたものを飾ったのであった。

紀伊頼宣が父徳川家康所用の品として奉納したと伝えるが、年月不詳である。この甲冑はリーフデ号の積荷にあった南蛮兜・胴とはまったく品を異にするもので、江戸時代に入ってから輸入した高級鎧なのである。日光東照宮蔵「南蛮具足」の胴は重さ七キロであり、この胴は一二キロ（前胴九・八キロ、後胴二・二キロ）もある。製作年代は、家康が南蛮具足を大坂の陣で使用したという伝承もあるので、そのころと見てよいのではないか。

時代劇ではこの甲冑にヒントを得て、織田信長が試し撃ちの元祖のように描かれることが多い。それをもって試し撃ちは日本が元祖のように説く人もいるが、相応の基準資料が発見されないことには、そうは見なせない。

火縄銃試し撃ちの確かなものは、尾張義直の「朱漆啄木《たくぼく》桶側五枚胴具足」（徳川美術館蔵）と徳川家光の「紺糸素懸威桶側具足」（久能山東照宮博物館蔵）がある。どちらもボコボコと銃弾の跡が認められる基準資料である。したがって日本での試し撃ちは、元和以降と考えたい。

余談になるが、石川県の尾山神社に前田利家（一五三九〜一五九九）が試し撃ちをしたという胴がある。明らかに後世のものである。ただし、家康が弾痕のついた西洋甲冑を輸入してからは、日本で試し撃ちが流行ったのは確かであり、そうした遺物が数多くある。ほとんどが実戦でついた弾痕ではない。

尾張家本『駿府御分物御道具帳』によれば、尾張徳川家にも家康着用の南蛮胴具足が分与されていたことになっているが、残念なことに現存していない。

茶糸威六間筋兜（紀州東照宮蔵）　江戸時代初期

徳川家康所用と伝えられる兜で、明治四年（一八七一）、十四代和歌山藩主の徳川（紀伊）茂承《もちつぐ》によっ

茶糸威六間筋兜(紀州東照宮蔵)図
(著者筆)

て紀州東照宮に奉納された。

鉢は黒漆塗六間筋の椎形《しいなり》で、頂上に赤銅魚子地《しゃくどうななこじ》で鍍金《めっき》の唐草菊座・立篠《たてしの》からなる八幡座を載く。吹返は小さく、䩗は赤茶漆塗の五段、切付札で茶糸威である。

歯朶の前立は小さめ、金属製で鍍金されている。前立専用の「黒漆塗葵紋蒔絵小箱」に鄭重《ていちょう》に納められていた。前立にダイナミックさを欠き、家康晩年のものなら時代は合うが粗末である。

茶糸威胴丸具足 十六間総覆輪筋兜付 (紀州東照宮蔵) 江戸時代初期

徳川家康所用と伝えられる甲冑で、紀州徳川家に伝来したもの。明治四年、徳川茂承によって紀州東照宮に奉納された。黒漆塗茶糸威の具足であるが、鉄媒染《ばいせん》による威糸の劣化が著しく、数多くの部品に分離している。

兜は黒漆塗十六間筋兜で、双《ならび》角本だが前立は残っていない。久能山東照宮の「歯朶具足」に似た朱漆塗の内眉庇がある(眉を打ち出す)。䩗は五段で黒漆塗茶糸威、吹返はない。八幡座・桧垣《ひがき》・覆輪および腰廻りの葵紋飾鋲は、すべて赤銅である。

胴は革小札の黒漆塗茶糸素懸威。覆輪は赤銅魚子地唐草とし、胴締《どうじめ》金具も赤銅魚子地に唐草ないしは葵紋を高肉《たかにく》で表している。肩上と胸板は雁木篠《がんぎしの》。袖はない。襟廻りと小鰭もない。マンチラを使用

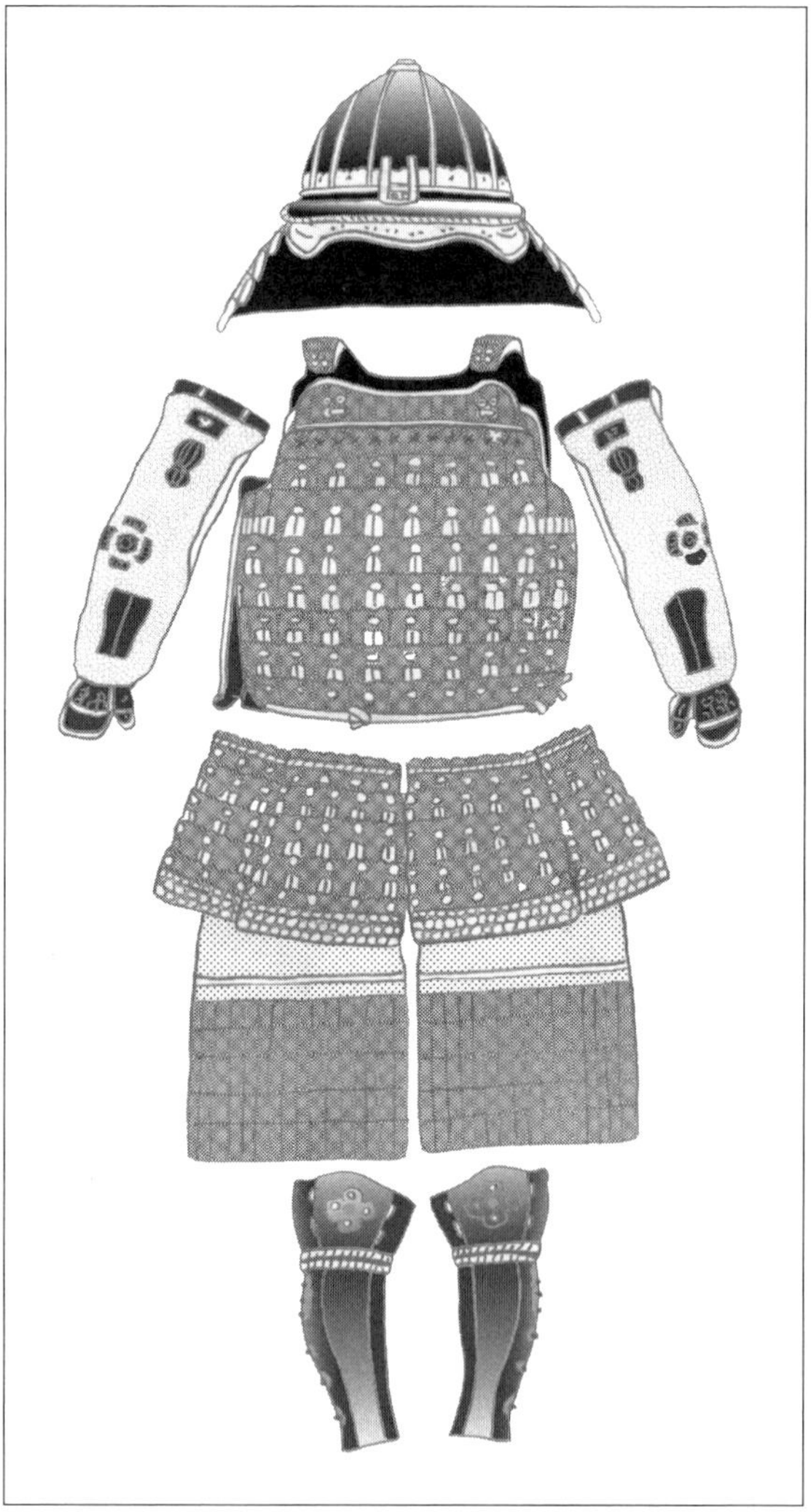

茶糸威胴丸具足 十六間総覆輪筋兜付
（紀州東照宮蔵）図（著者筆）

していたのであろう。

草摺は八間五段下り、威糸・菱縫ともに茶糸である。

籠手は、花菱・小花・葵紋をあしらった金具を鎖つなぎとした黒漆塗二枚筒。家地の黒麻布がよく残っている。

佩楯は、左右とも黒麻布家地で小縁《こべり》黒革、伏縫《ふせぬい》紫糸。黒漆塗革小札を五段に糸威ししてある。脛当は黒漆塗の簡単な三枚筒。上質の黒漆が用いられ、赤銅金具も格調高く、徳川家康所用という伝承も頷《うなず》ける。

六、海を渡った甲冑

徳川家康は、海外の君主に数点の甲冑を贈与している。それらの、文化財としての長所は、大体の年代が特定できて基準資料としての価値があり、また高級品である点が挙げられる。短所は、徳川家康がオーダーしたものではあるが、示威用であって、着用したわけではないし、地味で質素だった本人らしさに欠ける点である。無銘のものも、すべて晩年に召し抱えた奈良の甲冑師・岩井与左衛門の作と思われ、上方風の華やかなものが多い。

天下太平文字白糸威胴丸具足（ウィーン美術史美術館蔵）　江戸時代初期

〈口絵参照〉

この甲冑は徳川家康がスペイン王家に贈ったものらしい。その後、神聖ローマ帝国の国王ルドルフ二世（在位一五七六〜一六一二）に譲られた。その時期は、財産目録から一六〇八〜一六一二年に限定されるので、基準資料になりうる遺品である。現在はオーストリアのアンブラス城で展示されている。兜は惜しくも亡失しており、現状は、総覆輪阿古陀形《あこだなり》筋兜風の現代作が添えられている。胴の形式は胴丸。全体を白糸の毛引威で統一し、前面に「天下」、背面に「太平」の大文字を紅糸で配している。胸板・脇板・肩上《わたがみ》・押付板には梨子地に上り藤紋の蒔絵が施されている。

七段の大袖も胴と同じく白糸の毛引威で統一し、左袖に「天下」、右袖に「太平」の大文字を紅糸で配している。籠手《こて》は三本筒蝶番《ちょうつがい》式。家地は補修されているようである。兜は前に記した通り、面頬・佩楯《はいだて》・脛当《すねあて》を欠いている。

記録には「日本の皇帝」から贈られたとあり、徳川美術館の「日の丸威胴丸具足」、水戸東照宮の「紅糸威胴丸具足」、ロンドン塔の「色々威胴丸具足」、イギリス王立武器博物館の「綺桃威《かんとりおどし》胴丸具足」とまったく同じ技術と加飾で作られている。

胸板の魚子地唐草彫に織田木瓜紋の八双金物(中央)

大袖の唐草透に四つ目結紋の八双金物(中央)

天下太平文字白糸威胴丸具足

(ウィーン美術史美術館蔵)

切付札色々威二枚胴具足 十六間総覆輪阿古陀形筋兜付
（ウィーン美術史美術館蔵）江戸時代初期

兜は黒漆塗十六間筋の総覆輪阿古陀形、三段𩊱《さんだんしころ》を白糸で毛引きに威している。角本《つのもと》・鍬形《くわがた》・面具・脛当を欠くが、俗に「秀吉の影武者七騎の鎧」と称されているものの一領で、胴その他も同じ作りである。威毛や家地の一部が補修されているが保存状態はすこぶる良い。

「天下太平文字白糸威胴丸具足」と同じ経緯で、工芸品蒐集家でもあったルドルフ二世の手元に至ったと思われる。スペイン王とルドルフ二世は同じハプスブルク家の出身であった。

金小札白糸威胴丸具足 二十八間総覆輪筋兜付（フランス武器美術館蔵）
江戸時代初期〈口絵参照〉

徳川家康がフランス国王に贈った四領の甲冑の一つ。アンヴァリッド軍事博物館東洋室に展示されている。

兜は二十八間総覆輪の阿古陀形で桧垣《ひがき》がある。黒漆塗で八幡座あり。三鍬形《みつくわがた》前立の台はあるが、左右の鍬形と中央の剣形は欠損している。

眉庇《まびさし》には絵韋《えがわ》が貼ってあって高級感がある（胴の胸板・大袖の冠板にも絵韋あり）。吹返には他の三領と

金小札白糸威胴丸具足
二十八間総覆輪筋兜付（フランス武器美術館蔵）

異なり菱縫がなく、桐と菊紋が大きく金蒔絵されている。鞠は金箔押の切付小札の三段、白糸を毛引威している。

面具は薄手の鉄の打ち出しで黒漆塗、髭と鍍金《めっき》の歯が付く。垂は金箔押の板物で白糸の毛引威。

胴は金箔押の本小札で白糸の毛引威。草摺《くさずり》も金箔押本小札で六間、胴と同じように威されている。特徴的なのは蔓肩上《かずらわたがみ》と呼ばれる革製であること。

大袖も金箔押本小札で白糸威、冠板は絵韋である。

籠手は金箔押の三枚筒。佩楯は金箔押 革板を並べて黒糸で家地に止めている。脛当も金箔押で三本筒で立挙を毛引に威している（威付）。

黒糸威胴丸具足 二十八間総覆輪筋兜付（フランス武器美術館蔵） 江戸時代初期〈口絵参照〉

徳川家康がフランス国王に贈った四領の甲冑の一つ。アンヴァリッド軍事博物館東洋室に展示されている。

兜は阿古陀形二十八間の総覆輪で桧垣がある。黒漆塗で八幡座あり。前に三本、後ろに二本の短

黒糸威胴丸具足 二十八間総覆輪筋兜付
（フランス武器美術館蔵）

魚子地唐草彫酢漿草紋の
八双金物（右側）

めの篠垂《しのだれ》がある。鍬形前立の台のみが残っている。幅の広い吹返があって花模様の紋が蒔絵されている。鞠は切付小札の三段、黒糸を毛引に威している。一枚目の裏側に朱漆で「南都岩井与左衛門作」とある。

面具は薄手の鉄の打ち出しで黒漆塗、髭と鍍金の歯が付く。垂は黒糸で毛引に威している。

胴は本小札で黒糸の毛引威。胸板は黒漆の上に唐草模様の金蒔絵が施されている。草摺も本小札で六間、胴と同じように威されている。大袖も同様に威されており、冠板には胸板同様の蒔絵がある。

籠手は三枚筒で黒漆の上に子持ち釘抜《くぎぬき》紋が金蒔絵されている。

佩楯は革板を並べて黒糸で家地に止めている。脛当は三本筒で立挙を毛引に威している。佩楯と脛当には栄螺《さざえ》と荒波（海賦《かいぶ》文様）が金蒔絵されている。

色々威胴丸具足　十六間筋兜付（フランス武器美術館蔵）江戸時代初期〈口絵参照〉

徳川家康がフランス国王に贈った四領の甲冑の一つ。アンヴァリッド軍事博物館東洋室に展示されている。

兜は十六間の阿古陀形で黒漆塗。八幡座あり。桧垣がない代わりに五七の桐紋の蒔絵が並んでいる。各筋に一つ、前後は二つずつある。

色々威胴丸具足　十六間筋兜付
（フランス武器美術館蔵）

眉庇は黒漆塗で覆輪があり、左右の端に七曜《しちよう》紋を金蒔絵している。鍬形前立の台（菊透かし）はあるが、左右の鍬形と中央の立物は欠損。吹返は黒漆塗で桐紋が金蒔絵されている。鞠は黒漆塗の切付小札の三段、毛引の色々威である。

桐唐草蒔絵を施した籠手（右）

面具は薄手の鉄の打ち出しで黒漆塗、髭と鍍金の歯が付く。垂も毛引の色々威。

胴は黒漆塗の本小札を白・萌葱・紫・紅・縹・浅葱《あさぎ》の糸で毛引に威している。草摺、大袖も同様の作りと威しである。胸板・冠板などの金具廻りにはすべて絵韋が使用されている。籠手は黒漆塗の三枚筒で桐紋が金蒔絵されている。脛当は黒漆塗の三本筒で威付、蒔絵はない。佩楯は黒漆塗の革小札を細かく黒糸で家地に止めている。脛当は三本筒で立挙を毛引に威す。佩楯と脛当が黒一色なので質素な印象を受ける。

片身替色々威胴丸具足 二十八間筋兜付

〈フランス武器美術館蔵〉 江戸時代初期 〈口絵参照〉

徳川家康がフランス国王に贈った四領の甲冑の一つ。アンヴァリッド軍事博物館東洋室に展示されている。

兜は阿古陀形二十八間の覆輪筋だが桧垣がない。八幡座あり。前に三本、後ろに二本の長めの篠垂がある。眉庇ともども黒漆塗で、鍬形前立が台ごと欠損している。

鞠は切付小札の三段、萌葱《もえぎ》・白・紅・紫糸を毛引に威している。一枚目の裏側に朱漆で「南都岩井与左衛門作」とある。

幅の広い吹返は黒漆塗で鶴丸紋が金蒔絵されている（胴の胸板・大袖の冠板・籠手・脛当も同じ）。

面具は薄手の鉄の打ち出しで黒漆塗、髭と鍍金の歯が付く。垂も萌葱《もえぎ》・白・紅・紫糸を片身替《かたみがわり》に毛引に威している。

胴は本小札で萌葱・白・紅・紫糸を片身替に毛引に威している。

草摺も本小札で六間、胴と同じように威されている。大袖も胴と同じように威されている。

籠手は三枚筒、鶴丸紋が金蒔絵されている。

佩楯は黒漆塗の革小札を細かく黒糸で家地に止めている。脛当は三枚筒で立挙を毛引に威す。残念

鞠裏の銘

片身替色々威胴丸具足 二十八間筋兜付
（フランス武器美術館蔵）

胸板の鶴丸紋蒔絵

ながら左足を欠損している。

色々威胴丸具足 二十二間総覆輪阿古陀形筋兜付

（イギリス王立武器博物館蔵） 江戸時代初期 〈口絵参照〉

慶長十八年（一六一三）九月、徳川家康がイギリスの国王ジェームズ一世（在位一六〇三～一六二五）に贈った「漆塗の甲冑二着」の一領。現在はロンドン塔ホワイトタワーに展示されている。三十年ほど前までは傷みきっていたが、昭和後期に三浦公法《ひろみち》氏が修復され、完全復元された。

兜は二十二間の総覆輪兜で三鍬形を立てる（実際は十二枚張だが筋を増やして二十二間に見せている）。これは室町後期の古作の兜鉢を転用したものらしい。八幡座あり（玉縁《たまぶち》・小刻《こきざみ》・抱花《だきばな》・透菊《すかしぎく》・金菊唐草透彫の五重《ごじゅう》）。切付小札三段の笠𩊱は毛引威である。𩊱裏に朱書で「南都岩井与左衛門作」とある。

吹返は折れて欠損、鍬形台も失われていたが、三浦氏が推定復元された。

面具は烈勢頬《れっせいぼお》で表も裏も黒い。裏面を朱塗にするのはこれより後世なのだろう。

大袖と胴は黒漆塗の本小札。三浦氏が修復する前の威は、過去の保管者が日本の甲冑についての知識がないままに修理したもので、全く参考にならない。毛立穴に残った威糸の残欠に焦茶糸があったと三浦氏は述べている。また、紫糸と思しき残欠もある（口絵参照）。紀州東照宮蔵・色々威二枚胴具足の威毛は、紅・白・茶の組み合わせであることから推測すると、当胴丸具足は、紫・白・焦茶であったかもしれない。なお、現在は紫糸胸肩紅威となっている。

八双金物は出八双形、奈良菊鋲《ならぎくびょう》で止めてある。

草摺は六間五段下がり、欠損して四段になっていたのを三浦氏が補足された。

金具廻りには徳川家と無関係な剣花菱紋だけが三つずつ蒔絵されている。製作期間を短縮するためか、既製品が流用されたらしい。

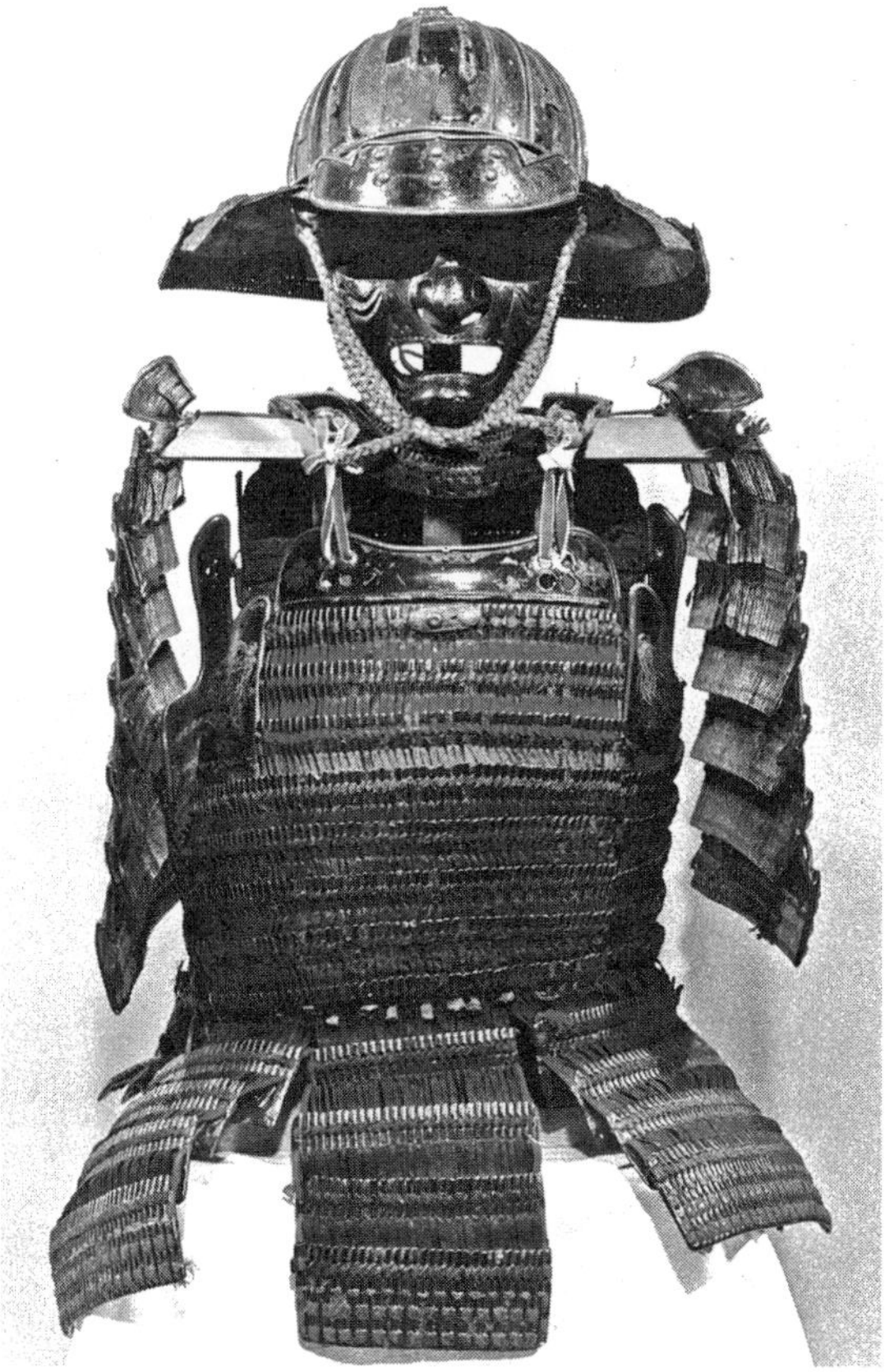

色々威 胴丸具足 二十二間総覆輪阿古陀形筋兜付
（イギリス王立武器博物館蔵）三浦公法氏提供

佩楯を欠くが脛当は残っている。黒漆塗の三枚筒脛当で、立挙との隙間を毛引威にしているほかは特に装飾はない。

イギリス王立武器博物館では徳川秀忠からの贈り物と説明されているが、実際は家康が正しい。英国使節の日記にも「皇帝（家康）からの贈り物を江戸で秀忠公から手渡された」と記されている。

綺桃威胴丸具足 五十二間総覆輪阿古陀形筋兜付

（イギリス王立武器博物館蔵） 江戸時代初期 〈口絵参照〉

「縹《はなだ》糸地四石畳文威胴丸具足」とも呼ぶ。

慶長十八年（一六一三）九月、徳川家康がイギリスの国王ジェームズ一世に贈った「漆塗の甲冑二着」

綺桃威胴丸具足
五十二間総覆輪 阿古陀形筋兜付
（イギリス王立武器博物館蔵）

の一領。

兜は五十二間の総覆輪兜で八幡座あり。前立はなく、飛雲文を蒔絵した大きな吹返が付いている。

鞠裏に朱書で「南都岩井与左衛門尉《じょう》作」とある。

鞠裏の銘

五十二間総覆輪阿古陀形筋兜
（側面・イギリス王立武器博物館蔵）

胴は本小札の丸胴で、縹糸の毛引威、前後に紅糸で大きく四つ石畳文を威している。現地ではこれを「綺桃威《かんとりおどし》」と伝承している。草摺は本小札六間五段を縹糸で毛引威してある。その仕様は水戸東照宮蔵の「紅糸威胴丸具足」と似ている。

左右の大袖も胴と同じく縹糸地に紅糸で四つ石畳文を威している。金具廻りは飛雲文の蒔絵。

筒籠手・筒脛当ともに飛雲文の蒔絵で統一されている。佩楯は板佩楯と呼ばれるものである（革製、黒漆塗）。国王相手の贈答用に作られた高級鎧で、大袖が付くなど実戦的なものではない。

なお、二領の甲冑とともに贈られた鞍《くら》と鐙《あぶみ》・朱印状も現存している。これらの品はイギリス国王ジェームズ一世の書簡と贈り物を駿府・江戸に届けたジョン・セーリス提督に託された。そして、苦しい航海の末に本国にたどり着いたのである。

ウィンザー城で永く保管されていたが、この「綺桃威胴丸具足」は、一八二〇年にジョージ四世のカールトン館へ移された。そして、いつの間にか売却されてしまう。

一九五四年、ロンドン塔王室兵器庫・副館長のH・ラッセル・ロビンソン氏が街の骨董屋で偶然発見して買い戻す結果となった。王室に残っていた「色々威胴丸具足」がかなり傷んだ状態だったのに対して、かなり良い状態なのは、保管環境の違いからだろうか。

こうして家康が贈った二領の甲冑は、ロンドン塔のホワイトタワー王室武器庫に移管されたのである。しかし近年、同武器庫が手狭になったため、「綺桃威胴丸具足」はリーズ市に新たに建設されたイギリス王立武器博物館に移された。

最上腹巻 頭形兜付（イギリス王立武器博物館蔵・ロンドン塔ホワイトタワー展示）

江戸時代初期〈口絵参照〉

これは近年、イギリス王立武器博物館がマニラにあったものを買い取ったもの。内藤如安のものとされている。慶長十九年（一六一四）、如安が海外追放された際の甲冑で、時代の特徴をとらえた大変良い遺品であり、基準資料となりうるものなので、家康とは無関係であるが参考までに掲載する。

七、家康拝領と伝わる甲冑

家康から拝領したと伝わる甲冑は世に数多くある。それだけに、拝領品であるとの裏付けが十分にとれないものもまた多い。江戸幕府編纂《へんさん》の大名系図集『寛政重修諸家譜』を読むと、各家とも得意になって徳川家康からの拝領品を書き上げている。それらの中にさえ疑問なものがあるくらいで、口碑による民間伝来品はなおさらである。それらを網羅《もうら》しても混乱するだけなので、ここでは数を絞って有名なものだけを紹介したい。

黒糸威二葉葵紋柄丸胴具足　木菟形兜付（上田市立博物館蔵）桃山時代

この甲冑は徳川家康が松平信一（一五三九～一六二四）に与えたものとされる。信一は家康の祖父松平清康の従兄弟《いとこ》で、早くから家康に従った。関ヶ原合戦後は常陸国土浦藩主となり、三万五千石を領している。孫の忠周が信濃国上田藩主となって七代続き明治を迎えた。その縁で上田市立博物館の所蔵となっている。

兜は眉庇《まびさし》に刳りを入れた頭形《ずなり》。その上に張懸《はりかけ》技法で大きな木菟《みみずく》の耳と眉を被せてある。耳の部分は弓形の突起を茎《くき》として二葉葵に見えないこともないが、やはり動物の耳であろう。

近年の造語でいうと「変わり兜」である。黒漆は生《う》ぶのままではない。江戸期に塗りなおしてある（桃山期以前の黒漆は色が違う）。というより、信一に与えられた時点では、張懸部分のない単純な黒漆塗古頭形兜であったと筆者は推定している。これが桃山期のものであれば、耳の大きさがもっと小さくアンバランスなはずである。このように均整の取れたデザインは、平和になった江戸期に入ってからの産物と心得るべきである。

五段の𩊱《しころ》は焦茶漆塗で日根野形、茶糸の素懸威である。吹返はない。弓矢が戦場の第一の武器であったころは、大きな吹返は矢を防ぐ大事なアイテムだった。しかし、鉄砲が盛んになると無駄で邪魔となり、どんどん小型化して、ないものまで現れたのである。大きなものが付いていたら、まず江戸時代の飾りものだと思った方がいい。

戦国末期に兜は関東では筋が多い重厚なものが作られ、関西では日根野形や越中形の原型となった、簡素で量産しやすい古頭形が作られた。古頭形兜は天辺《てへん》がしぼんでいる場合が多く、曲線がまだ素朴である。頭にフィットするように小振りに作られているのも特色。本品は張懸なので少し分かりにくい。

面具は黒漆塗の目の下頬で、髭と金鍍金《きんめっき》の短い歯が付いている。これは後補だろうか。垂は黒漆塗の板札が五段、素懸威となっている。糸は欠損しているが胴同様に黒糸威であっただろう。黒糸威は桃山期以前にはなく（以前は濃い藍をそう呼んでいた）、この時代の武将、特に家康系の者に大いに好まれた。鉄分の入った顔料を使うため、劣化が早くて粉状になる。『明良洪範』に家康が「近ごろの若い武士は黒糸を好むが、黒糸は損傷が多いから用いない方がいい」と語ったとある。流行の張本人がそれを言うのは筋違いではないか。

胴は丸胴形式。丸胴とは当世具足の前身というべきもの。四孔式の胸板、胴の立挙《たてあげ》の段数・長側《ながかわ》の形に特色がある。短期間にどんどん変化していって、江戸期に当世具足として完成された。

後の当世具足と比べると、飾ることを考えていないから、床に置くと提灯《ちょうちん》のように畳むことができる。通気性が良くて汗が蒸散しやすく、軽くて実戦的である。また、まだ亀甲金を縫い込んだ襟廻《えりまわ》り・

黒糸威三葉葵紋柄丸胴具足 木菟形兜付
（上田市立博物館蔵）

小鰭《こびれ》は付属しない。肩上《わたがみ》の外側が小さい小鰭状の曲線を持っていて古い特色を出している。

この丸胴は黒糸の毛引威で、黒漆塗の本小札でできている。正面に大きく金箔によって丸に三葉葵を描き出しているのが特色であろう。五段の草摺《くさずり》も黒漆塗の本小札を黒糸で毛引に威し、妻取回しを茶糸にして兜の鞠とのバランスを取っている。胸板・脇板には覆輪があって、細かく丸に三葉葵が金色の蒔絵で散りばめられている。さらに肩上も含めて皺革包《しぼかわつつみ》となっており、実に贅沢《ぜいたく》な作りである。

籠手《こて》は黒漆塗の小篠《こしの》籠手で肘鉄《ひじがね》あり。肩上に直接取り付ける。全体的に細かい篠で構成されているが、肩の近くにやや大きく平たい黒無地の丸に三葉葵が入っている。家地を裏側まで回した打回籠手で高級品。

手甲には胴と同じく金泥で丸に三葉葵を蒔絵してあるが、とても精密に描かれている。ＴＶや映画、現代甲冑で旧式な籠手を使っているのは、手の長さの違うさまざまな人に合うからで、考証という観点からは正しいとはいえない。本品を見習うべきである。

佩楯《はいだて》は革糸綴じの板佩楯と呼ばれるもので革製、黒漆塗の上に金箔で丸に三葉葵が大きく描かれている。しかし家地は粗末な茶色い麻である。

脛当《すねあて》は立挙がなく家地を欠く。篠脛当だが、普通は鎖で繋ぐ所が花を打ち出した丸い金具で構成されている。江戸時代になってから別物が混入した可能性が高い。そもそも篠脛当は身分の低い者が使っていたのが、だんだん上級武士にも用いられだしたもので、最初は立挙がなかった。立挙には亀甲金を埋め込むのが一般的で、当世具足の襟廻り・両肩の小鰭と同じ作りである。

この甲冑は背負い式の鎧櫃《よろいびつ》に収められている。麻糸を組んだ負い綱も残っている。

伝来は、永禄十一年（一五六八）に織田信長が挙兵・上洛した際、家康が代理人として出陣させた松平信一に与えたものとされている（『藤井松平系図』『寛政重修諸家譜』）。もっとも「御紋の御具足」とあるだけで細かい描写はない。そして、この甲冑の年代にはいささか無理がある。

丸胴の基準資料としては次の二領がある。どちらも上方（奈良）の製作と思われる。

金小札白糸素懸威胴丸具足（前田育徳会蔵）　前田利家が小牧・長久手の戦い（一五八四）で使用。

銀伊予札白糸威胴丸具足（仙台市博物館蔵）　豊臣秀吉が小田原の陣（一五九〇）で伊達政宗に与えた。

本作は、胸板の丸みからして後者に近いのである。

拝領話の参考として服部半蔵正成の逸話がある。元亀三年（一五七二）十二月、三方ヶ原の戦いの直前に半蔵は、家康から愛用の采配と具足（大星兜と縫延《ぬいのべ》胴）を下賜されたが、残念ながら焼失してしまった。これが奈良の具足屋で製作されたものと『服部半蔵武功記』にあるのである。後に家康専属になる甲冑師の岩井与左衛門（前田家の具足屋岩井八郎の弟子）とする説もある。

ところで、天正十二年（一五八四）四月、小牧・長久手の戦いでのこと。徳川家康は尾張国小牧山から長久手へ向かって、霧の中を進んだ。案内の者（庄屋甚助）に「ここは何という所か？」とたずねると、「勝川《かちがわ》にござります」との答え。「勝川とな、これは吉祥、縁起のいい名だ。この戦はきっと勝てるぞ。さっそく、旗を降ろせ」と命じて休憩した。

そして、甲冑を締め直して出立すると、見事な勝利をおさめたという。『徳川実紀』には「君は小牧山より三十餘町勝川兜塚といふ所にて御甲冑をめさる。これ当家の御甲冑勝川と名付らる、事のもとなり」と書かれている。小文字の書き込み注によれば、「椎形溜塗《しいなりためぬり》の御兜、黒糸威の御鎧」となっていて、前述の「南蛮胴具足」（日光東照宮蔵。六頁参照）を連想させる。しかし、年代からみてそれはあり得ない。むしろ、この松平信一の具足か、それに類するものであっただろう。

紺糸威仏胴具足 張懸兜付 （個人蔵・茨城県立歴史館寄託） 桃山時代

兜は日根野の古頭形鉢。前方に富士山形の頭巾のようなものが張り懸けられた変わり兜である。朱漆塗の眉庇《まびさし》は古風な眉と両脇に二本の皺がかなり高く打ち出されている。浮張を止める革糸が眉の下に一直線に並んで見えるのも変わっている。

古式な二本角本《つのもと》があるが片方は折れてなくなっている。関ヶ原合戦以前の兜と見て問題なかろう。𩊱は切付盛上札の五段で茶糸の毛引威である。吹返も実戦期のものらしく小型である。家康の「大黒頭巾形兜」との類似性も感じられる。

胴は著しく破損しており、未だ展示されたことはない。水野家の文献に仏胴とあり、鎧櫃《よろいびつ》の張り紙にも、「権現様ヨリ御具足　高祖父水野泉(和泉)守　御兜　頭形黒漆　御鎧　仏胴黒塗紺糸威　右は元亀三年遠州(三)味方ヶ原御陣之刻　致仕拝領代々相伝所持仕候」とあるが、実際は小札の胴丸か丸胴のようである。劣化から見て、紺糸も実際は鉄分の多い染料を使用した黒糸であろう。

仏胴というのは西洋甲冑を模して、一枚鉄で前後を作った二枚胴のことである。または、桶側胴の上からコクソを塗り固めて、そう見えるようにしたものもいう。こうした甲冑用語の使い間違いは、江戸期の文献によくあることで、目くじらを立てることではない。

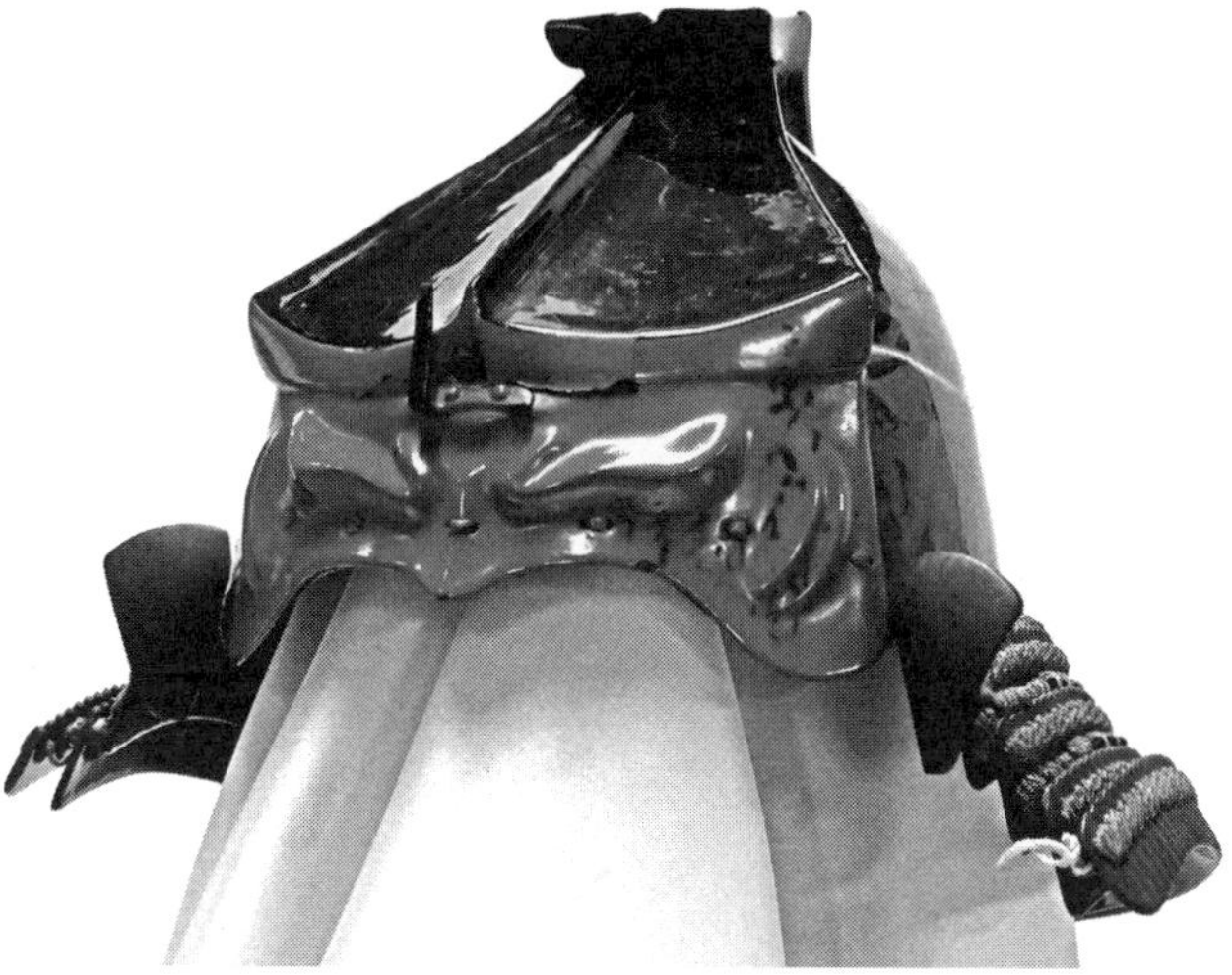

張懸兜（個人蔵・茨城県立歴史館寄託）

水野忠重（一五四一～一六〇〇）は、三河国刈谷《かりや》城主で徳川家康の叔父に当たり、徳川二十将の一人に数えられている。元亀三年（一五七二）、三方ヶ原の戦いの戦功で家康から与えられたのがこの甲冑であるという。忠重が家康の影武者として、これを着込んだのではないかとする説もある。『寛政重修諸家譜』には「（元亀）三年十二月二十二日三方原の戦ひに軍功ありしかば、今日（家康が）めさせられしところの頭形黒塗の御兜、仏胴紺糸威の御鎧をたまふ」と見え、『水野家文書』にも同様の記述がある。

忠重は関ヶ原合戦の直前に西軍によって暗殺されたが、子の勝成は備後国福山城主（十万石）となっている。五代藩主が夭折したため、子孫は一万八千石に減封されて下総国結城藩へ移り、明治を迎えた。小禄になりながらも水野家が、家康拝領品として大切にしてきたものである。

本小札色々威丸胴具足 冠形兜付（佐久市蔵） 桃山～江戸時代初期

徳川家臣本多広孝（一五二九～一五九八）が息子康重の産衣甲《うぶぎぬのよろい》として、家康から拝領した少年用のもの（童具足）と伝えている。同家は信濃国飯山藩主（三万五千石）として明治を迎えた。こうした和冠を象った兜は、江戸以前はよほど身分のある人でないと使用しないので、伝来も頷ける。

兜は五枚張古頭形鉢の上に薄額《うすびたい》の和冠を張懸で拵えたものである。巾子《こじ》は空洞で笄《こうがい》は木製、垂纓《すいえい》は革でできている（受筒に差し込む）。眉庇は二連弧状だが、前方に捻ってあるので正面からは一直線に見える。全体に黒漆を塗って仕上げてある。鞠は日根野形の黒漆塗鉄板札五段。上から萌葱《もえぎ》糸・紫糸・紅糸二段を毛引に威した華美なものである。一の段には丸に三葉葵紋を金泥で蒔絵された小さな吹返が付いている。鞠が丸平鋲で止められていて古式に見えるが、ストンと下る様は江戸期に入ってからの特徴である。裾板にも丸に三葉葵紋があり、水沢瀉《みずおもだか》紋と交互に蒔絵されている。

面具は燕頬《つばめほお》で金箔を押した三段の板物を紫糸で素懸に威してある。胴は本小札の丸胴で、紫糸・白糸・紅糸・萌葱糸の順で毛引に威されている。草摺と袖も同様である。

仕付《しつけ》籠手が残っているが佩楯と脛当を欠く。胴・草摺・袖の随所に丸に三葉葵紋と沢瀉紋の蒔絵が施されている。

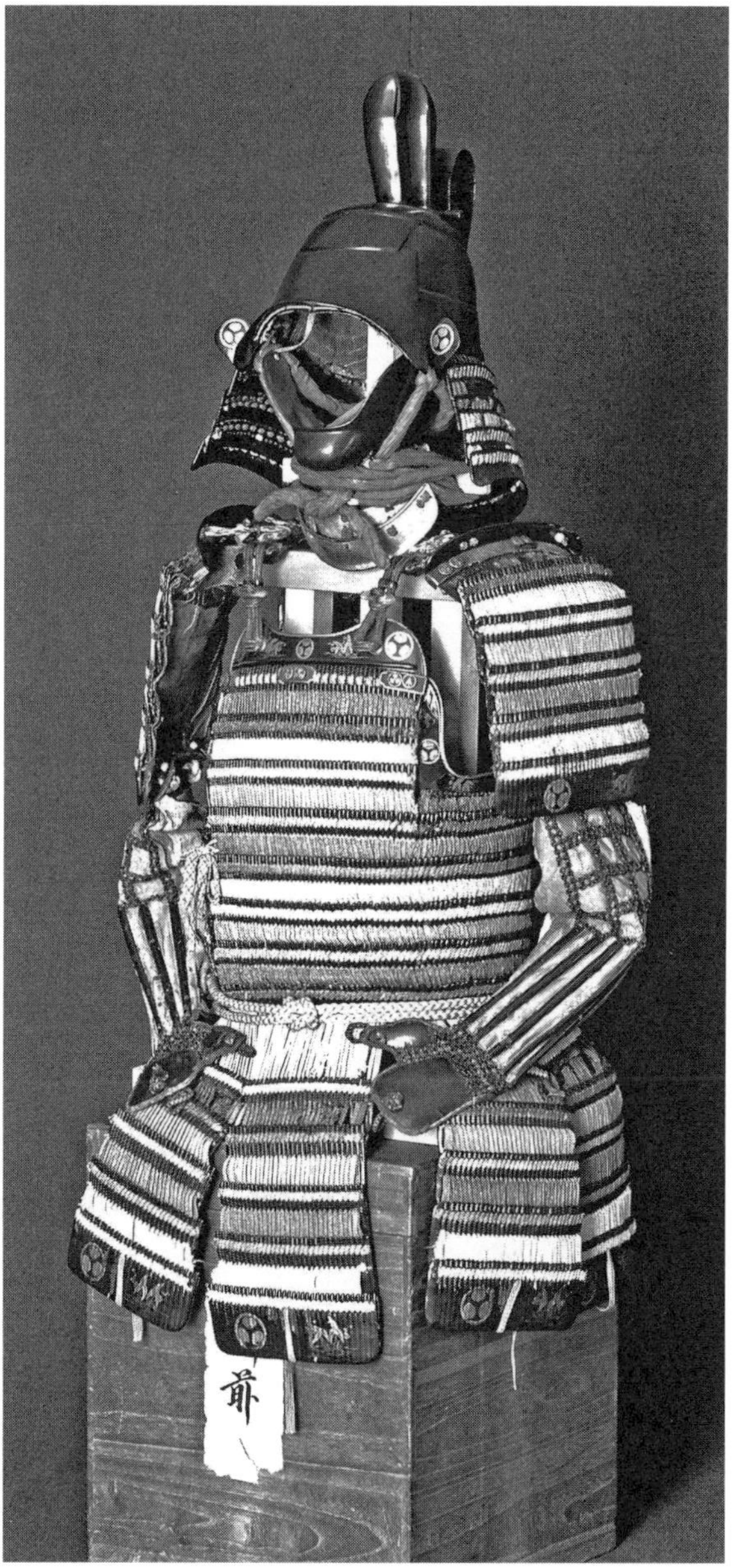

本小札色々威丸胴具足　冠形兜付
（佐久市蔵）岡克己撮影

大釘後立銀箔押一ノ谷形兜（東京国立博物館蔵）江戸時代前期

幕臣林大学頭《だいがくのかみ》の家に徳川家康からの拝領品として伝来したものである。日根野頭形に九三・一センチの大釘《おおくぎ》を表した後立《うしろだて》が付属する兜で、織田家臣の森家を象徴するデザインである。その家祖とでもいうべき森可成《よしなり》（一五二三〜一五七〇）の「黒革包畦目綴《うなめとじ》二枚胴具足」が、兵庫県の赤穂大石神社に残っている。子孫は赤穂藩二万石の領主として明治を迎えた。

秀吉家臣の仙石秀久（一五五二〜一六一四）の遺物にも一四〇センチ弱の大釘後立を備えた越中頭形兜がある。その兜と比較すると明らかに時代は下り、本品は江戸期のものであろう。しかも革製である。そのせいか、兜の総重量も二・三二キログラムと見た目より軽い。革製兜は細川忠興の「黒糸威革包畦目綴二枚胴具足」（永青文庫蔵）にも例があって、決して珍しいものではない。

𩊱は鉄板五段を切付盛上札にして緋《ひ》糸で毛引に威している（現在は緋色が退色して白く見える）。ストンと真っすぐ下るものだし、一の板の前端にお洒落《しゃれ》な結び目（あげまき結び）を見せているのは、江戸期の遊び心である。面は朱漆塗の燕頬で、四段の垂が付属する。𩊱と同様の作りと威しである。総体

大釘後立銀箔押一ノ谷形兜
（東京国立博物館蔵）Image：TNM Image Archives

を銀箔押として高級感を出している。

さて、本兜で一番問題になるのは、特徴的なシルエットの「一ノ谷」部分である。中央に鎬《しのぎ》を立て前方に湾曲した形は他にも類例があるが、大釘形の後立とマッチしていて大変美しい。材質は厚さ三～四ミリの撓革《いためがわ》で、下端横一列に二十個の小孔がある。これが兜鉢のラインとまったく合わないのである。どう見ても、別物をポンと上に載せたようにしか思えない。

ところが、一九八四年に奈良県立美術館で「当世兜百選」という企画展があった時、調査してみると、鉢裏にも同様の小孔があって、「一ノ谷」部分を括りつけるための革紐が残存していたという。兜の表面は漆を塗り足して小孔が埋めてあり、さらに後補として銀箔が押されたものであるらしい。

銀箔押冠形兜（山崎本多藩記念館蔵）江戸時代前期

徳川四天王の一人本多忠勝は伊勢国桑名藩十万石で人生を終えた。その子孫は播磨国姫路藩など各地を転々として、最終的に三河国岡崎藩主として明治を迎えている（五万石）。忠勝の次男忠朝の系統が上総国大多喜藩から大和国郡山藩を経て、播磨国山崎藩主（一万石）として明治を迎えた。

その播磨国本多家に「徳川家康形見の兜」として伝来したものである。本多忠勝が徳川家康から拝領したという。錏眉庇を付けた五枚張頭形兜を土台にしているが古頭形ではない。二本の波皺と眉が打ち出してあるが、江戸期の並品である。

ただ、張懸技法によって珍しい三山冠《さんざんかん》を表現している。張懸全体に銀箔を施した点は、やや高級感

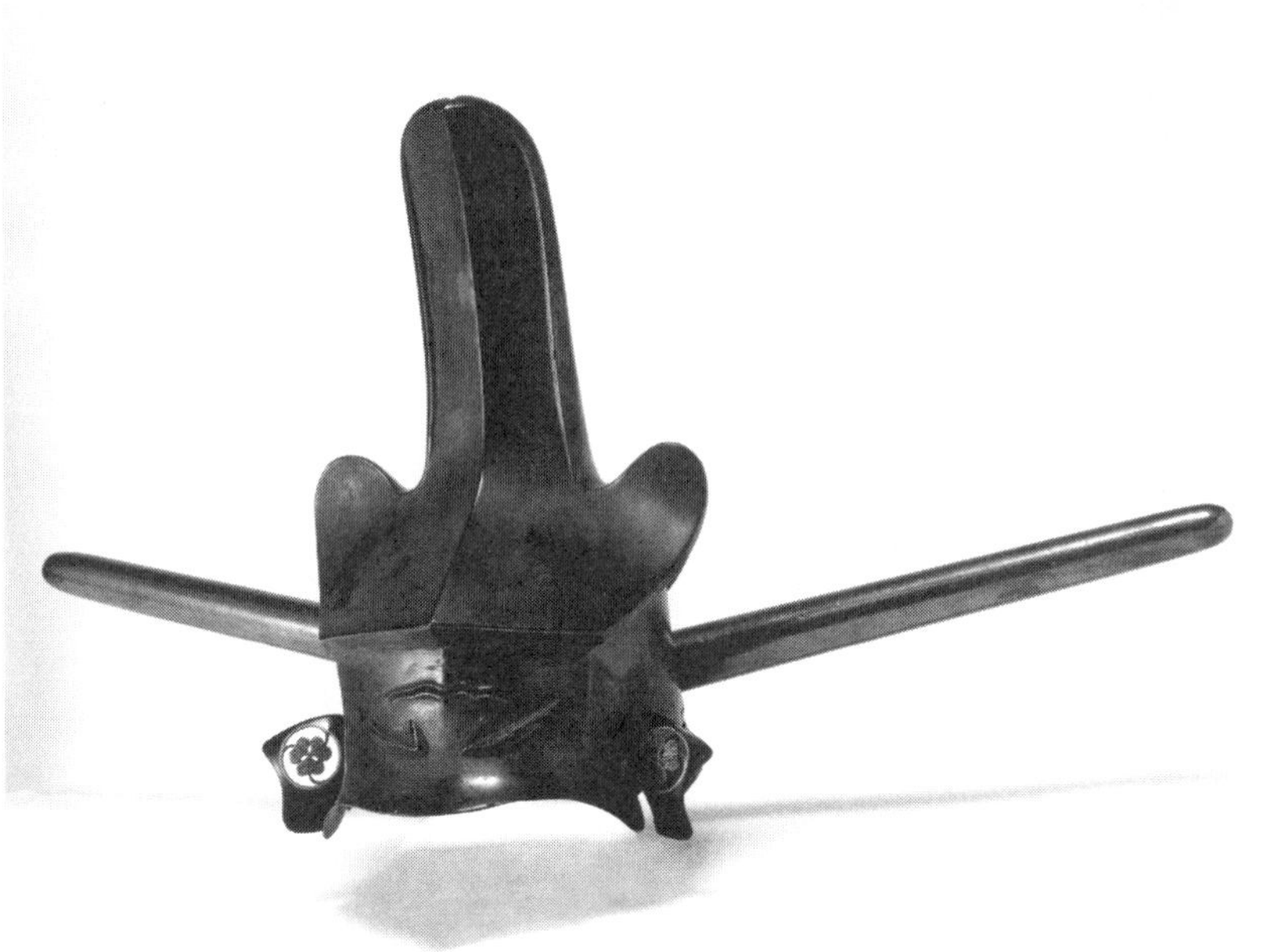

銀箔押冠形兜（山崎本多藩記念館蔵）
井出正信編『江戸の侍グッズコレクション』（里文出版）より転載

を醸《かも》し出す。中央で天に延びる巾子の正中に鎬筋を通して、背面は溝になっている。左右に延びる笄《こうがい》は、木の丸棒を鍍銀《とぎん》板で包むという珍しい技法である。兜鉢の幅は二四・六センチだが、笄の端から端では八〇センチにもなる。

𩊱は黒漆塗の一枚板が残るのみで欠損している。素懸威の黒糸がわずかに残っている。ただし、吹返は金泥を施した丸に三葉葵が透彫にされていて美しい。受張は藍革に百重刺《ももえざし》を施してあり、兜鉢ともども江戸期の特徴を有している。

同家には「蜻蛉切槍写《とんぼきりのやりのうつし》」（拵付き）も伝わっているが、岡崎の本家に伝来した家祖忠勝のもの（現在は個人蔵）とはまったくの別物である。銘は「河内守文殊包定」、大和国手掻《てがい》の刀工で元禄時代の人物である。

三鍬形前立浅葱糸威二方白筋兜（兵庫県立歴史博物館蔵）江戸時代初期

三鍬形前立浅葱糸威 二方白筋兜
（兵庫県立歴史博物館蔵）

鉢は二十八間、二方白筋《にほうじろ》。内側に明珍《みょうちん》信家の花押と「大永五年乙酉五月吉日」の刻銘がある。ただし「明珍信家」は架空の人物で、上州産の良質な筋兜にその偽銘が彫られ、高値で取引された。

この兜は徳川家康が美濃国加納城主・奥平信昌（一五五五～一六一五）に贈り、その子で姫路藩主となった松平忠明が愛蔵したものと伝えられている。一連の近侍用兜（「四、近侍用の具足」参照）が改造されたものと思われ、金銅で枝菊透の鍬形台に三鍬形を立てるのは原型のままだが、吹返や𩊱は後補である。

第二章　家康の刀剣と鉄砲

桃山時代末期、伏見城でのこと。徳川家康を前に太閤秀吉が指折り数えながらこう言った。

「わしは、粟田口吉光《あわたぐちよしみつ》の銘のものをはじめ、天下の宝と呼べる刀は悉く《ことごと》蒐集《しゅうしゅう》した。さて、貴殿はいかがなものか？」

するると、家康はこう答えた。

「わが手元には、そのような自慢の名刀はございません。ただし、拙者のために火の中・水の中へも飛び込む家臣を五百騎ほど召し抱えております。それが宝であり、日本中に恐ろしいと思う敵はございませぬ」

またある時、秀吉が大老たちを残して大広間を出ると、主君の刀を持って控える五人の小姓たちがいた。それに目をやると、

「黄金を散りばめたこの刀は、美麗を好む宇喜多秀家のもの。上杉謙信好みのこの長い刀は息子景勝のもの。革巻きの刀は大国を領しても昔を忘れない前田利家のもの。珍奇な様に飾りたてたこの刀は毛利輝元のもの。見た目を取り繕わず質素な刀は徳川家康のものじゃ」

と、言い当てた。

その場にいた前田玄以は、秀吉の人を見る目の確かさに驚いたという。『常山紀談』にあるエピソー

ドである。同書は江戸時代半ばに岡山藩士が書いた名将の逸話集である。どこまで真実を伝えているかは定かでないが、藩祖池田輝政は家康の娘を正室にしているから、あながちでたらめな話でもないだろう。

天下人になる前の徳川家康は、徹底した質素倹約ぶりで、織田信長・豊臣秀吉のような派手さは決して見せなかった。それが変わるのは、関ヶ原合戦以降である。日本全土を手中に収めてからの家康の手元には、嫌でも天下の名宝が集まった。

また、家康は大坂夏の陣（一六一五）で豊臣氏を滅ぼした際、焼けた城跡から秀吉蒐集の名刀類を拾い上げ、焼き直してもいる。それらは四男忠吉（一五八〇〜一六〇七）の清須城に預けられ、没後に九男義直（一六〇一〜一六五〇）が引き継ぎ、多くが尾張徳川家に伝わっている。

さらに、『駿府御分物《おわけもの》刀剣元帳』によれば、家康が遺した刀剣はおよそ千二百点であったという。そのほとんどが、戦闘用ではなく美術品として価値のある名刀であった。それらの刀すべてを網羅《もうら》することはできないので、本書では数を絞って紹介することにしたい。

ところで、徳川家を祟《たた》る妖刀「村正《むらまさ》」の伝説は江戸時代から流布していて、幕閣の新井白石（一六五七〜一七二五）までもが信じていたようである。

村正は伊勢国桑名（三重県）の刀工で、三河に移った村正一派を「三河文珠派」と呼ぶ。村正ブランドは、三河では多くの武士に愛されていた。

時に天文四年（一五三五）、三河国を平定した松平清康（家康の祖父）が尾張国へ侵攻中の話。配下の阿部弥七郎正豊は、父が織田方に内通しているという噂を聞き、疑心暗鬼に陥っていた。

そして、夜中にちょっとした騒ぎがあると、阿部正豊は父が成敗されたと勘違いをしてしまう。そこで、こっそりと清康の背後に回って斬り殺してしまった。正豊はその場で近臣たちに討たれたが、主君を失った松平勢は撤退を余儀なくされた。これを「森山崩れ」という。正豊が清康殺害に用いた刀が村正であった（『三河後風土記』）。

また、家康の父にあたる広忠も、天文十八年（一五四九）に乱心した近臣の岩松八弥に殺害されてしまうが、これに使われた刀も村正であった、と伝わる。

さらに家康自身も、駿河国今川方で人質として暮らしていた際に、村正の短刀で怪我をしたという（『常山紀談』）。

天正七年（一五七九）、家康の長男信康とその母築山殿が武田方への密通を疑われ、家康は信長からの要求で信康を切腹に処したが、介錯《かいしゃく》に使われたのも村正の刀であった。

もう一つ、関ヶ原合戦の折、織田長孝が大谷吉継隊に属していた敵将戸田勝成を討ち取るという功を挙げた。家康がその槍の検分に臨んだとき、家臣が鞘《さや》を払う際に取り落としてしまい家康は指を切った。村正作だと聞いた家康は不機嫌になり、「今後指料に村正があれば取り捨てるべし」と命じたという。

西軍方で、合戦後は紀州九度山に配流された真田信繁（幸村）も、常に村正を所持していたという。

そして、大坂の陣の折、徳川家打倒のため豊臣秀頼の大坂城へ入城した。講談などでは幸村が大坂夏の陣で家康の本陣を急襲した時、家康に投げつけたことになっている（幸村という諱《いみな》も実は講談の創作）。

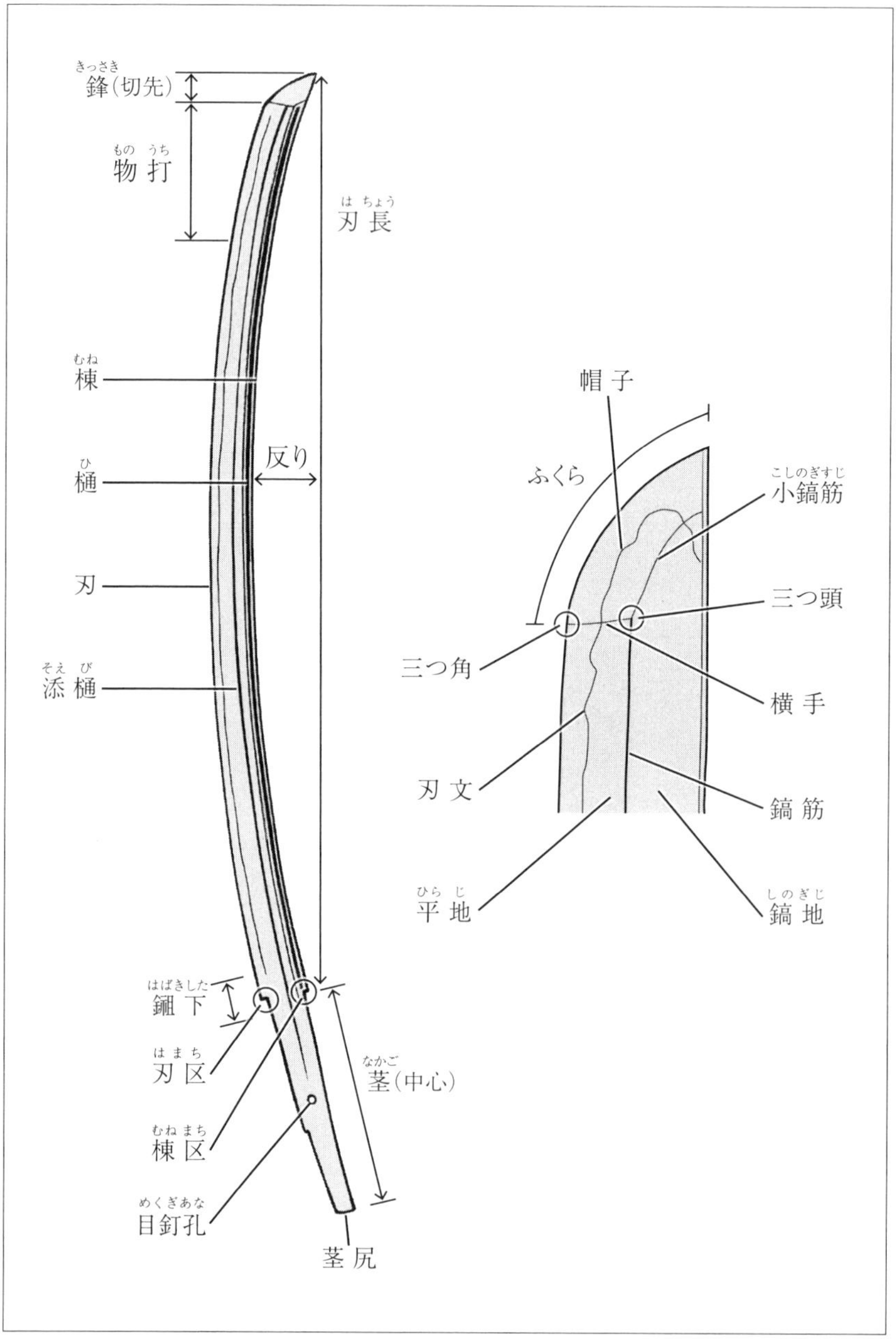
鋒《きっさき》(切先)
物《もの》打《うち》
刃《は》長《ちょう》
棟《むね》
反り
樋《ひ》
刃
添《そえ》樋《び》
鎺下《はばきした》
刃《は》区《まち》
茎《なかご》(中心)
棟《むね》区《まち》
目釘孔《めくぎあな》
茎尻
帽子
ふくら
小鎬筋《こしのぎすじ》
三つ頭
三つ角
横手
刃文
鎬筋
平《ひら》地《じ》
鎬《しのぎ》地《じ》

刀の名所図

家康死後では、寛永十年（一六三三）豊後国府内藩主の竹中重義（二万石）が、お家断絶となった。所持を禁じられていた村正の刀を二十四振も所蔵していたからという。

慶安四年（一六五一）に幕府転覆を企てた由井正雪も村正を所持したといい、幕末には西郷隆盛をはじめ倒幕派の志士の多くが競って村正を求めたという。戊辰戦争で活躍した有栖川宮熾仁親王《ありすがわのみやたるひとしんのう》も村正作の脇指を佩用したことはよく知られている（日本美術刀剣保存協会蔵）。

このように妖刀伝説は広く根付いたが、家康の父広忠は病死というのが定説であり、殺害説は『岡崎領主古記』など一部である。

また、徳川家が村正を嫌ったというのは後世の創作である。実際には家康が亡くなった際の形見分け（『駿府御分物刀剣元帳』）に村正作の刀が二振あって、九男の義直に譲られている。

さらに、家康の重臣酒井忠次の愛刀 号「猪切《いのししぎり》」、本多忠勝の槍 号「蜻蛉切《とんぼぎり》」には、いずれも「藤原正真」の作者銘が入っている。村正一派の刀工である。

いずれも家康の生前には妖刀説などはなかったという証明である。

一、寺社に奉納した刀剣

日本には古くから鉄信仰があり、武人たちは武運長久や一族繁栄を祈願して刀剣を寺社に奉納した。刀剣は鏡にも似た霊器と考えられていたのである。徳川家康の場合は、晩年を過ごした駿河国（静岡県）

の静岡浅間《せんげん》神社と久能山東照宮に奉納品がある。日光東照宮（栃木県）は家康自身の奉納ではないがここに収めた。

重文 太刀 無銘 伝三池典太光世 切付銘「妙純伝持 ソハヤノツルキ ウツスナリ」（久能山東照宮博物館蔵）鎌倉時代
〔刃長 六七・九 反 二・四〕 付革柄蝋色鞘打刀拵〔全長 九四・三〕 江戸時代
（寸法の単位はセンチメートル。以下同様）〈口絵参照〉

徳川家康は元和二年（一六一六）四月十七日に駿府城で没している。その前日、納戸番都築久太夫を召して、秘蔵の「三池《みついけ》の御刀」を取り出させて言った。

「町奉行彦坂九兵衛にこれを渡し、死罪の者で試し斬りせよ！」

久太夫は町奉行の所へ行き刑場においてこの太刀で斬首させたところ、切れ味がよくて勢い余って土壇《どだん》まで切り込んだ。

久太夫がその由を報告して太刀を返すと、家康は布団の上で二、三振りして語った。

「この剣威でわが末代までも守るよう枕刀にいたそう。徳川の世になったとはいえ、まだまだ西国には不満分子がおる。わしが死んだら遺体は久能山で西向きに葬り、この太刀の鋒《きっさき》を西に向けて立て置け」

こうして家康は世を去ったと『徳川実紀』は伝えている。太刀は遺言通り久能山東照宮に奉納されて、

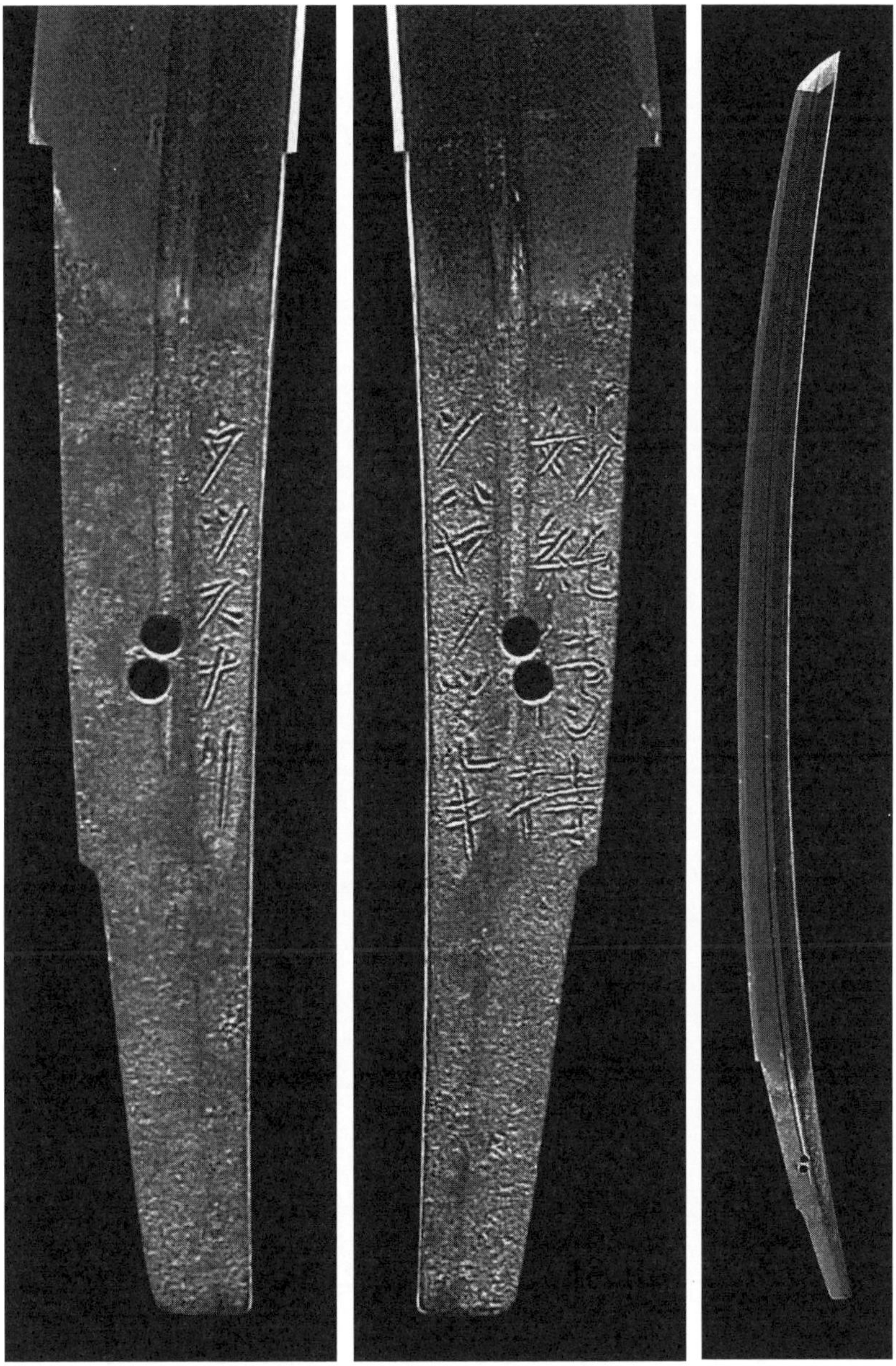

太刀 無銘 切付銘「妙純伝持 ソハヤノツルキ ウツスナリ」
伝三池光世作（久能山東照宮博物館蔵）

御神体同然に扱われた（『久能山御道具之覚』）。

筑後国三池の刀工典太光世《てんたみつよ》の作といわれているが、作者銘は入っていない。

作刀は鎌倉時代、佩表に「妙純伝持　ソハヤノツルキ」、佩裏に「ウツスナリ」という切付銘があって、それは室町時代に入れられたものだという（書体からの推定）。

所持者の「妙純」という人物は不明。一説に美濃国の守護代斎藤利国（?～一四九七）という。「楚葉矢の剣」は、平安時代前期に東国平定に働いた坂上田村麻呂（七五八～八一一）が朝廷から賜った剣だという。

しかし、「ソハヤ」の意味が昔からまったく分からない。筆者の推理だと、蝦夷《えみし》を熊襲《くまそ》や隼人《はやと》になぞらえたのではあるまいか（クマソのソとハヤトのハヤを組み合わせた造語）。つまり「蝦夷退治の剣」という意味合いである。いずれにせよ、日本刀誕生前の話であり、田村麻呂の剣の写しであるというのも納得がいかない。

鎌倉時代末期の『銘尽』に伯耆国《ほうきのくに》の刀工安綱が、田村麻呂の「そは矢の剣」を造ったという記載がある。刀剣界の大御所・故佐藤寒山氏は典太の作風に問題はないと太鼓判を押されているが、美濃国の刀工・関兼定の作ではないかという説もある。

なお、『明良洪範』によるとこの太刀は、もともとは駿河国今川家の一族・御宿《みしゅく》越前守政友の家に伝来したもので、後に家康に献上されたという。家康の二男結城秀康に一万石で召し抱えられていた時期であろうか。しかし秀康の死後、浪人となって大坂夏の陣で敵方として討死している。

この刀の造込は鎬造《しのぎづくり》、庵棟《いおりむね》低く中反り高く身幅広く猪首鋒《いくびきっさき》である。いかにも家康好みの、ふすべ革を巻いた打刀拵《うちがたなごしらえ》の蝋色鞘《ろいろざや》が付属している。柄《つか》・鞘とも黒漆塗の打刀拵で柄の中ほどが細くなる立鼓形《りゅうご》である。下げ緒は濃朱。天正拵と呼ばれるもので、戦国時代の実用本位の平常指として作られた拵の一形式である。所持者の好みで小柄《こづか》と笄《こうがい》が付くものと、いずれか一方のもの、あるいは両方ないものがある。

重文 脇指　無銘　伝相州行光（久能山東照宮博物館蔵）鎌倉時代
〔刃長　五二・七　茎長　一〇・六　反　一・八〕　付黒鮫柄黒漆塗鞘小サ刀拵〔全長　五五・四〕　江戸時代

寛文四年（一六六四）に記された『久能山御道具之覚』に家康の指料で行光《ゆきみつ》作とある。行光は相模国鎌倉の新藤五国光の弟子で鎌倉時代末期の刀工、正宗の先輩格である。しかし、この脇指は行光の刃文と著しく異なり、鑑定家の本阿弥家も鞘書きを相州物と濁している。「太刀　無銘　伝三池典太光世」と一緒に久能山東照宮に奉納されて御神体同然に扱われた。

拵は古式の合口打刀拵で、柄は黒漆塗の鮫革《さめがわ》。縁金具よりやや細身なのはもともとは柄巻があったためであろう。目貫には金の七夕（牽牛《けんぎゅう》と織姫）、笄と小柄には金の川烏《かわがらす》が彫られている。鞘は濃い海老茶色《えびちゃ》で、下げ緒は紺色である。

晩年の家康が腰にしていた拵であり、のどかな風情を表している。

重文 脇指 無銘 貞宗〈久能山東照宮博物館蔵〉鎌倉～南北朝時代
〔刃長 三四・二 反 〇・五〕 付黒鮫柄合口拵〔全長 四九・五〕 江戸時代

『久能山御道具之覚』に家康の遺品で貞宗《さだむね》作とある。貞宗は相模国鎌倉の五郎入道正宗の養子で鎌倉時代末から南北朝時代にかけての刀工である。細かく鍛えられた地金と刃中に金筋が交じる作風は父譲りである。しかし、父の躍動的な刃文に比べ、穏やかな刃文を好んだ。彫物は梵字《ぼんじ》と三鈷柄剣《さんこづかけん》。拵は家康の在世中のものと伝えられている。鍔《つば》の付かない拵を合口拵といい、獅子目貫と魚子地《ななこじ》の小柄の倶利伽羅《くりから》竜はともに金でできており、京の後藤家上代の優れた作風である。柄は黒漆塗の鮫革。鞘も黒漆塗で下げ緒は濃朱。小柄の倶利伽羅も見事である。朱の下緒が付いている。

薙刀 無銘 直江志津〈久能山東照宮博物館蔵〉南北朝時代
〔刃長 六三・三 茎長 八五・三〕 付葵紋蒔絵薙刀拵〔全長 二二五・三〕

『久能山御道具之覚』に家康の遺品で直江志津《なおえしづ》作とある。正宗十哲の一人・志津三郎兼氏を大志津と呼ぶ。美濃の志津村〈現岐阜県海津郡南濃町〉に来往して姓とした。直江志津はその後継者で美濃牧田川畔の直江村に移り住んだことから直江志津と称された。

薙刀　無銘　伝宇多国宗（久能山東照宮博物館蔵）　室町時代
〔刃長　五一・五〕

『久能山御道具之覚』に家康の遺品で国宗《くにむね》作とある。家康の正室朝日姫所用とも。作者は越中国の刀工で大和伝の流れをくむという。大和伝というのは日本刀の古刀の分類のひとつで、もともとは大和国高市郡（奈良県）で、鎌倉末期に完成した刀の製法をいう。

あまり頭の張らない薙刀《なぎなた》造りで鍛えは板目に杢目《もくめ》が交ざる。刃文は乱れ刃で帽子は丸く深く反っている。表裏に薙刀樋《なぎなたび》と添樋がある。

槍　銘「長吉」（久能山東照宮博物館蔵）　室町時代
〔刃長　二五・八　茎長　三五・七〕　付　葵紋蒔絵鑓拵〔全長　三九二・〇〕

『久能山御道具之覚』に家康の遺品で長吉《ながよし》作とある。長吉は京都の刀工で村正の師と伝える。彫り物のある作が多く、槍作りにも長じた。「平安城長吉」と銘を切ることが多い。

薬刻小刀（久能山東照宮博物館蔵）　桃山～江戸時代初期
〔全長　二七・三〕

『久能山御道具之覚』に記載。家康は晩年自ら薬の調合に励んだとされるが、本品は薬草を刻む時に使用されたといい、使いこまれている。柄は象牙、刃の裏に金で鶴亀・松竹梅と吉祥文が象嵌《ぞうがん》されている。鞘は蒔絵《まきえ》で丸に三葉葵紋と青海波《せいがいは》を描く。

国宝 太刀 銘「助真」（日光東照宮蔵） 鎌倉時代
〔刃長 七一・二 反 二・九〕 付打刀拵

加藤清正が家康に献上したもの。清正の娘（瑶林院）と家康の十男頼宣の婚約が決まった際の贈答品という。

家康は笄だけを取り替えて秘蔵した。作者の助真《すけざね》は備前国の福岡一文字派から出て、鎌倉へ移ったといわれている。鎬造で庵棟、身幅広く踏張がある。切先は猪の首のように短く詰っている。地は板目、やや肌立ち、淡い地映りが見える。刃文の表はのたれ調に大丁子《おおちょうじ》互の目《ぐのめ》交じり、裏は大丁子で足と葉が繁く入る。茎《なかご》は磨上げ、佩表の樋の下に「助真」と二字銘がある。

拵の柄は黒鮫包で藍革を巻く。鞘は黒漆塗。鍔は薄い鉄製で、四葉文と猪目を透かしている。下緒はなくなっている。

国宝 太刀 銘「国宗」（日光東照宮蔵） 鎌倉時代
〔刃長 八一・七 反 三・三〕 付糸巻太刀拵 桃山～江戸時代

池田輝政が家康に献上した。作者国宗《くにむね》は備前国長船の出身で、後に鎌倉に移住し、相州鍛冶の基礎を築いたという。

鎬造で庵棟、丈長く身幅は広い。切先は猪首となり、腰反が高く踏張がある。地は板目、肌は細かに沸《にえ》づき、乱れ映りが立つ。刃文は匂《におい》深く小沸がよく付き、互の目に丁子乱れの足と葉が繁く入っている。切先の刃は乱れ込んで小丸に返る。表裏に棒樋あり。茎は生《う》ぶで「国宗」と二字銘を切る。

拵はわが国の糸巻太刀拵中、最優品の一振と評判が高い。金梨子地《きんなしじ》桐紋散の蒔絵が施されている。柄と渡巻は浅黄の綿包、濃茶平打ちの糸巻。総金具は赤銅《しゃくどう》魚子地に金小縁《こべり》が付き、高低起伏を持たせた古風な金の五三桐紋を据える。その花は蕾《つぼみ》の一つひとつに銀金具をはめ込んである。帯取は藍《あい》革、佩緒は啄木《たくぼく》、浅黄の綿包である。

重文 脇指 銘「備前国住長船勝光宗光 備中於草壁作 文明十九年二月吉日」

（日光東照宮蔵） 室町時代

〔刃長 五二・六 反 一・五〕 付小サ刀拵

作者の勝光《かつみつ》と宗光《むねみつ》は備前国長船派の兄弟刀工である。本品はこの二人が備中国草壁（岡山県岡山市）に出向いての合作であることが銘で判明している。鎬造、庵棟、先返りがつく。地鉄《じがね》はよく練れて小板目肌がつまっている。これに乱れ映りが立ち、刃文は互の目乱れ、帽子は尖って少々返しがある。

表裏に棒樋と連れ樋を刻み、丸く止め、腰元に三鈷柄剣を彫る。茎の表裏に右の銘文と年紀が入っている。

拵は柄が黒鮫包の茶糸巻。鞘は金梨子地に金の桐紋、頭・縁・鐺《こじり》などの諸金具は赤銅魚子地の桐紋散らし。社伝で家康在世中の一振とされている。ただし、後掲の「短刀 無銘 伝行光」の逸話と少々矛盾する。

重文 太刀 銘「長船住人長光」（静岡浅間神社蔵） 鎌倉時代

〔刃長 七一・五 反 二・〇〕 付糸巻太刀拵 桃山〜江戸時代

小牧・長久手の戦いの和睦の印として、秀吉から家康に贈られた太刀で、家康が大御所として駿府に在城していた折、大歳御祖《おおとしみおや》神社に奉納したと伝えられる。

刀身は鎬造、三棟で鍛えは小板目肌、刃文は丁子である。

拵は桃山〜江戸時代初期の作と思われる梨子地桐紋蒔絵鞘。社伝によると秀吉の寵臣曽呂利新左衛門《ちょうしんそろり》の作という。もとは堺の鞘師で、杉本（坂田）甚右衛門といったが、その作る鞘が刀を差し入れる時に「そろり」とよく合った。曽呂利姓はそこから生まれた異名という（『堺鑑』）。

伝説では落語家の元祖といわれ、秀吉が、猿に顔が似ていることを嘆くと、

「猿の方が殿下を慕って似せたのです」

と言って笑わせた。他にも秀吉がらみの逸話が多くある。

二、徳川将軍家に伝来した刀剣

徳川将軍家（宗家）にまつわる家康の刀剣の遺品をここに紹介する。贈答品として所有者が転々としているが、奇跡的に将軍家に戻ってきたという伝来も面白い。天下人の豊臣秀吉は相州正宗《まさむね》の武骨さを好み、トップクラスの刀工として評価した。家康もまた、そうした価値観を踏襲していたようで、複数の正宗の作が伝わっている。

重文 短刀　無銘　伝行光（日光東照宮蔵）　鎌倉時代
〔刃長　二六・〇〕　付合口拵

作者藤三郎行光《ゆきみつ》は鎌倉の刀工新藤五国光の門人で、五郎正宗の父である。それまで身幅の狭い筍《たけのこ》反りであった短刀を、身幅広く反りのある剣形に変えたのは行光とされている。冠落造で三つ棟、重ねは厚め。地は総体に小杢目《こもくめ》がつまり、刃寄りには板目肌が交じる。刃文は小沸《こにえ》出来の尖りぎみの小さい互《ぐ》の目《め》乱れ。刃縁は板目流れの肌目に沿って繋く掃きかけ、湯走りや金筋にかかっている。切先の刃の沸はやや粗く乱れ込んでいる。

明暦二年（一六五六）に四代将軍徳川家綱が、「東照宮には祭神（家康）の指料のうち脇指がないので、これを追献いたしたい」と言って、奉納した家康の遺品である由の札が添えられている。奥の院御宝蔵に他の在世品と一緒に秘蔵されたという。ただし前掲の「脇指 銘備前国住長船勝光宗光 備中於草壁作」が家康の遺品であれば少々矛盾する話である。

拵は白鮫《しろさめ》柄で蝋色塗《ろいろぬり》鞘の合口拵。目貫は赤銅魚子《ななこ》地、金の丸に三葉葵紋二つ繋ぎ、小柄は赤銅魚子地、金の丸に三葉葵紋三個を据えられている。

名物 **国宝** 刀 号「中務正宗」 銘「正宗 本阿（花押）本多中務所持」（文化庁蔵）
鎌倉時代〔刃長 六七・〇 反 一・七〕

銘を見れば本阿弥光徳《こうとく》が本作を正宗と極めたことが分かる。本多中務《なかづかさ》とは徳川四天王・本多忠勝のこと。関ヶ原合戦後に伊勢国桑名城主（十万石）となって、この刀を光徳から入手したという。その後、徳川家康に献上され、水戸徳川家に譲られ、甲府藩主・甲府（徳川）綱豊を経て、再び徳川将軍家の所有となっている。

刀身は鎬造《しのぎづくり》で庵棟。反りは浅く、身幅は広めで中鋒《ちゅうきっさき》延びの刀である。鍛えは板目やや肌立って、地

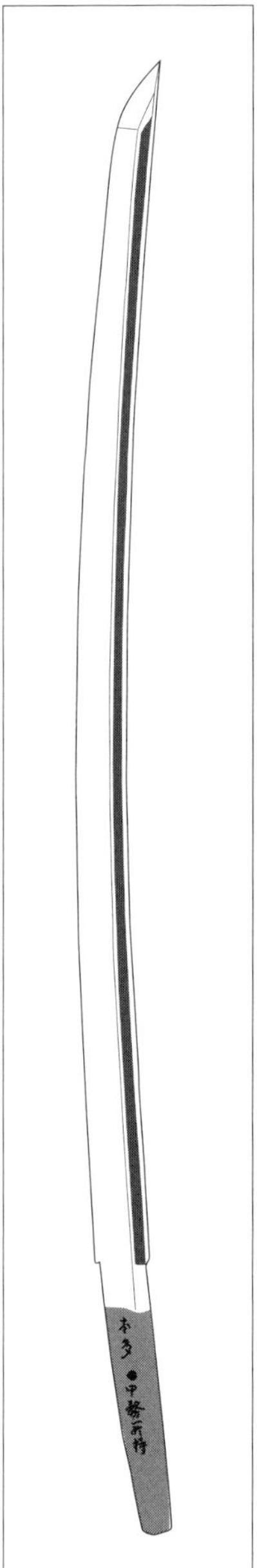

刀 号「中務正宗」

沸厚く付く。茎《なかご》は大摺上げで先栗尻である。本阿弥光徳が作者を正宗と極めた由の銘が刻まれている。

正宗（生没年不詳）は日本刀剣史上もっとも著名な刀工の一人で、武家の都・鎌倉において多くの弟子を育成した。日本刀は発生の古い順に大和伝、山城伝、備前伝、相州伝、美濃伝と区別される。その相州伝を完成させたのが正宗といわれ、本阿弥光遜《こうそん》は「大板目肌に大乱の刃文を以って相州伝とする」と述べている。

重文 刀　号「義元左文字」
銘「永禄三年五月十九日　義元討捕刻彼所持刀　織田尾張守信長」
（建勲神社蔵・京都国立博物館寄託）南北朝時代　〔刃長　六九・〇　反　一・六〕

作者は、筑前国宇美八幡宮（福岡県糟屋郡宇美町）の刀工か社僧であった実阿《じつあ》の子で、左衛門三郎と称した。鎌倉で修行して正宗の門人になったといい、筑前国に移って作刀した。銘を、刀身の表に「左」、裏に「筑州住」と切ることから「左文字」と呼ばれている。「さもんじ」と読む人と「さもじ」と読む人がいる。子孫は幕末まで同所で刀工を続けた。

三好宗三《そうさん》―武田信虎―今川義元と伝えられたものである。桶狭間の戦いで織田信長の手に渡り、磨上げられて打刀となった。信長没後は行方不明となったが、松尾大社（京都府京都市）から豊臣秀吉に献上されたという。この時点で金象嵌の銘は入っていたという。その後、秀頼が家康に贈り、徳川家のものになった。そして、大坂の陣で使用されたという来歴を持つ。

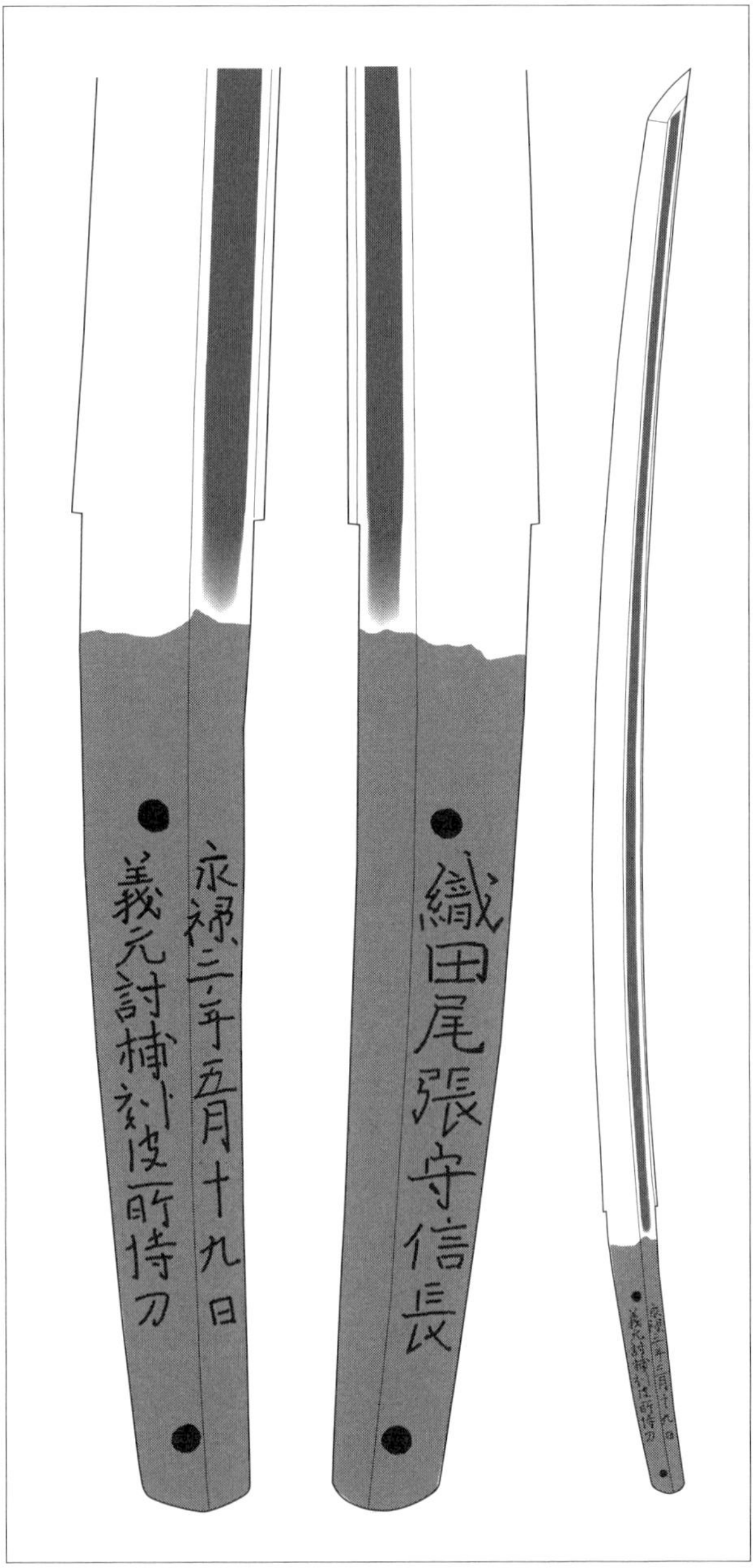

刀 号「義元左文字」

明暦三年（一六五七）の明暦の大火で焼身となったが、越前康継によって再刃された。また、明治天皇が信長に建勲《たけいさお》の神号を贈り、建勲《けんくん》神社が創建された際、徳川家からこの「義元左文字」が奉納された。

重文 刀 号「骨喰藤四郎」 無銘 粟田口吉光（豊国神社蔵・京都国立博物館寄託）
鎌倉時代〔刃長 五八・八 反 一・四〕

号の「骨喰《ほねばみ》」は「斬る真似をしただけで、骨まで斬れる」と評されるほどの切れ味に由来する。

刀　号「骨喰藤四郎」　辻本直男『図説刀剣名物帳』（雄山閣）より転載

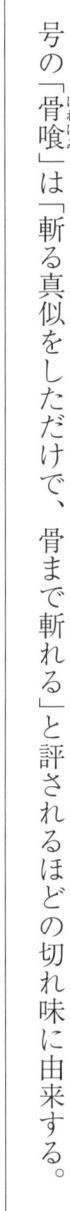

作者は京都の名工・粟田口吉光《あわたぐちよしみつ》である。元は大薙刀《おおなぎなた》だったものが磨上げられて今の姿になっている。刃表には倶利伽羅《くりから》の浮彫、刃裏には火焔《かえん》不動と梵字《ぼんじ》が彫られている。

源頼朝—豊後大友家—足利将軍家—松永久秀—大友宗麟《そうりん》—豊臣秀吉と所有者が転々とした名刀である。大坂落城の際は濠底《ほりぞこ》にあって難を逃れて家康の所有となった。しかし、明暦の大火で焼身となってしまう。幕府は三代目康継に命じて再刃させた。明治になって京都に豊国神社が建立されると、徳川宗家十六代当主の家達《いえさと》はこれを同社に奉納した。

国宝 太刀 銘「熊野三所権現 長光」（日本刀剣博物技術研究財団管理） 鎌倉時代

〔刃長 七五・〇 反 二・九〕

元寇《げんこう》襲来時、朝廷が撃退祈願の護摩焚《ごまた》きを行った。その際、熊野大社に奉納するため、長光《ながみつ》に作刀を依頼したものと思われる。

大社から熊野地方の土豪九鬼氏の手に渡り、織田家臣の滝川一益を経て、信長に献上された。さらに豊臣秀吉を経て、上杉景勝の所有となっている。関ヶ原合戦の後に徳川家康に献上され、将軍家によって代々世襲された。

享保二年（一七一七）、徳川吉宗は丹後国福知山城主・朽木稙元《くつきたねもと》の職務をねぎらって、この太刀を与えた。本阿弥光山による金十三枚の折紙がついている。

その後、明治になって旧肥後国高瀬藩主・細川利文《としあや》の手に渡り、昭和二十三年に民間に売却された。

長光の最も典型的な作風として有名である。

重美 太刀　銘「来国光」（徳川記念財団蔵）　鎌倉時代
〔刃長　六七・八　反　二・二〕　付黒蝋色塗打刀拵〔全長九一・六〕　江戸時代

所蔵元の公益財団法人徳川記念財団は、旧徳川将軍家の第十八代当主である徳川恒孝氏が創設した法人。この一振は徳川家康の指料として知られ、他の家康所用の拵（柄巻と下げ緒は茶糸、鞘は単調な黒蝋色塗）と同様の作りである。ただし鞘は寛政九年（一七九七）の新調と記録がある。

刀身は太刀を磨上げたもので、鍛肌は板目、刃文は直刃で足がよく入っている。鎌倉時代中期の刀工・来国光の作風の特徴を表しており、茎尻にその作者銘が残されている。

刀　号「若狭正宗」　無銘（宮内庁蔵）　鎌倉時代
〔刃長　六八・五〕

名前の由来は若狭国後瀬山城主・木下勝俊が所持していた正宗であることによる。勝俊は秀吉の正室北政所《きたのまんどころ》（おね）の実兄の子。キリシタンとして、また歌人としても有名で、長嘯子《ちょうしょうし》の号がある。領地は八万石余で若狭少将と呼ばれていた。慶長五年（一六〇〇）、関ヶ原合戦の時に家康は勝俊に伏見城の城代を命じたが、勝俊は敵前逃亡した。その詫びとして家康に献上されたのがこの刀であった。元来は織田家臣の森家に伝来していたものという。

同十七年、家康は娘婿の池田輝政にこの刀を与え、池田家の宝刀となった。池田家は播磨国姫路城主であったが、輝政の死後、備前国岡山城主となっている。寛文十二年（一六七二）、四代目の綱政が池田家を相続した際、徳川将軍家に献上されている。こうして再び徳川家の宝刀となった「若狭正宗」は、貴重な一振として代々受け継がれた。

この刀は明治二十年（一八八七）、徳川宗家十六代の家達から、刀の蒐集家として知られる明治天皇に献上されて皇室御物となり、現在は皇居内の宮内庁三の丸尚蔵に所蔵されている。

三、御三家に伝来した刀剣

第一章で紹介したように、徳川幕府は宗家に対して御三家を定め、宗家の血脈が絶えないように配慮した。その祖は家康の息子たちであるから、当然家康の遺品を受け継いでいる。

国宝 太刀　号「江雪左文字」（個人蔵・ふくやま美術館寄託）

〈刃長　七八・二　反　二・七〉　付家康注文拵　〈口絵参照〉

もとは北条氏政の外交僧・板部岡江雪斎の愛刀であったためにこう呼ばれている。天正十七年

（一五八九）七月、江雪は上洛して秀吉に会い、

「わが主は真田家の上州沼田城（群馬県）をくださるならば、来年にでも上洛すると申しております」

と、伝えた。秀吉は喜んでこれを了承したが、沼田城を受け取った北条家臣・猪俣《いのまた》邦憲は、真田領の名胡桃《なぐるみ》城まで奪取してしまう。


これに激怒した秀吉は、北条氏の本拠小田原城（神奈川県）を囲んで、翌年の七月に陥落させた。そして、江雪を捕らえると約束違反について尋問した。

「北条が約束を違《たが》えたのではございません。家臣の猪俣が勝手にやったのです。しかし、今さら何を申し開きしても詮《せん》無きこと。すみやかに首をお刎《は》ねくだされ！」


秀吉は江雪の潔さに感じ入り、罪を赦して御伽衆《おとぎしゅう》に加えたという。秀吉の死後、江雪は長男房恒が仕えていた徳川家康に接近し、関ヶ原合戦でも家康に随従した。慶長十四年（一六〇九）に伏見で死去しているので、それまでにこの刀を家康に献上したと思われる。

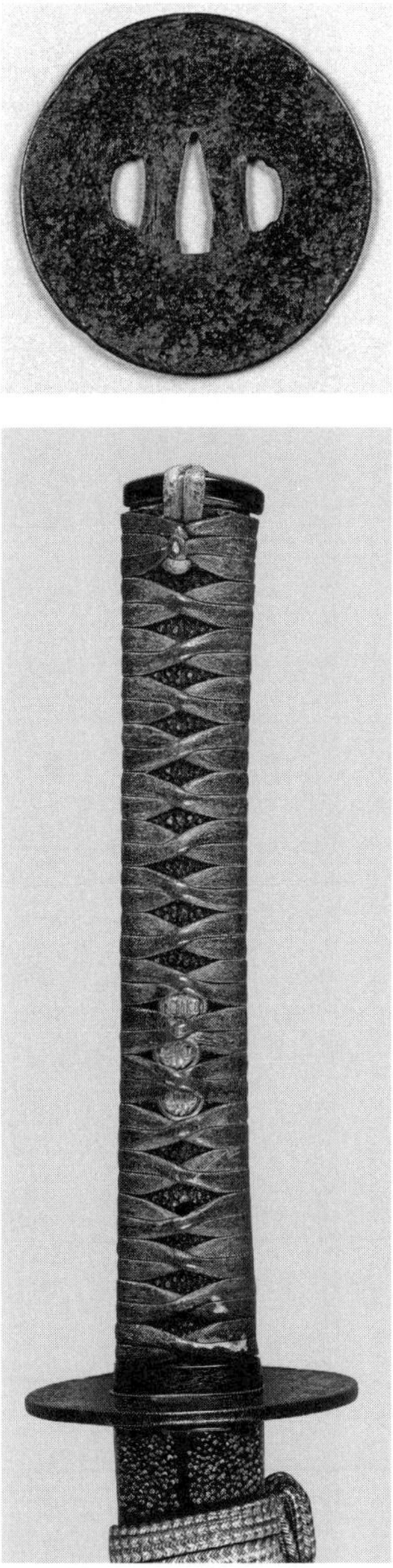

太刀　号「江雪左文字」
（個人蔵・ふくやま美術館寄託）

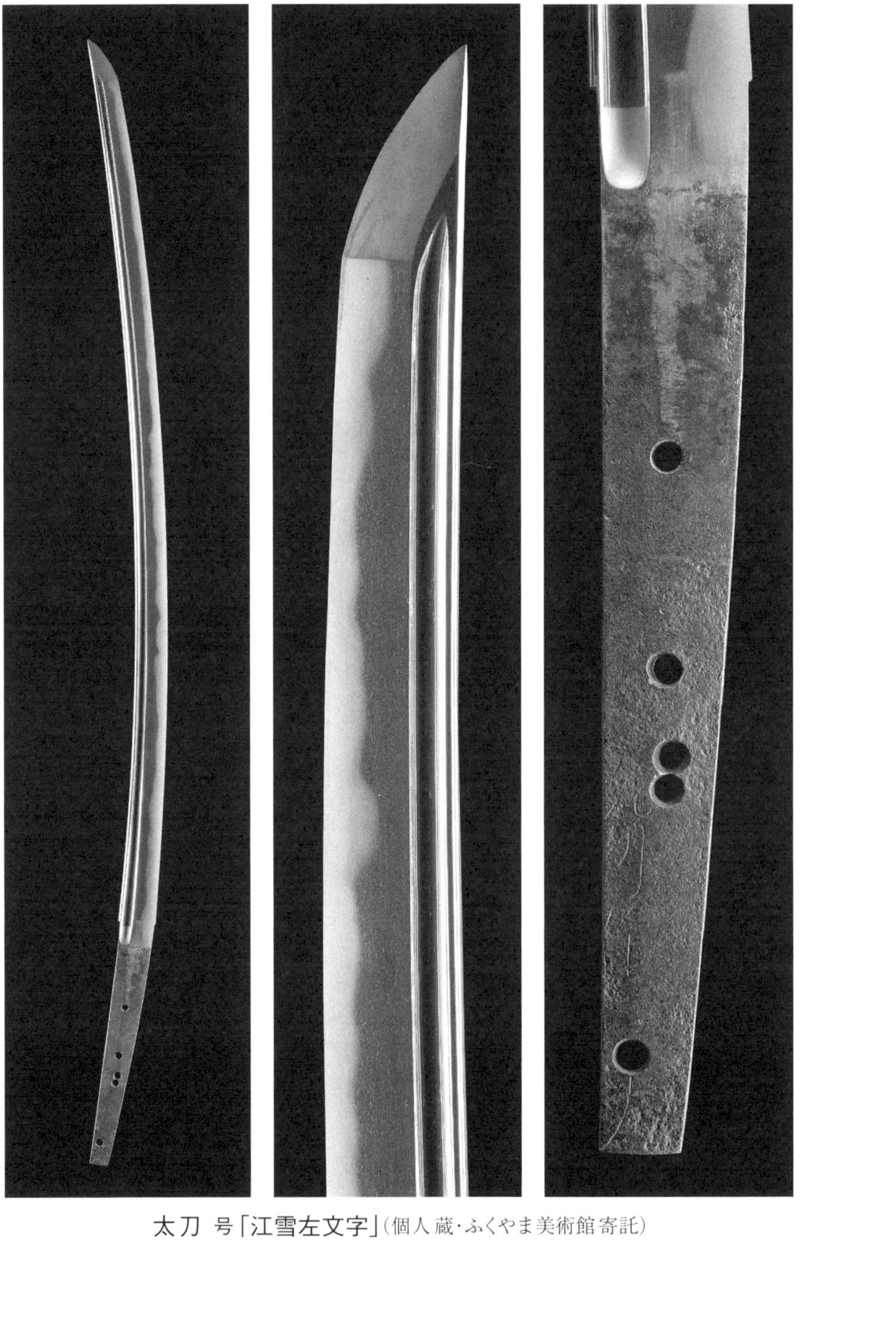

太刀 号「江雪左文字」(個人蔵・ふくやま美術館寄託)

その後、家康から十男頼宣へ与えられ、大坂の陣で頼宣はこの「江雪左文字」を帯びて出陣したという。以来紀州徳川家に伝来したが、昭和九年（一九三四）に売却されて個人所蔵となり、現在はふくやま美術館寄託となっている。

重文 太刀　銘「安綱」（紀州東照宮蔵）　平安時代

〔刃長　八〇・六　反　二・八〕　付　糸巻太刀拵　桃山～江戸時代

寛文五年（一六六五）四月に、紀伊（徳川）頼宣が家康の遺品として紀州東照宮に寄進した。安綱《やすつな》は伯耆国の刀工で、わが国の刀が直刀から反りのある湾刀に変化し、日本刀が完成した時代の人物である。刀身は腰反りの高い中鋒《ちゅうきっさき》、すなわち中程から先に行ってもある程度の反りが加わった姿をしている。鍛えは板目に杢目《もくめ》交じり、肌立ちて地沸《じにえ》つき地色が黒く輝く。刃文は小乱《こみだれ》、小互《こぐ》の目《め》交じり、沸付きで小足が入る。

拵は金梨子地《きんなしじ》丸に三葉葵紋散の蒔絵が施されている。柄と渡巻は濃茶平打ちの糸巻。総金具は赤銅魚子地《ななこじ》に金小縁《こべり》が付き、高低起伏を持たせた古風な金の丸に三葉葵紋を据える。太刀緒は啄木《たくぼく》の平紐。

重文 太刀　銘「伯耆大原真守」（紀州東照宮蔵）　平安時代

〔刃長　七五・〇　反　二・五〕　付　糸巻太刀拵

紀伊頼宣が家康の遺品として寄進（年月不詳）。

真守《さねもり》という刀工は備前国畠田にもいたので、本品の作者は大原真守、畠田の者は備前真守と呼んで区別している。二字銘を切ることが多く、このような長銘は珍しい。伯耆国大原の刀工安綱の子と伝えられている。

刀身は鎬造《しのぎづくり》で腰反りが高く、小鋒で優雅な姿である。鍛えは父ほどではないが板目が目立ち地色が黒い。刃文は小乱に小丁子が交じり、下半にやや大きな乱刃がある。沸つき匂口は潤んでいる。表は腰樋に添樋、裏は梵字《ぼんじ》が彫られている。

拵は金梨子地丸に三葉葵紋散の蒔絵が施されている。柄と渡巻は薄茶平打ちの糸巻。総金具は赤銅魚子地に金小縁が付き、高低起伏を持たせた古風な金の丸に三葉葵紋を据える。太刀緒は啄木の平紐。

重文 太刀　銘「左近将監景依　正応二　十一月日」（紀州東照宮蔵）　鎌倉時代
〔刃長　七五・〇　反　三・〇〕　付糸巻太刀拵

紀伊頼宣が家康の遺品として寄進（年月不詳）。

景依《かげより》は備前国長船系とも古備前系ともいわれる刀工である。この太刀は身幅広く、腰反り付き中鋒が猪首《いくび》切先となった力強い姿をしている。鍛えは板目がやや流れた感じで、地刃とも古風で優雅な出来である。

拵は金梨子地に金蒔絵で桐紋と菊紋が交互に施されている。柄と渡巻は濃茶平打ちの糸巻。総金具は赤銅魚子地に金小縁が付き、高低起伏を持たせた古風な金の桐紋を据える。太刀緒は啄木の平紐。

重文 太刀　銘「光忠」（紀州東照宮蔵）　鎌倉時代
〔刃長　七四・二〕　付糸巻太刀拵　桃山〜江戸時代

紀伊頼宣が家康の遺品として寄進（年月不詳）。

刀身は鎬造で庵棟。鍛えは板目肌、刃文は大丁子乱れ。作者の光忠《みつただ》は備前国長船派の祖として名高い。

拵は金梨子地桐紋散の蒔絵が施されている。柄と渡巻は濃茶平打ちの糸巻。総金具は赤銅魚子地に金小縁が付き、高低起伏を持たせた古風な金の桐紋を据える。太刀緒は啄木の平紐。

重文 太刀　銘「守家」（紀州東照宮蔵）　鎌倉時代
〔刃長　七二・四　反　三・二〕　付糸巻太刀拵

紀州徳川家十四代当主・徳川（紀伊）茂承の子、徳川（紀伊）頼倫《よりみち》が家康の遺品として寄進した（年月不詳）。

作者守家《もりいえ》は備前国畠田の刀工であるため、畠田守家とも呼ばれる。守家は二、三代続いており、代下りには「長船守家」と銘を切った者がいて、長船に移住したらしい。

この太刀は鎌倉時代の作にしては身幅が狭く、反りが高くて中鋒の姿をしている。鍛えは板目でやや肌立ち、乱映りが立つ。刃文は穏やかで丁子がなく、所々刃頭が煙込んでいる。

名物 **重文** 刀 号「分部志津」無銘 兼氏（個人蔵・徳川美術館寄託）鎌倉時代
〔刃長 七〇・六〕 付打刀拵 二振

『享保名物帳』所載の大磨上の刀である。志津《しづ》三郎兼氏《かねうじ》は大和から美濃国志津に移住した刀工。刀身は表裏に樋を刻む。

分部左京亮光嘉《わけべさきょうのすけみつよし》が所持したことから「分部志津」と呼ばれた。光嘉は豊臣秀吉から一万石を与えられて伊勢国（三重県）上野城主となる。

慶長五年（一六〇〇）の関ヶ原の合戦では、徳川家康に味方したため所領安堵《あんど》となる。この時、「志津」は分部氏から家康に献上された。

家康はこれに拵を付け、白鮫《しろさめ》の柄に牛の図の赤銅目貫をつけて革巻きとし、鍔は車透かしの鉄鍔、鞘は蝋色塗《ろいろぬり》で古後藤の赤銅、魚子地・牛の図柄の小柄と笄《こうがい》をつけた。

後に紀州家初代頼宣に贈られ、拵が新調された。このため、家康と頼宣それぞれの打刀拵が存在する。

慶安三年（一六五〇）、紀州徳川家から本阿弥家に鑑定に出したところ、千五百貫の折紙が発行された。

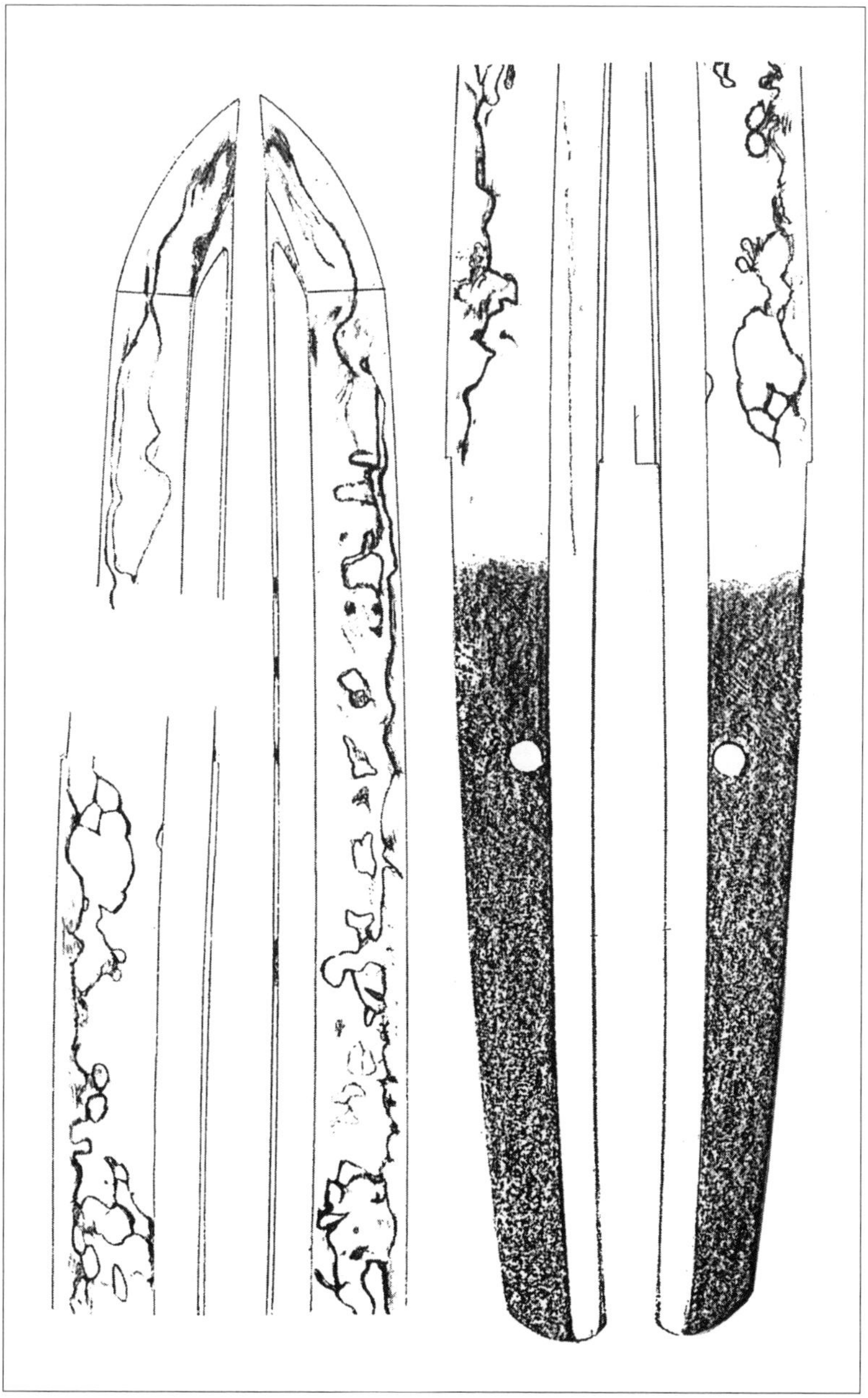

刀　号「分部志津」『図説刀剣名物帳』より転載

以後紀州徳川家に伝来したが、第二次世界大戦後に売却されて個人所有となった。

重文 太刀 銘「来孫太郎作（花押）正応五年壬辰八月十三日」（徳川美術館蔵）鎌倉時代〔刃長 七七・三 反 三・〇〕

駿府御分物のうち刀剣で現存するものは、太刀七振、刀九振、脇指一振、短刀九振となっている。『駿府御分物御道具帳』だけでも家康所持の刀剣は、四百六振記載されている。
本作は『駿府御分物御道具帳』『駿府御分物刀剣元帳』に記載がないが、尾張家三代綱誠《つななり》の道具帳に「御分物之内」と記されていることから、家康の遺品で間違いないとされている。「来孫太郎」という銘は他にはないが、来国俊《らいくにとし》であることは『諸国鍛冶寄』という書でも判明しており、作風も同じである。年紀と花押まであって貴重な一振といえる。

名物 **国宝** 短刀 号「包丁正宗」無銘 正宗（徳川美術館蔵）鎌倉時代〔刃長 二三・九〕

駿府御分物の一振。「包丁正宗」の名は幅広の姿と重ねが薄いことから命名されたという。他にもそう呼ばれている短刀はあるが、本作は地刃も姿もよくて見栄えがする。素剣を透かし彫りにしていて、別名「ほりぬき正宗」とも呼ばれた。

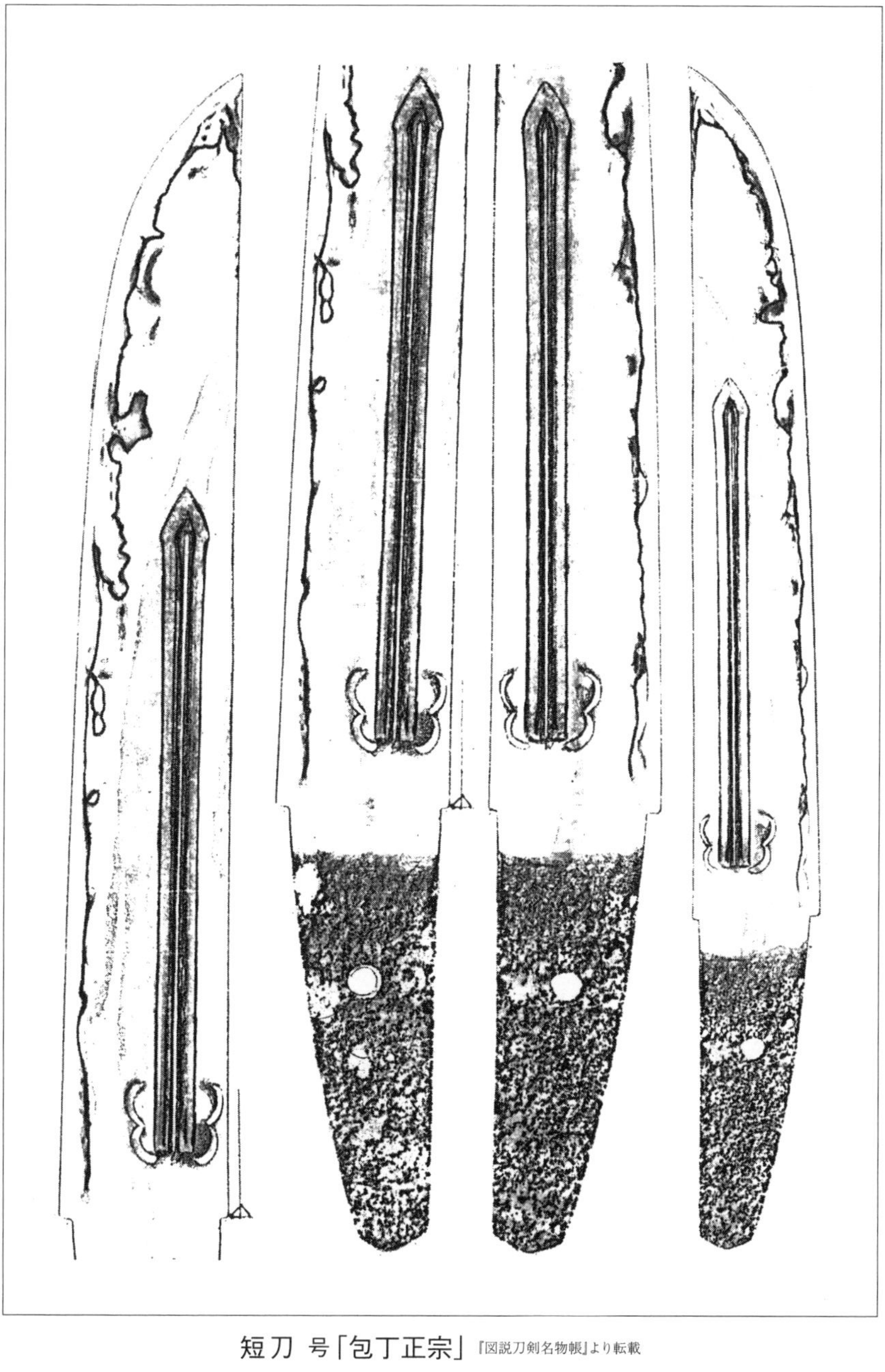

短刀　号「包丁正宗」『図説刀剣名物帳』より転載

名物 **重文** 太刀 号「兵庫守家」 銘「備前国長船住守家」

〔徳川美術館蔵〕 鎌倉時代 〔刃長 七二・四 反 二・七〕

駿府御分物の一振で、大坂落城後、研ぎ直しをせずそのままの姿で伝えられたもの。守家《もりいえ》は備前国の刀工で福岡一文字守近の孫とされる。備前国畠田村、後に長船村に住んだため「備前守家」「畠田守家」などと呼ばれる。ただし、畠田守家と呼んでも銘は「長船住守家」または「福岡住守家」と切る。「畠田住」と切ったものはないが、一門や子孫は畠田派と呼ばれている。乱れ映りの鮮明な鍛えと蛙子《かわずこ》丁子を交える焼き刃が特徴である。

名物 **重文** 刀 号「南泉一文字」 無銘 一文字 〔徳川美術館蔵〕 鎌倉時代

〔刃長 六一・五 反 一・八〕

駿府御分物の一振。足利将軍家―豊臣秀吉―豊臣秀頼―徳川家康と伝わった。

もとは足利将軍家に伝来したもので、この刀に触れた猫が真っ二つになったという。そこで、径山寺《きんざんじ》の南泉普願という僧が猫を真っ二つに斬って堂衆に悟りを開かせたという中国の故事にちなんで、「南泉一文字」と呼ばれた。華やかさを競う一文字の中でもひときわ絢爛《けんらん》豪華な刃文を見せている。

ところで、慶長十六年〔一六一一〕三月、それまで豊臣家より格下であった徳川家の地位が逆転した。

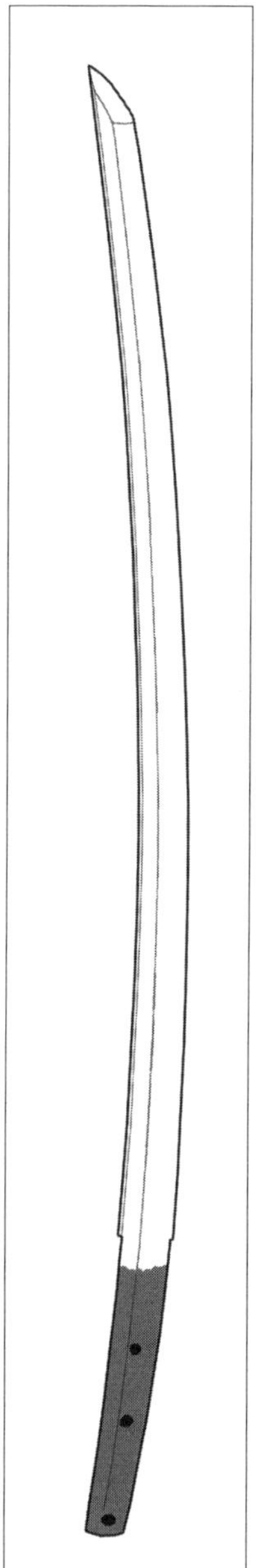

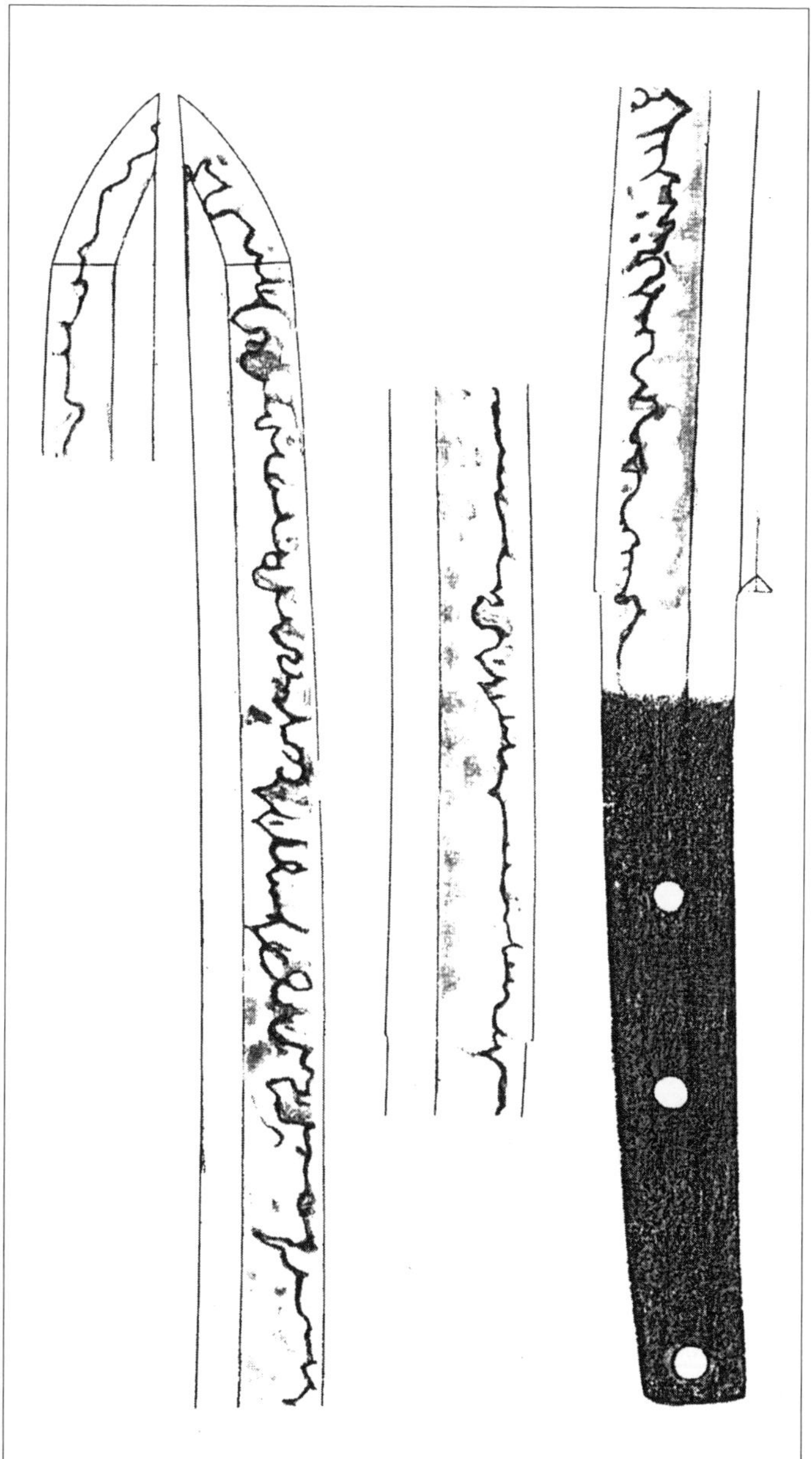

刀 号「南泉一文字」

刀 号「南泉一文字」『図説刀剣名物帳』より転載

京都二条城における家康と豊臣秀頼の会見である。その折に秀頼から家康に贈られた刀という歴史の証人である。

重文 刀 銘「以南蛮鉄於武州江戸越前康継 慶長十九年八月吉日」
（徳川美術館蔵） 江戸時代初期 〔刃長 八〇・六 反 一・八〕

駿府御分物の一振。南蛮文化の影響を受けるなかで生まれた刀剣といえる。南蛮鉄というのは当時輸入された洋鋼で、この南蛮鉄を最初に使用した刀工が越前康継《えちぜんやすつぐ》である。近江国出身で慶長十年ごろに家康・秀忠に召し出されて江戸で作刀した。家康から葵紋と「康」の一字を賜って、諱を康継とした。大坂夏の陣で焼身となった豊臣家の名刀を焼き直して再刃したことで知られている。自身の作刀の刃文は単調である。

名物 **重文** 脇指 号「物吉貞宗」 無銘 貞宗（徳川美術館蔵） 南北朝時代 〔刃長 三三・〇 反 〇・六〕 付小刀〔刃長 一〇・三〕 銘「則宣」 付蝋色塗合口拵 江戸時代〈口絵参照〉

駿府御分物ではないが、徳川家康の愛刀。この脇指を差して出陣すると負け知らずであったことから「物吉《ものよし》」と名付けられた。『享保名物帳』に「家康公御秘蔵にて常に御差し遊ばされ、能く切れ申事度々あり、物吉と名付候」とある。

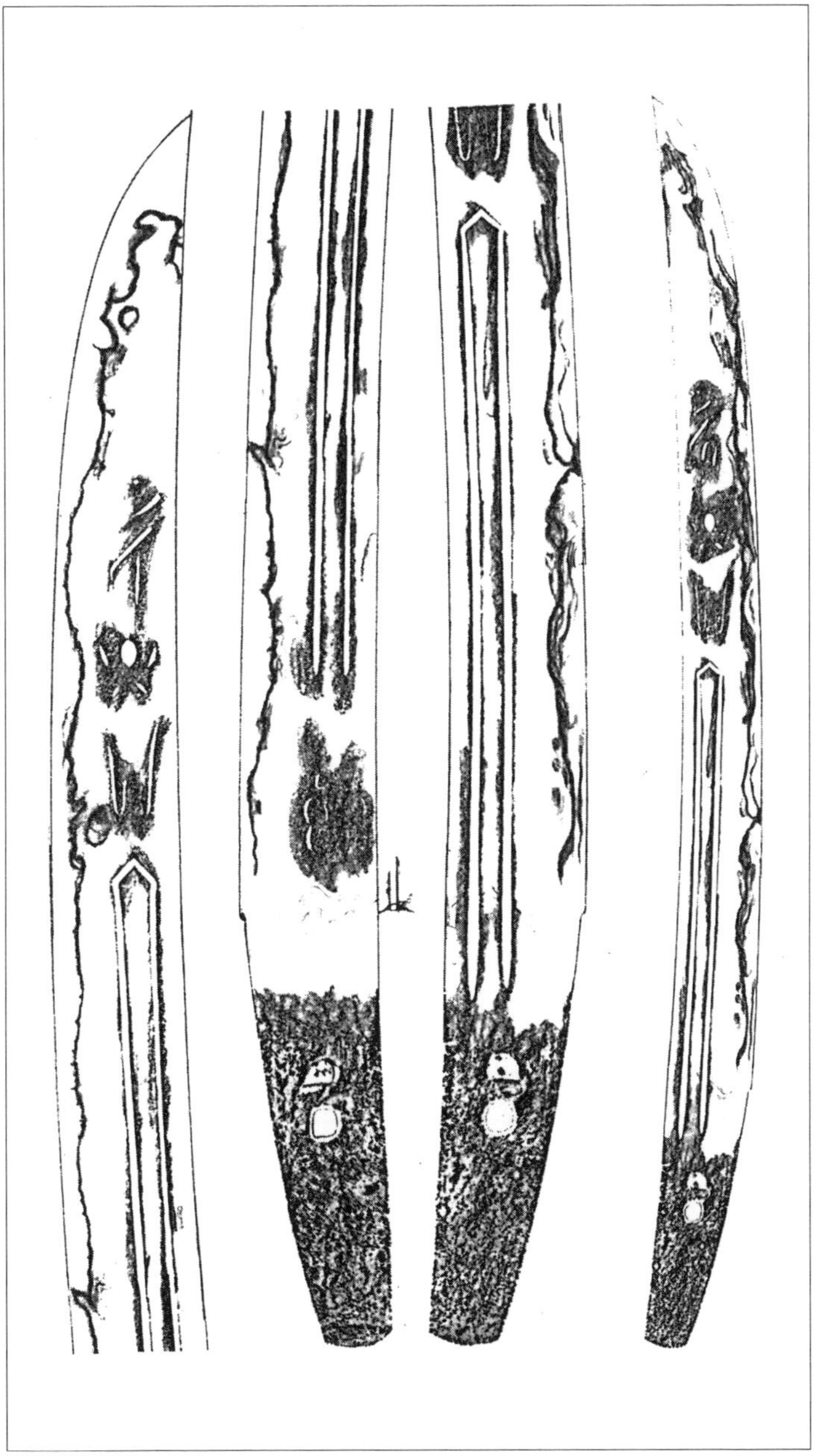

脇指 号「物吉貞宗」『図説刀剣名物帳』より転載

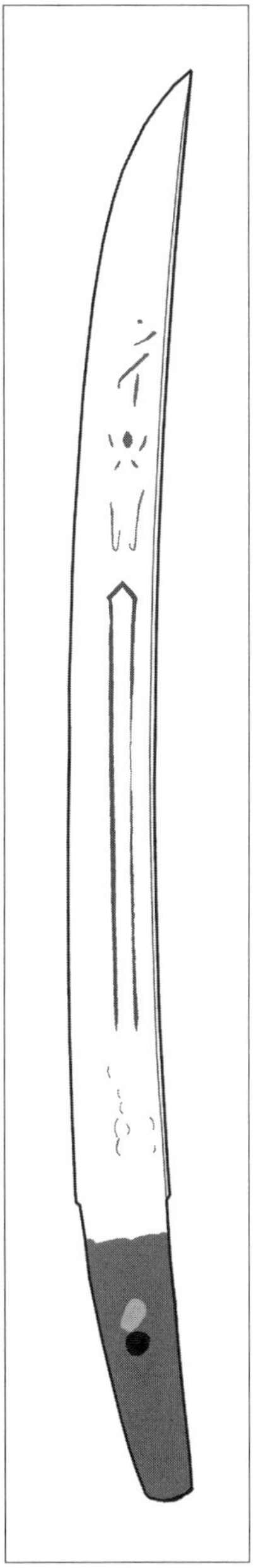

脇指 号「物吉貞宗」

無銘であるが、相州正宗の子・貞宗《さだむね》の作と極められている。刀工の貞宗は彦四郎と称し、鎌倉鍛治正宗の子か養子といわれている。帽子は乱込。指表に瑶珞《ようらく》・素剣・鍬形《くわがた》・蓮華・梵字、指裏に素剣・鍬形・蓮華・梵字が彫られている。

家康の没後、尾張徳川家初代の義直に譲られ最も重要な刀剣とされた。当初は義直への譲渡品には含まれていなかったが、義直の生母であるお亀の方が関与した結果、義直のものとなったという。承応三年（一六五四）の本阿弥家折紙がついており、代金子百五十枚と評価されている。

名物 **重文** **短刀 号「包丁藤四郎」銘「吉光」**（徳川美術館蔵）鎌倉時代

〔刃長 二一・八〕

駿府御分物の一振。刀工の粟田口吉光《あわたぐちよしみつ》は藤四郎《とうしろう》と称して短刀造りの名手であった。足利家に伝来し、後に石田三成の盟友・大谷吉継のものとなった。吉継は関ヶ原合戦において敗走

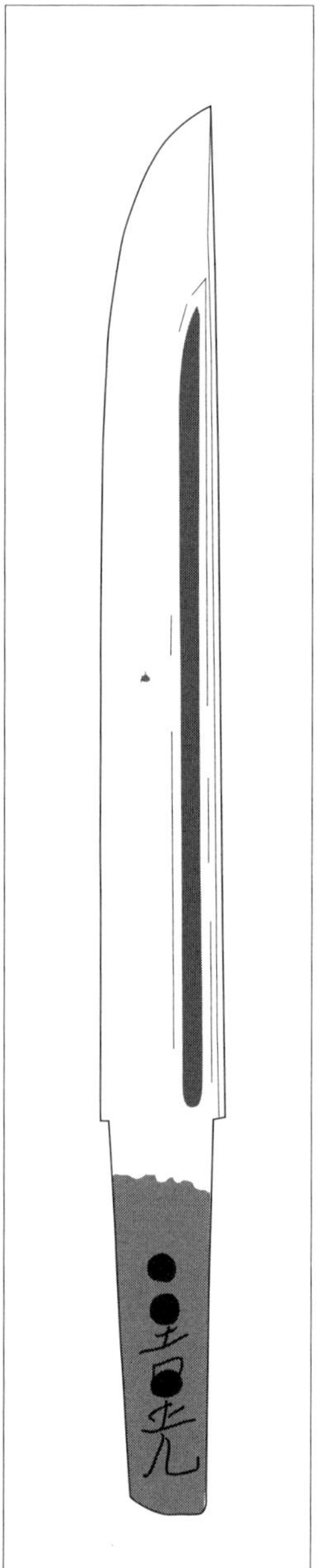

短刀 号「包丁藤四郎」

して自刃。この短刀は家康の手に渡った。その後、尾張徳川家初代の義直に譲られている。なお、徳川将軍家にもこれとは別の「包丁藤四郎」が伝来していたが、火災で焼失したという。

重美 太刀　無銘　一文字（徳川美術館蔵）　鎌倉時代

〔刃長　八一・八　反　三・〇〕

駿府御分物の一振。徳川家康の娘と縁組した池田輝政によって献上されたもの。一文字は備前国福岡に興った刀工の一派で、後鳥羽上皇の番鍛冶を務めたとされる則宗がその祖とされている。則宗は茎《なかご》に菊紋を入れることを許されたという伝説があり、その作刀は菊一文字とも呼ばれる。

重美 刀　無銘　兼永（徳川美術館蔵）　平安～鎌倉時代

〔刃長　七一・二　反　二・二〕

駿府御分物の一振。『駿府御分物御道具帳』には下御腰物《げのおんこしもの》として載る。『駿府御分物刀剣元帳』には飯田新右衛門の没収道具であると記されている。

兼永《かねなが》は山城国有国の子で京の五条に住み、「五条の兼永」とも呼ばれた。

重美 刀 無銘 正恒（徳川美術館蔵） 平安～鎌倉時代
〔刃長 七〇・四 反 〇・六〕

駿府御分物の一振。正恒《まさつね》は古備前を代表する名工で、地刃ともに優れている。正恒の刀は『駿府御分物御道具帳』に「上御太刀」として二振、上腰物として一振が挙げられていて、本作がどれに当たるのかは定かでない。

名物 **重美** 太刀 号「鳥養国俊」銘「国俊」（徳川美術館蔵） 鎌倉時代
〔刃長 六〇・三 反 二・二〕

駿府御分物の一振。能書家の鳥養宗慶《とりかい》（生没年不詳）が所持していたため、「鳥養国俊」と呼ばれている。刀工の国俊《くにとし》は来派の祖・来国行の子に当たる。「来」を入れずにただ「国俊」と銘を切るため、「二字国俊」と呼ばれることが多い。

細川幽斎（藤孝）そして子の忠興の佩刀となったが、石田三成が所望して五百貫で買い上げたという。関ヶ原合戦後、行方不明となったが、東軍の富田信高が見つけ出して家康に献上した。信高は合戦時に安濃津城《あのつ》（三重県津市）を守備していたが、西軍の攻撃によって開城、高野山に蟄居《ちっきょ》していた。戦後、二万石を加増されて七万石の大名になっている。

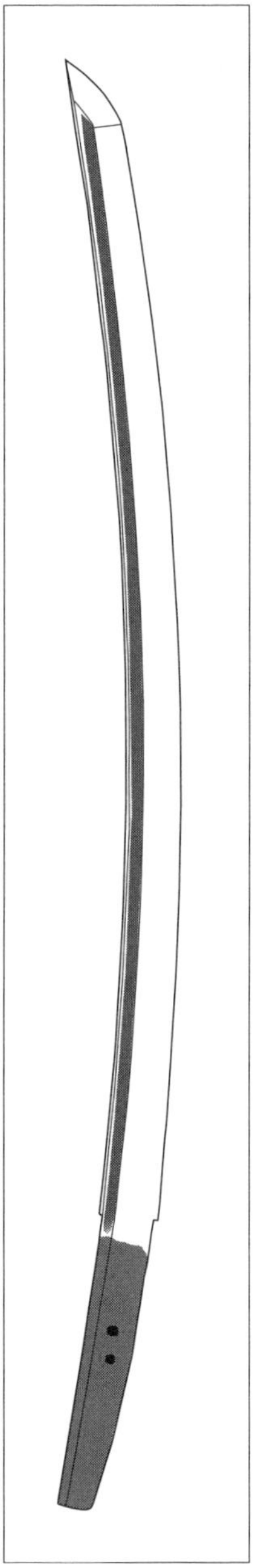

太刀 号「鳥養国俊」

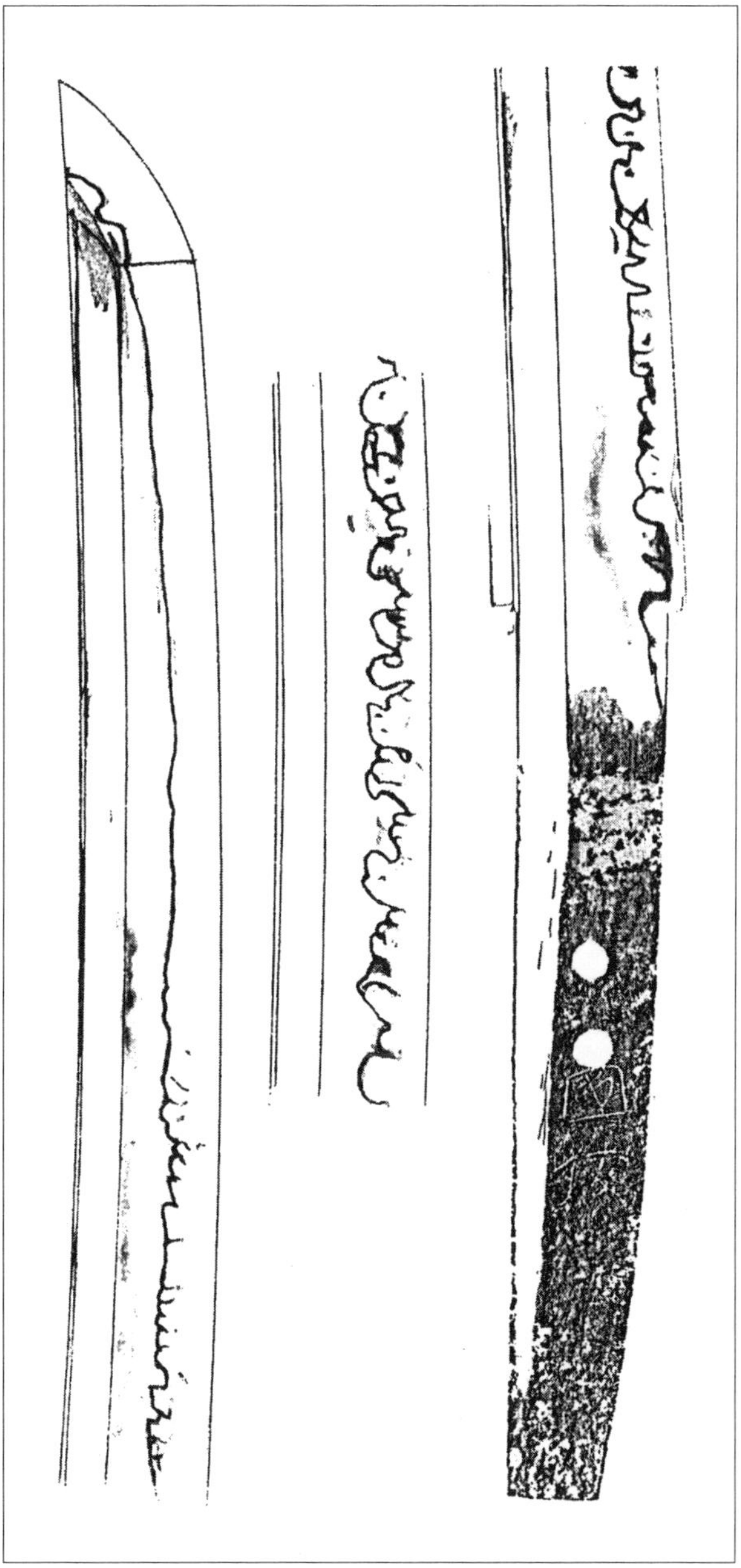

太刀 号「鳥養国俊」『図説刀剣名物帳』より転載

太刀　銘「光忠 守家造」（徳川美術館蔵）　鎌倉時代

〔刃長 七九・四　反 三・三〕

駿府御分物の一振で、加藤清正が徳川家康に献上したもの。銘から察するに、備前国長船の刀工光忠《みつただ》（長船派の祖）と守家《もりいえ》（畠田派の祖）の合作ということになる。明暦二年（一六五六）の本阿弥光温極めで、当時の価値は三百五十貫と評価されている。光忠の上出来の作と見えるが、太刀姿は一体に円く反っていて守家の太刀姿にも見える。したがって守家が下地を造り、光忠が焼刃を焼いたと推定されている。

太刀　銘「貞真」（徳川美術館蔵）　鎌倉時代

〔刃長 七七・四　反 二・九〕

駿府御分物の一振。貞真《さだざね》は備前国の福岡一文字派の刀工で、作風は細身で鎬がやや高く、腰反りがついた古風な姿である。地鉄は、板目がやや肌立ち、淡い映りが立っている。刃文は、小乱刃に小丁子刃が交じり、小沸がよくつき、匂口が深い。

名物 太刀 大左文字（徳川美術館蔵） 南北朝時代

〔刃長 八〇・〇 反 三・〇〕

駿府御分物の一振。豊臣秀吉―豊臣秀次―豊臣秀頼と伝わったもの。二条城会見で家康が秀頼に贈ったものという説がある。左文字は筑前国（福岡県）の刀工で、派祖源慶のものを特に「大左」と呼んで区別している。

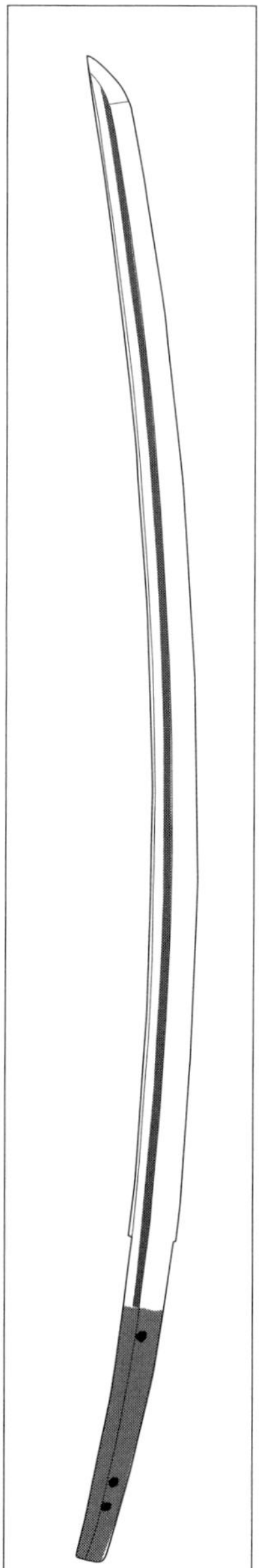

太刀 大左文字

太刀 銘「藤嶋」（徳川美術館蔵） 南北朝時代

〔刃長 七五・〇 反 二・七〕

駿府御分物の一振。藤嶋の初代友重は来国俊の門人といわれ、一門は加州（加賀国）藤嶋派として古刀期に活躍した。銘は「藤嶋友重」または「藤嶋」とだけ切る。本品は後者である。この一派は新刀期まで連綿と続き、傍系に加州清光を生んだ。同派は加賀百万石の前田家に重用されて幕末まで続いている。

七代目藤嶋友重を称する三郎右衛門なる刀工が、寛永年間（一六二四～一六四四）に金沢城下へ出て作刀したが、その後は続いていない。

刀 無銘 貞宗（徳川美術館蔵） 鎌倉～南北朝時代

〔刃長 六四・〇 反 〇・六〕

駿府御分物の一振。もとは片桐且元《かつもと》（一五五六～一六一五）の所持品であった。且元は豊臣秀頼に仕えていたが、方広寺鐘銘《しょうめい》事件に関わるいざこざにより大坂城を退出。徳川家康に仕えてこの刀を献じたようである。

刀 号「鳥居正宗」銘「正宗」（徳川美術館蔵） 南北朝時代

〔刃長 五七・三 反 一・二〕

駿府御分物の一振。詳しいことは伝えられていない。鳥居といえば関ヶ原合戦の直前に、伏見城で散った家康の忠臣・鳥居元忠（一五三九～一六〇〇）を思い起こす。本人かその一族の者が持っていて、家康に献上された正宗の刀ということであろう。あるいは遺品であったのかもしれない。

名物 刀 号「吉見左文字」銘「左文字 吉見正頼研上之 永禄九年八月吉日」
（徳川美術館蔵） 南北朝時代 〔刃長 六六・四 反 一・八〕

もとは吉見正頼の所持のため「吉見左文字」と呼ばれた。銘によれば、埋もれていた名刀を正頼が砥《と》がせて世に出したということになる。吉見氏は源頼朝の弟、源範頼を遠祖とする源氏の名門で、石見国（島根県）の国人領主。大内氏が滅んでからは毛利元就の家臣となった。その関係から毛利輝元の所有となって家康に献上されている。家康没後は、形見分けによって尾張徳川家初代義直に伝わった。

刀 銘「村正」（徳川美術館蔵） 室町時代
〔刃長 六八・八 反 一・八〕

駿府御分物の一振。村正《むらまさ》は伊勢国桑名（三重県）の刀工で数代続いている。この刀は文亀年間（一五〇一～一五〇四）の作と考えられている。村正の特色は異色な刃文を表裏判然と整えて焼くところにある。ただし本作は皆焼《ひたつら》と称する刃文が特色になっている。

延享年間作成の『御天守御腰物元帳』では、「潰物になる筈。疵物にて用たちがたき部類に入置く事」という但し書きが付けられており、現存の見事なほどに皆焼が現れている刀身にはそぐわない。

村正は尾張徳川家に二振あったが、片方は流出して今はない。

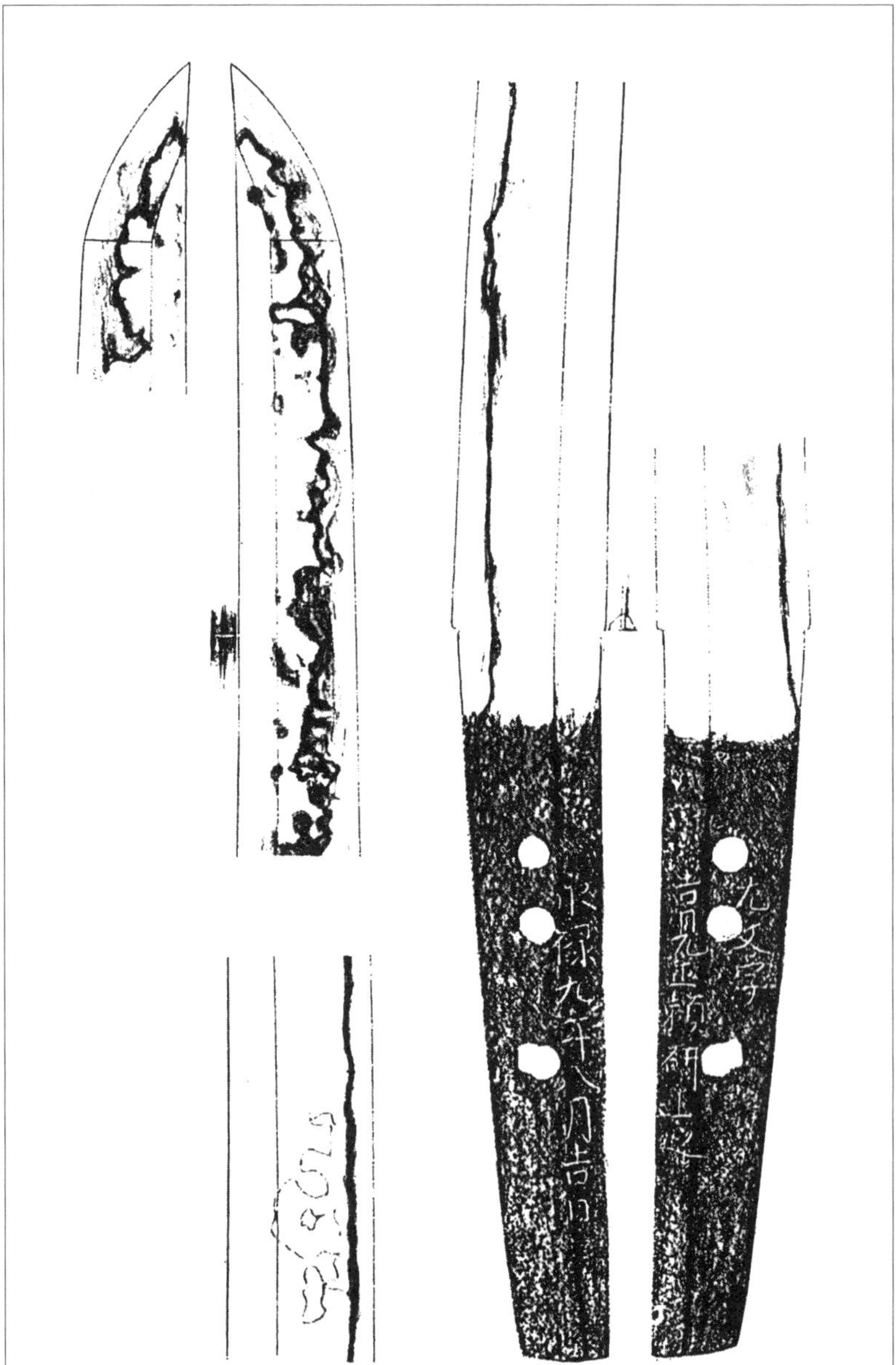

刀　号「吉見左文字」『図説刀剣名物帳』より転載

刀　銘「二王清則」（徳川美術館蔵）　室町時代
〔刃長　四八・四　反　一・二〕

駿府御分物の一振。二王一派は周防国で鎌倉初期から室町末期まで続く大和系の刀工で、室町期の二王は末二王と呼ばれる。鎬造で庵棟。地肌は板目に杢交じり。帽子は小丸、刃文は直刃《すぐは》仕立てである。

刀　銘「広助」（徳川美術館蔵）　室町時代
〔刃長　七四・八　反　二・二〕

駿府御分物の一振。広助《ひろすけ》は駿河国（静岡県）志太《しだ》郡島田宿にいた刀工。島田鍛冶は十五世紀半ばごろから刀作りを始め、古刀～新刀期に活躍した。末相州風を主流として槍が多く、武田武士の注文打ちが多い。帽子が刀身の半分以上ある「おそらく造り」を創始したのは、この島田派である。

名物　脇指　号「鯰尾藤四郎」銘「吉光」（徳川美術館蔵）　鎌倉時代
〔刃長　三八・五　反　〇・六〕

駿府御分物の一振。もとは長巻であったが、これを脇指に転用したため、切先の曲線が鯰《なまず》の尾を連想させるふっくらした姿となり、「鯰尾」の異名を持つ。藤四郎《とうしろう》は山城国（京都府）粟田口派の刀工・吉光のことである。

織田信雄ー土方《ひじかた》勝久ー豊臣秀吉ー豊臣秀頼ー徳川家康と伝来した。大坂落城で火にかかり焼身である。『享保名物帳』にも「ヤケ」と記載されている。

初め一尺二寸九分、焼き直しによって六ミリほど縮まり、現在の寸法となった。真の棟、帽子は小

脇指 号「鯰尾藤四郎」『図説刀剣名物帳』より転載

丸。上は菖蒲造《しょうぶづく》り、下には薙刀樋《なぎなたび》と添樋がある。

織田信長の二男・信雄が所持していたが、天正十二年（一五八四）、小牧・長久手の戦いで敵に内通していた三家老を、土方勝久に命じてこの脇指を与えて斬らせた。勝久はその後、秀吉に転仕したため、豊臣家の所有となった。秀頼は合口拵を作らせてこれを愛用したが、大坂城落城の際に焼けてしまった。惜しんだ家康が、越前康継に焼き直しさせたものである。このため独特の光を放っている。基本的に徳川美術館の収蔵刀剣は研ぎ直しを行わず本来の姿で展示されており、鯰尾はその中でも異色といえる。

名物　短刀　号「海老名小鍛治」銘「宗近」（徳川美術館蔵）平安時代

〔刃長　二九・七〕

駿府御分物の一振。足利将軍家伝来。三好長慶―足利義輝―織田信長―織田秀信―豊臣秀吉―豊臣秀頼と伝来したが、大坂落城で火にかかる。家康の命で初代越前康継が再刃した。

海老名は相模国（神奈川県）の地名、またはそれを冠した領主の名字に由来するのだろう。もとは「東山御物」で足利義政の佩刀であった。『慈照院殿年中行事』に「正月元日の御剣」と書かれている。その後、四国の三好氏の手に渡り、再び足利家に献上されて、織田家の所有となった。

余談になるが、越前康継が家康家臣の本多成重のために、南蛮鉄を使用して「海老名小鍛治」の写しを作ったという話もある。

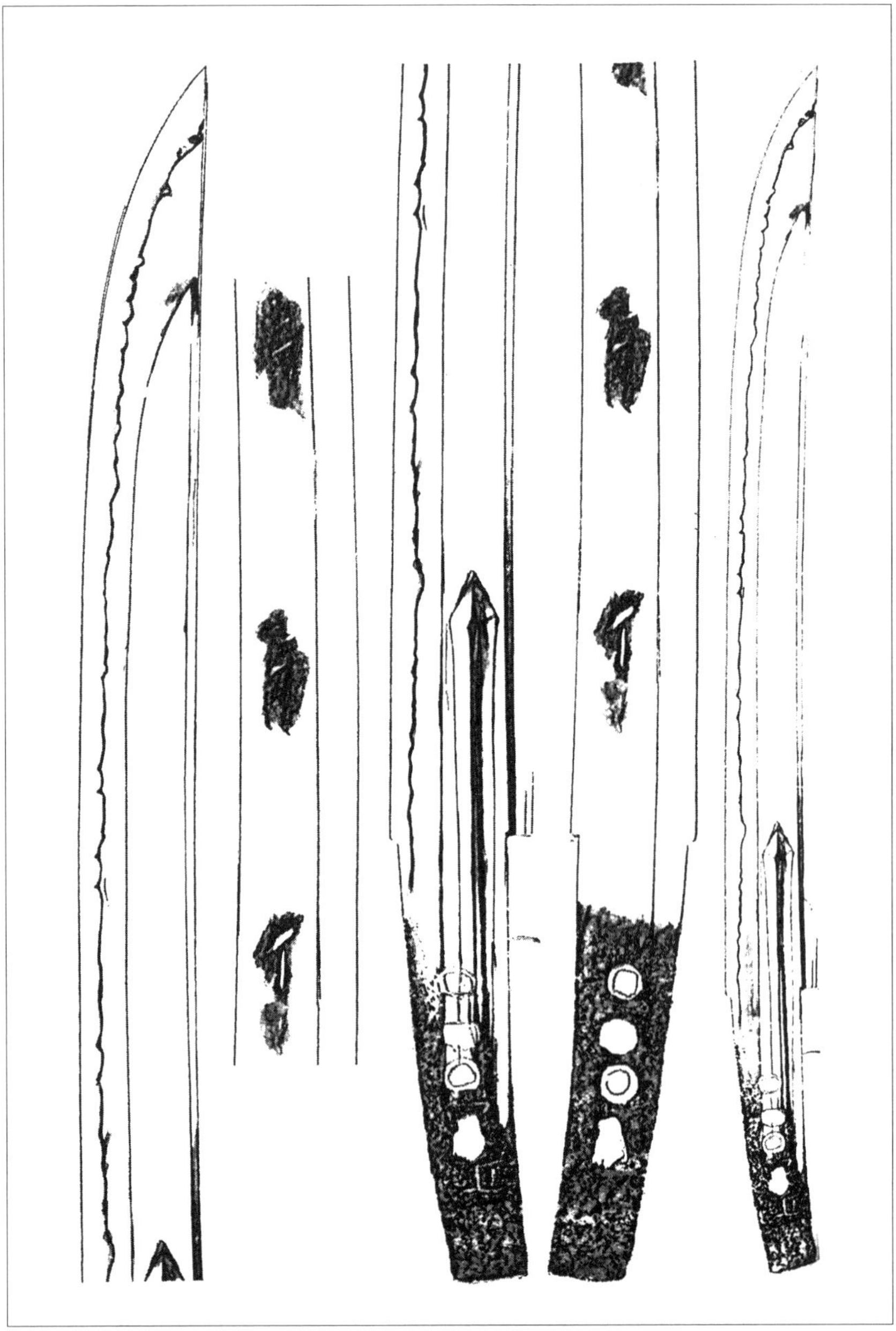

短刀　号「海老名小鍛冶」『図説刀剣名物帳』より転載

短刀 銘「宗近」（徳川美術館蔵） 平安時代
〔刃長 二四・三 反 一・二〕

駿府御分物の一振。右と同じ作者の作品だが、家康の遺物という以外の細かい由来は伝わっていない。

名物 短刀 号「若江十河十左衛門正宗」 銘「正宗」（徳川美術館蔵） 鎌倉時代
〔刃長 二五・七〕

駿府御分物の一振。三好氏の家臣十河《そごう》十左衛門一存《かずまさ》が河内国若江で入手した正宗の短刀なので、「若江十河十左衛門正宗」と呼ばれるようになった。その後、豊臣秀吉に献上されたが大坂落城で火にかかる。家康の命で越前康継が再刃した（『太閤御物刀絵図』『享保名物帳』）。

名物 短刀 号「大坂長銘正宗」 銘「相州住正宗 嘉暦三年八月日」
（徳川美術館蔵） 鎌倉時代 〔刃長 二六・一 反 〇・二〕

駿府御分物の一振。大坂で発見された長銘の正宗なのでこの名が付いた。細川幽斎―豊臣秀吉―

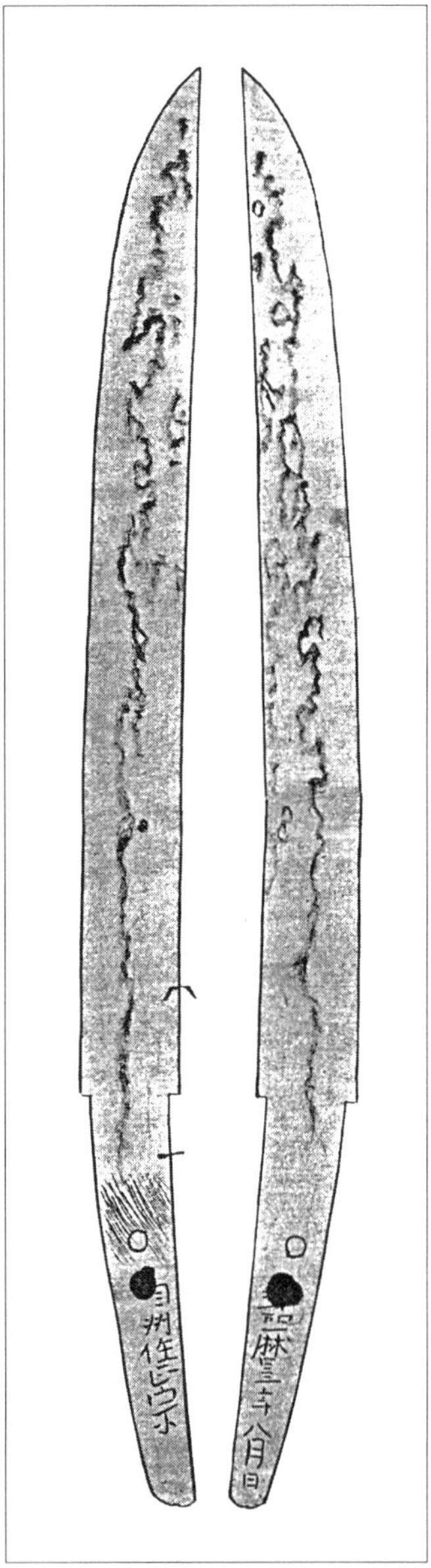

短刀 号「大坂長銘正宗」
（寿斎本『光徳刀絵図集成』所載）
『図説刀剣名物帳』より転載

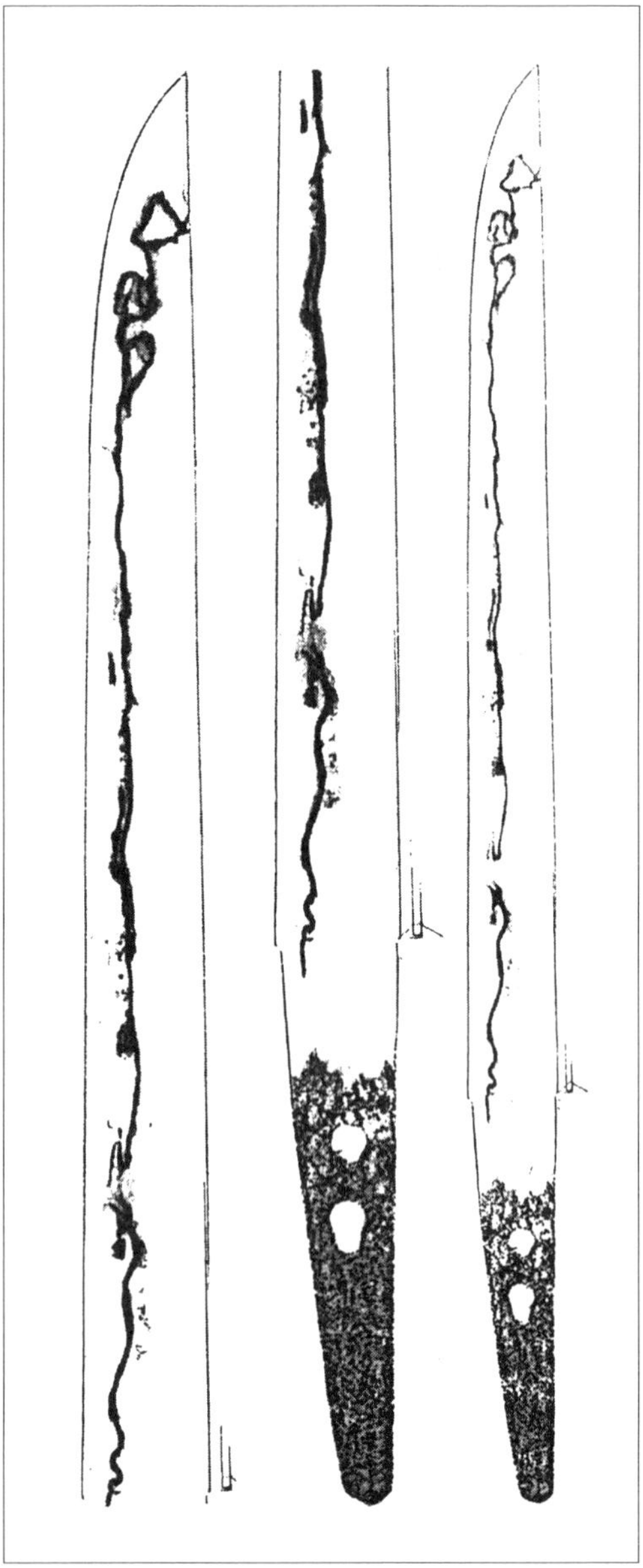

短刀 号「若江十河十左衛門正宗」
『図説刀剣名物帳』より転載

豊臣秀頼と伝わった。

　大坂冬の陣の直前、秀頼は長崎の商人高屋七郎兵衛に手紙とこの短刀を持たせ、島津家久を勧誘した（『駿府記』）。しかし、家久がこれを断ったために、大坂落城で火にかかってしまった。戦後、家康の命で越前康継が再刃している。

短刀　無銘　保昌（徳川美術館蔵）　鎌倉時代

〔刃長　二五・三〕

　駿府御分物の一振。保昌派は大和国の刀工集団で大和五派の一つとされる。同派は、保昌《ほうしょう》五郎国光に始まるといい、その後の保昌五郎貞宗と保昌五郎貞吉がもっとも世に知られている。柾目肌を特徴としている。室町期のものは「末保昌」と呼ばれる。

短刀　無銘　則重（徳川美術館蔵）　南北朝時代

〔刃長　三〇・六　茎長　一〇・六　反　〇・五〕

　駿府御分物の一振。もとは蜂須賀《はちすか》家政（一五五八〜一六三九）所持品。子の至鎮《よししげ》と徳川家康養女の縁組の時に献上された。則重《のりしげ》は越中国（富山県）の刀工で鎌倉において修行し、俗に正宗十哲の一人と呼ばれている。

短刀　無銘　志津（徳川美術館蔵）　南北朝時代

〔刃長　二七・〇　反　〇・三〕

駿府御分物の一振。大志津と呼ばれる志津《しづ》三郎兼氏《かねうじ》は、鎌倉期の刀工で正宗十哲の一人に数えられる。本国は大和国（奈良県）で大和伝を習得。後に美濃国（岐阜県）志津村に移って志津姓を名乗った。美濃伝を学んだ後、相模国へ出て正宗の弟子となったらしい。

一門は美濃国内で作風を受け継ぎ、直江村に移り住んだことから直江志津派と呼ばれた。

短刀　銘「筑州住国弘作　正平十二年二月日」（徳川美術館蔵）　南北朝時代

〔刃長　七一・五　反　一・五〕

平造で庵棟。大振りで身幅広く、わずかに先反りが見られる中間反り。鍛えは板目が流れ、黒く澄んだような肌がまじる。刃文は沸出来の、のたれ互の目がまじる。徳川家康所持。

作者の国弘《くにひろ》は筑前国（福岡県）の左吉弘の子といわれ、大左の直門とみられている。作風は短刀を得意としていた。国弘作の短刀は金刀比羅宮所蔵と松山市東雲《しののめ》神社蔵のものが重文に指定されている。

太刀　銘「包永　天正二年三月十三日　兵部大輔藤孝磨上之異名号児手柏」

（徳川ミュージアム蔵）　鎌倉時代　〔刃長　六九・七　反　二・二〕

大和国手掻《てがい》派の刀工・包永《かねなが》（手掻包永）の作。表の刃文は大乱刃、裏は中直刃。表裏で刃文が違うことから、万葉集の歌にちなみ「児手柏《このてがしわ》」と名づけられた。

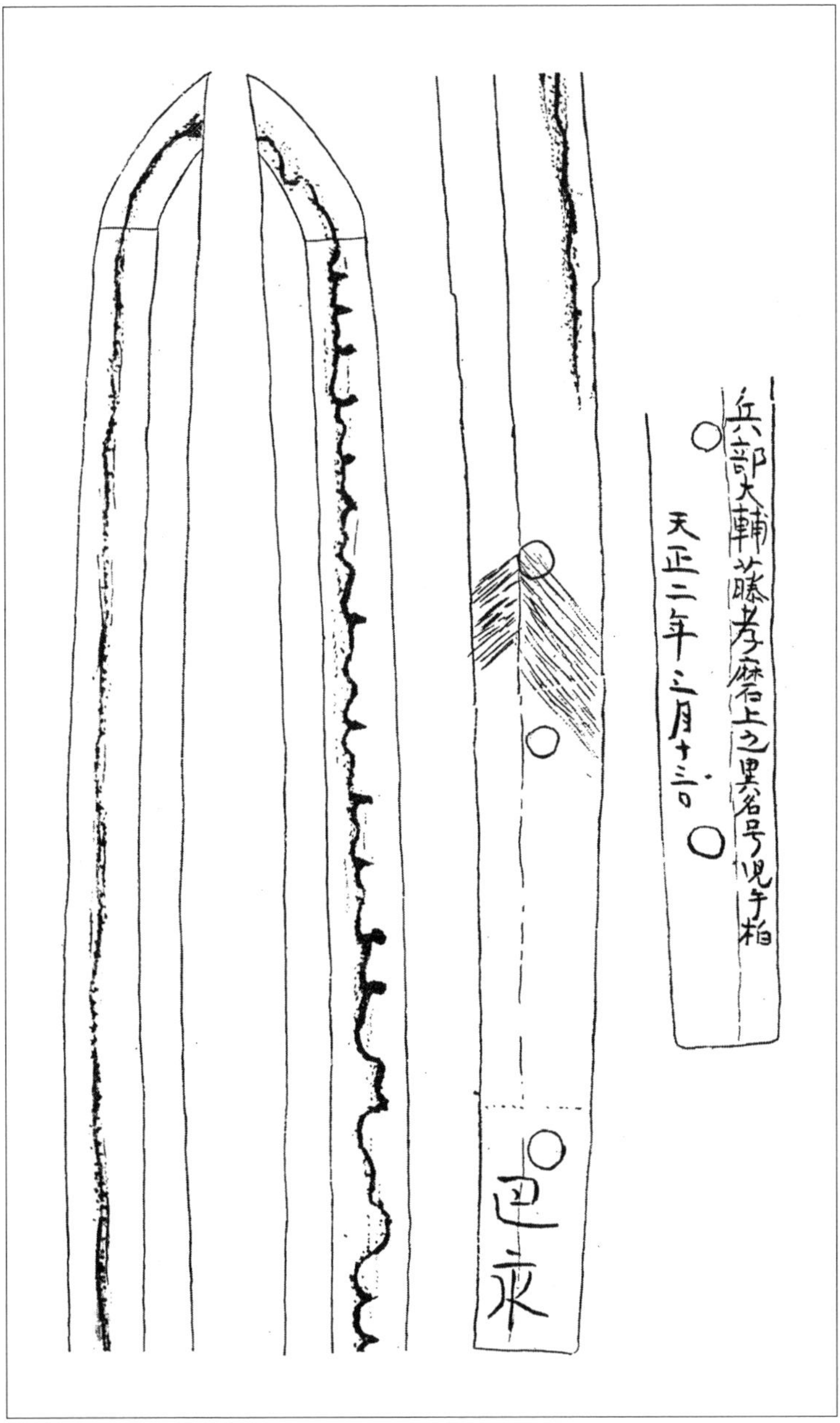

太刀 号「児手柏」『図説刀剣名物帳』より転載

たともいう。

十二代将軍足利義晴から細川幽斎（藤孝）が拝領した。大和国奈良坂にあったものを幽斎が入手し

元亀二年（一五七一）、幽斎が大和国多聞山城を攻めた時、奈良興福寺の僧・荒三位を組み伏せて首をとり、この太刀を得た。しかし、長くて使いにくかったため、磨上げて現在の長さにした。

その後、幽斎はこれを次男の興元に譲った。細川興元は秀吉・家康に仕えている。関ヶ原合戦後に兄忠興が豊前国三十九万石余の大名になると、合流して小倉城代を務めた。

しかし、慶長六年（一六〇一）十二月に忠興と不仲となり、隣国の黒田長政の助力を得て出奔。徳川秀忠に下野国芳賀郡茂木一万石を与えられて大名となった。

慶長十三年（一六〇八）春、興元は駿府において徳川家康の仲介で長兄の忠興と和解し、この時に仲介の御礼として「児手柏」を徳川家康に献上し、家康は五百貫を与えたという。異説として家康が「児手柏」を関ヶ原合戦で佩用したという話もあるが、それだと細川興元が献上した時期が早くなる。興元は元和二年（一六一六）には常陸国谷田部一万六千石となり、藩は明治まで続いている。

家康がこの「児手柏」を十一男の頼房へ与えたため、水戸徳川家重代の家宝となった。頼房の養母となっていたお梶（英勝院）がねだって譲られたという。将軍職を継いだ秀忠や、紀伊頼宣・尾張義直らもかねてからこの刀を欲しがっていた。

そこで水戸家ではいつ取り戻されるかわからないため、水戸に下るときも必ず携行したという。また刀だけが往復するときにも、道中は御先手頭一騎、与力同心二十五騎が鉄砲で守護したという。

大正十二年（一九二三）九月の関東大震災で罹災《りさい》し、長らく現存しないとされてきたが、二〇一五年

以降、焼身の状態で公開されるようになった。鎺《はばき》が溶けてその部分の色が変色している。なお、水戸黄門光圀《みつくに》（頼房の子）に伊達家が献上したという「燭台切《しょくだいぎり》光忠」も同じく罹災しており、同時に公開されている。

槍　朱銘「南無八幡大菩薩」（徳川ミュージアム蔵）　桃山～江戸時代初期

〔刃長　六七・六〕

水戸徳川家に家康より拝領として伝えられたもの。朱漆で「南無八幡大菩薩」の七文字と蓮の花が施された無銘の直槍。保存のために生漆《きうるし》がかけられていて白檀塗《びゃくだんぬり》のように輝いている。鞘に墨書で「神君より拝領云々」とあって宝珠が描かれた包紙が付属している。

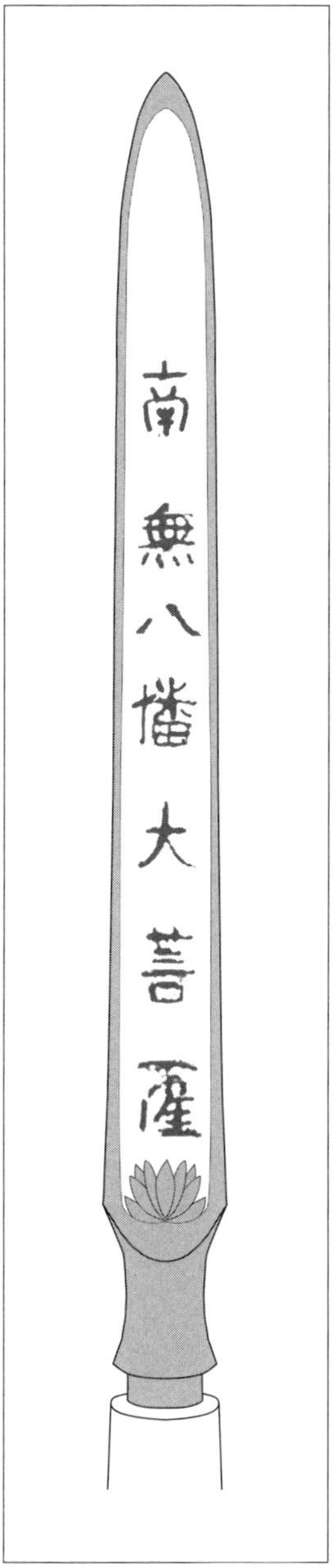

槍　朱銘「南無八幡大菩薩」

脇指 号「切刃貞宗」無銘 貞宗（高松松平家歴史資料・香川県立ミュージアム蔵）
鎌倉時代〔刃長 三一・五 反 〇・六〕

高松松平家に伝来し、同家を代表する刀剣のひとつ。切刃《きりは》とは刀の形状を指す（切刃造り）。これには、湾刀が現れる以前の奈良期の直刀に多く見られる両切刃造と、鎌倉末期に現れる片切刃造の二種類がある。本品は後者である。

明智光秀─細川忠興─豊臣秀吉と所有者が転々とし、豊臣家が所蔵したが、大坂夏の陣で火災により焼身となった。越前康継によって再生され、徳川家康の愛刀となる。その後、水戸徳川家─高松松平家と伝わった（『享保名物帳』）。

高松松平家は、徳川御三家水戸徳川家の支系。水戸藩初代水戸（徳川）頼房の長男松平頼重を家祖とする。讃岐国《さぬきのくに》高松藩の藩主として明治に至った。同家ではこの刀と「太刀 銘真守造」「刀 無銘二字国俊」を家康遺品の「御三刀」として伝え大切にしたという。

四、大名・家臣に下賜した刀剣

刀剣を家臣に名誉の品として与えるという風習は古くからあるが、顕著になるのは足利将軍の時代からであろうか。特に織田信長は自分が愛用していたものを恩賞とした。秀吉、家康もそれを踏襲している。徳川時代は長く続いたので、家康からの下賜品は長期間にわたって大切にされ、かなり現存している。

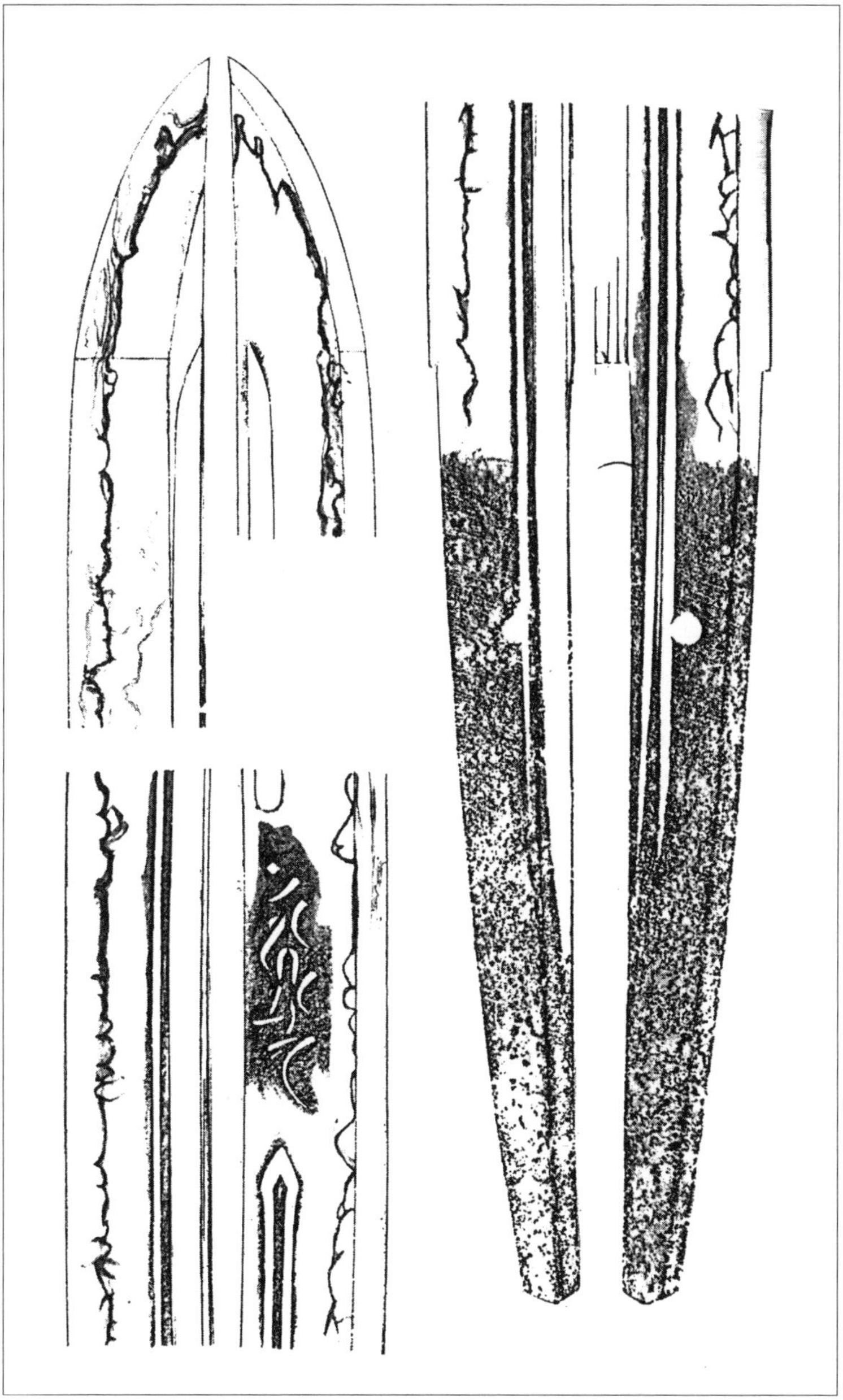

脇指　号「切刃貞宗」『図説刀剣名物帳』より転載

国宝 太刀 号「大般若長光」 銘「長光」（東京国立博物館蔵） 鎌倉時代

〈刃長 七三・六 反 二・九〉〈口絵参照〉

備前長船長光《ながみつ》作。表裏に丸留の棒樋。刃文は大丁子乱れである。茎《なかご》は先を詰めて表に「長光」の二字銘がある。元は足利十三代将軍義輝が秘蔵していた刀で「小虎之太刀」と呼ばれていた。「大般若」というのは、仏教の経典「大般若波羅蜜多経《だいはんにゃはらみったきょう》」の略。唐の玄奘《げんじょう》三蔵がインドから持ち帰り翻訳した、大乗仏教の基礎的教義を記述した経典で、全六百巻からなる。室町時代末期の本阿弥家による名刀の値付け一覧『諸国鍛冶代付之事』において、当時国綱・吉光が百貫、正宗が五十貫という格付けの中、この長光には他に類をみない銭六百貫という破格の値付けがされていた。この「銭六百貫」から大般若経の「六百巻」に引っ掛けて「大般若」と呼ばれていたのである。

永禄八年（一五六五）、三好政康が義輝を襲撃して殺害したことは有名だが、その時この刀を分捕ったという（義輝が三好長慶に贈ったとも）。その後、織田信長の手に渡り、姉川合戦の功によって徳川家

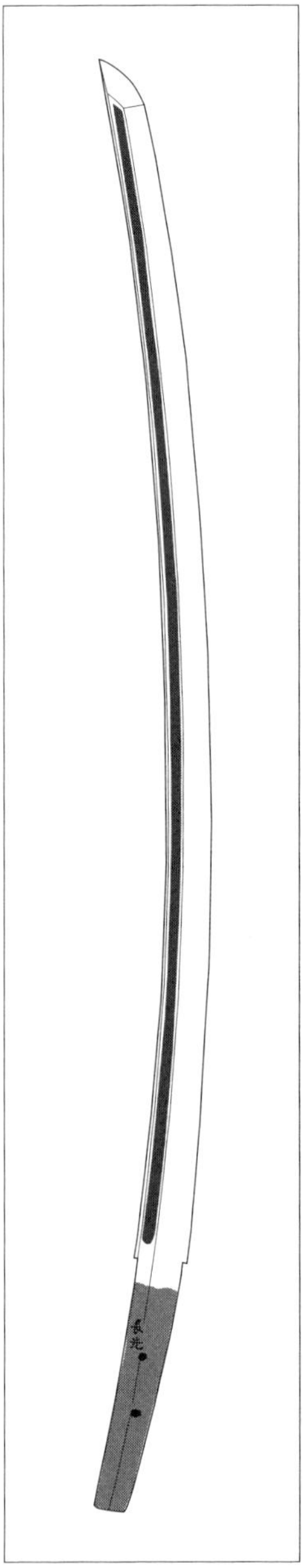

太刀 号「大般若長光」

康に贈られた。

天正四年（一五七六）七月、さらに本刀は、長篠合戦で活躍した奥平信昌へ与えられた。その後は、信昌の四男・松平忠明の手に渡り、武州忍藩松平家（信昌が家康の長女亀姫と結婚したため、子孫は松平を名乗った）に代々伝わることになる。

大正年間に同家から個人へ売却された。関東大震災で曲がってしまったが復元されている。昭和十六年（一九四一）に、東京帝室博物館（現東京国立博物館）によって買い上げられ、同二十六年に国宝に指定された。

名物 **国宝** 太刀　号「童子切」　銘「安綱」（東京国立博物館蔵）　平安時代
〔刃長　八〇・〇　反　二・七〕

鎬造《しのぎづくり》で腰反りが高い。在銘の日本刀としては最古の部類に入る一振である。

源頼光（九四八～一〇二一）が大江山（京都府福知山市・宮津市にまたがる）で酒呑童子《しゅてんどうじ》を切った刀という。頼光は平安中期の武将である。源経基の嫡孫で清和源氏の三代目に当たる。藤原道長の側近として備前・美濃・但馬・伊予・摂津の受領を歴任し、清和源氏の興隆の礎を築いている。

ある時、都で美女がさらわれる事件が多発した。安倍晴明の占いで、犯人は丹波国大江山の酒呑童子と判明。女の生き血をすすり、人肉を食らう悪鬼であった（外道丸とも呼ぶ）。

一条天皇の勅命により、頼光は強者《つわもの》の四天王（渡辺綱・坂田公時・碓井《うすい》貞光・卜部《うらべ》季武）を率いて童子の

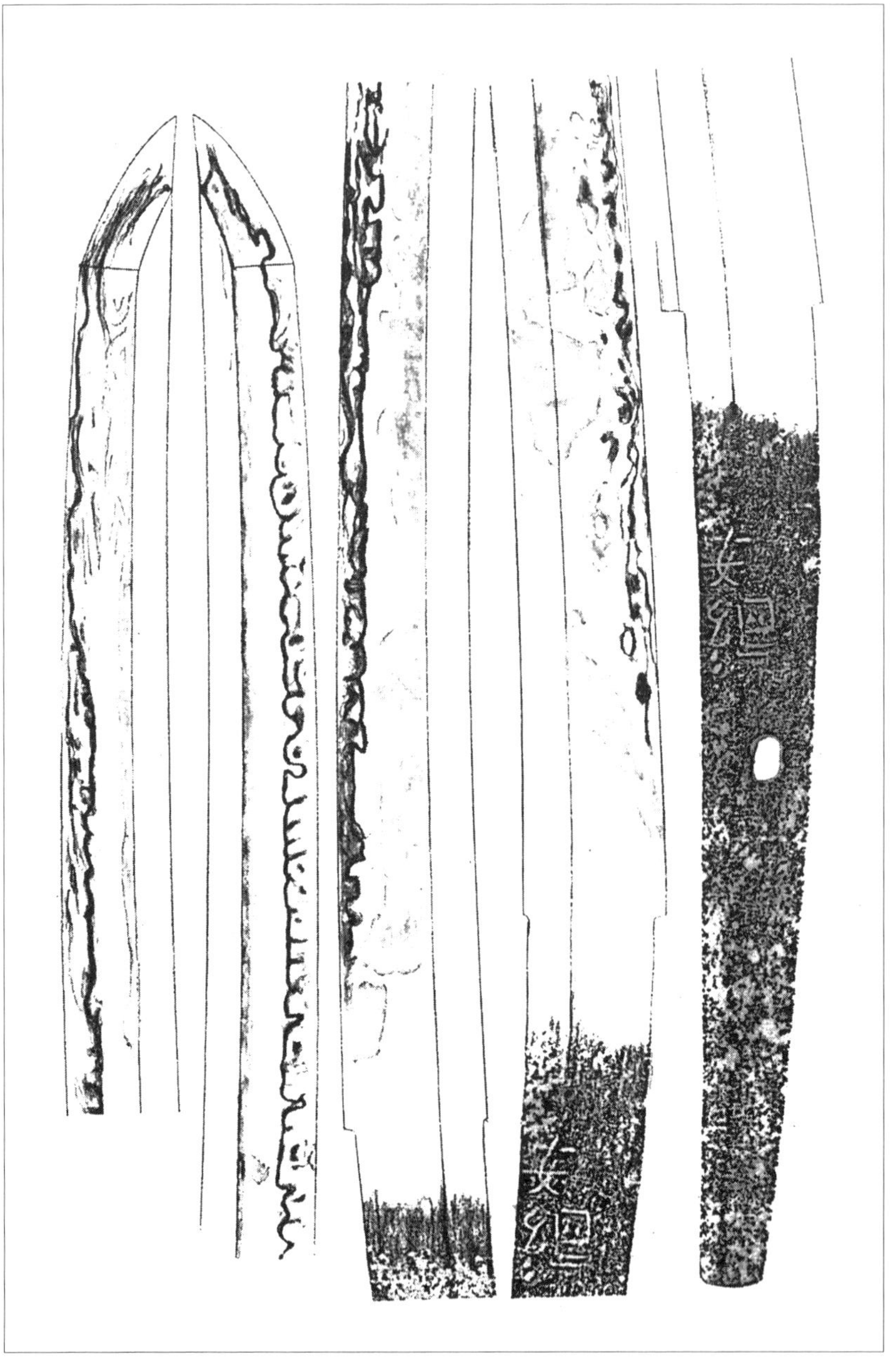

太刀 号「童子切」『図説刀剣名物帳』より転載

館に潜入する。そして旅の山伏を装い、猛毒の「神便鬼毒酒《じんべんきどくしゅ》」を飲ませて泥酔させると、鎧を着こんで頼光自身が寝首を掻いた。童子は首を切られた後でも頼光の兜に噛み付いたといわれている。頼光の履刀は伯耆国の刀工・大原安綱の作で、以後は「童子切安綱」と呼ばれた。

本刀はその後足利将軍家の所有となり、十三代義輝まで累代の重宝となった。やがて織田信長・豊臣秀吉・徳川家康を経て越前松平家（津山藩）に伝えられ、現在は東京国立博物館の所蔵となっている。元禄時代に江戸で試し切りをした逸話がある。六胴（六人重ねた死体）を一刀両断して、下の土壇にまで切り込んだという。

槍　万字の槍穂（光西寺蔵・川越市立博物館寄託）　安土桃山時代

〔穂長　五八・〇〕

松平康親（一五二一〜一五八三）は家康の重臣で各地を転戦した。本品は天正三年（一五七五）八月、遠江国諏訪原城の守備を賞して家康から下賜されたものと伝える。家康は同城を牧野城と改め、康親に松平姓を与えて周防守を名乗らせた。康親の「康」もその後に与えられた偏諱《へんき》である。

天正十一年（一五八三）六月、三枚橋城（静岡県沼津市）にて六十三歳で没した。その子康重は家康が関東に移ると武蔵国で二万石を与えられた。その後は常陸国笠間・丹波国篠山・和泉国岸和田と転々として五万石を領した。子孫は播磨国山崎・石見国浜田などを経て十二代康英が武蔵国川越藩（八万四千石）で明治維新を迎えた。松井松平氏といい、この槍は同家に伝来したものである。

国宝 太刀 銘「信房」（致道博物館蔵） 平安時代
〔刃長 七六・一 反 二・三〕 付糸巻太刀拵

天正十二年（一五八四）、小牧・長久手の戦いにおいて、徳川四天王の一人酒井忠次（一五二七〜一五九六）は森長可を敗走させるなどの戦功をあげた。その手柄によって徳川家康から授けられたのがこの太刀という。

忠次は晩年に失明しており、早くから息子の家次に家督を譲った。家康の関東入封後、家次は下総国臼井で三万石を領し、その後は越後国高田藩に栄転して十万石。子孫は最終的に出羽国庄内藩で十七万石を領して明治に至った。その伝来品はこの「信房」をはじめ、致道博物館にまとめて所蔵されている。

信房《のぶふさ》は備前国の刀工で、小鋒《こきっさき》の鎬造、庵棟で細身。踏ん張りのある腰反りで、平安末期の太刀姿を示している。小板目に地沸《じにえ》つき地斑《じふ》が交じり、刃文は小乱れに足と葉がよく入って賑《にぎ》やかである。雉《き》子股《じもも》形の茎は生《う》ぶで鑢目《やすりめ》切り、「信房作」の三字銘がある。日本刀としての最も美しい姿を体現した名刀といわれ、丸に三葉葵紋を散りばめた糸巻太刀拵が付属している。家康から拝領した当時のものといわれている。

なお、致道博物館には同じく酒井忠次が織田信長から拝領した国宝「太刀 銘真光」拵付が所蔵されている。天正十年（一五八二）、武田勝頼を滅ぼした織田信長は、忠次の居城三河国吉田城に立ち寄って饗応を受けた。その返礼としてその太刀を賜ったと伝える（『寛政重修諸家譜』）。

短刀 銘「吉光」（真田宝物館蔵） 鎌倉時代

〔刃長 二四・〇〕

真田信之は関ヶ原合戦の直前に四歳の息子信政を人質に出した。その際、家康から拝領したもの。真田家では、重宝の筆頭として緊急時に担ぎ出す長持の奥深くに保管していた。信州松代城花の丸御殿の玄関に次ぐ大広間の床の間に、腰の物、箪笥《たんす》、惣青貝の槍、大太刀とともに安置され、番頭一人と武士四人が列座して昼夜警護を怠らず、家老ですら中を見ることは禁止されていたという。

『寛政重修諸家譜』には「（慶長）五年祖父真田昌幸三成にくみすといへども、父信之はなを御麾下に属したてまつりしかば、東照宮 父が忠志を感賞せられ、信政を御前にめされて御みづから佩させたまふところの吉光の御刀をたまはる」とみえる。

吉光《よしみつ》は山城国粟田口派の刀工で通称を藤四郎といった。短刀は平造り、筍反りで平肉つき、三つ棟

短刀 銘「吉光」

である。茎は大振りの二字銘で「吉」の字の一部が目釘穴にかかっている。小柄は京都の金工後藤祐乗の作。鞘は黒蝋色塗《くろろいろぬり》で、柄は黒色赤銅牛が彫刻されている。

吉光を保管していた箪笥は「吉光御腰物箪笥」と呼ばれるもので黒漆塗、五四×三一×一七センチ、大・中・小の引き出しがあって、大には茶入と幕府には見せられない石田三成らの書状十三通が入っていた。中には家康から拝領した吉光の短刀が収められていた。

吉光は江戸時代には三作（吉光・正宗・郷義弘）の筆頭に挙げられていたので、大名家では特に珍重されていた。

笹穂槍　銘「守長」（榊原家蔵・旧高田藩和親会管理）　戦国時代

〔刃長　一二・九　全長　四七・二〕

天正十二年（一五八四）、小牧・長久手の戦いで徳川家臣・榊原康政（一五四八〜一六〇六）が、家康より「勝負の機変神妙なり」と賞され与えられた。鍛え肌は柾目、刃文は直刃調。

刀　無銘　備前元重（榊原家蔵・旧高田藩和親会管理）　南北朝時代

〔刃長　七三・五　反　二・二〕

榊原康政が駿府城において徳川家康から拝領した刀。鎬造。もとは太刀であり、茎が切り落された大磨上で無銘になっている。拵は安政の大地震（一八五五）で焼失。赤銅金銀色絵苫船容彫《とまぶねかたちぼり》目貫と赤銅磨地無文鍔が残存している。刀は焼き直されて同家の重宝として伝えられた。

元重《もとしげ》は備前国長船の刀工で相州貞宗三哲の一人とされる。作風は板目肌の地鉄に映りが立ち、刃文は沸のついた直刃に足が入る。

刀　無銘　左文字（藤垣神社蔵）　南北朝時代

〔刃長　六八・六　反　一・六〕　付打刀拵

越前国府中城主の本多富正（一五七二～一六四九）は、結城秀康に幼少の頃より仕え、越前松平家の家老を務めた人物である。

慶長十一年（一六〇六）、家康の駿府築城に際して、秀康の命により普請に参加した富正は、材木の切り出しなどにより功績を挙げ、家康より直々に拝領したのがこの刀と伝えられている。

鎬造の庵棟で、鍛えは板目肌。刃文はのたれに互の目《ぐめ》が交じる。茎は大磨上、表裏に棒樋を一条彫っ

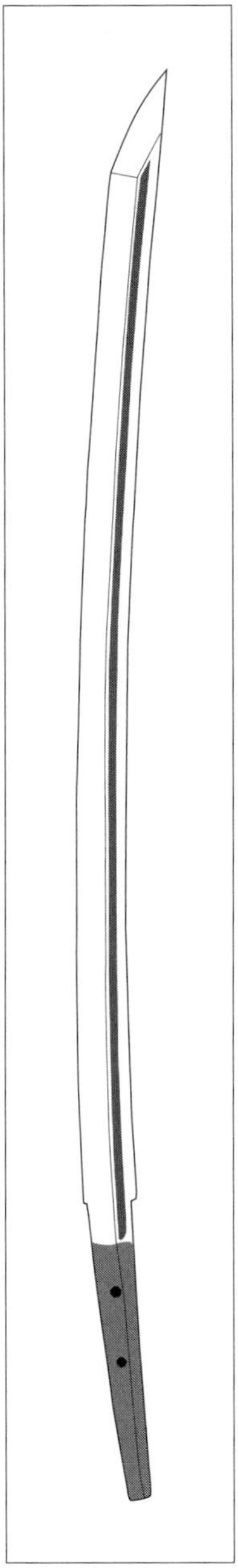

刀　無銘　左文字

である。

脇指　銘「本明　備州長船兼光　天正□年八月吉日　日向守上之」

（犬山城白帝文庫蔵）南北朝時代　〔刃長　五〇・三　反　〇・九〕

天正十二年（一五八四）、小牧・長久手の戦いで徳川家臣・成瀬正成（一五六七〜一六二五）は、初陣ながら敵の首級をあげた。家康は「正成以外にこの刀を持つ資格のある者はいない」と言って、この脇指を与えた。後に正成は犬山城主となって尾張徳川家の付家老を務めた。成瀬家が藩主として独立できたのは明治になってからである。この脇指はその家系に伝えられたもの。

長船兼光《かねみつ》は備前国の刀工で初代は俗に正宗十哲の一人という。兼光の作刀年紀は鎌倉末期から南北朝期に及び、作風に変遷を見る。本刀は相州伝の影響を受けたと思われる沸が見られる。もとは銘のとおり明智光秀（日向守）所持で、成瀬家では「明智兼光」と呼んでいる。

重美　太刀　号「大倶利伽羅」　無銘　相州広光

（日本刀剣博物技術研究財団管理）

南北朝時代　〔刃長　六七・六　反　一・七〕

剣にからみつく大きな竜、すなわち倶利伽羅竜《くりから》が彫られているためにこの号がある。伊達政宗が江戸城普請の功により家康から賜ったもの。授受は元和六年（一六二〇）十一月二十一日、江戸城にお

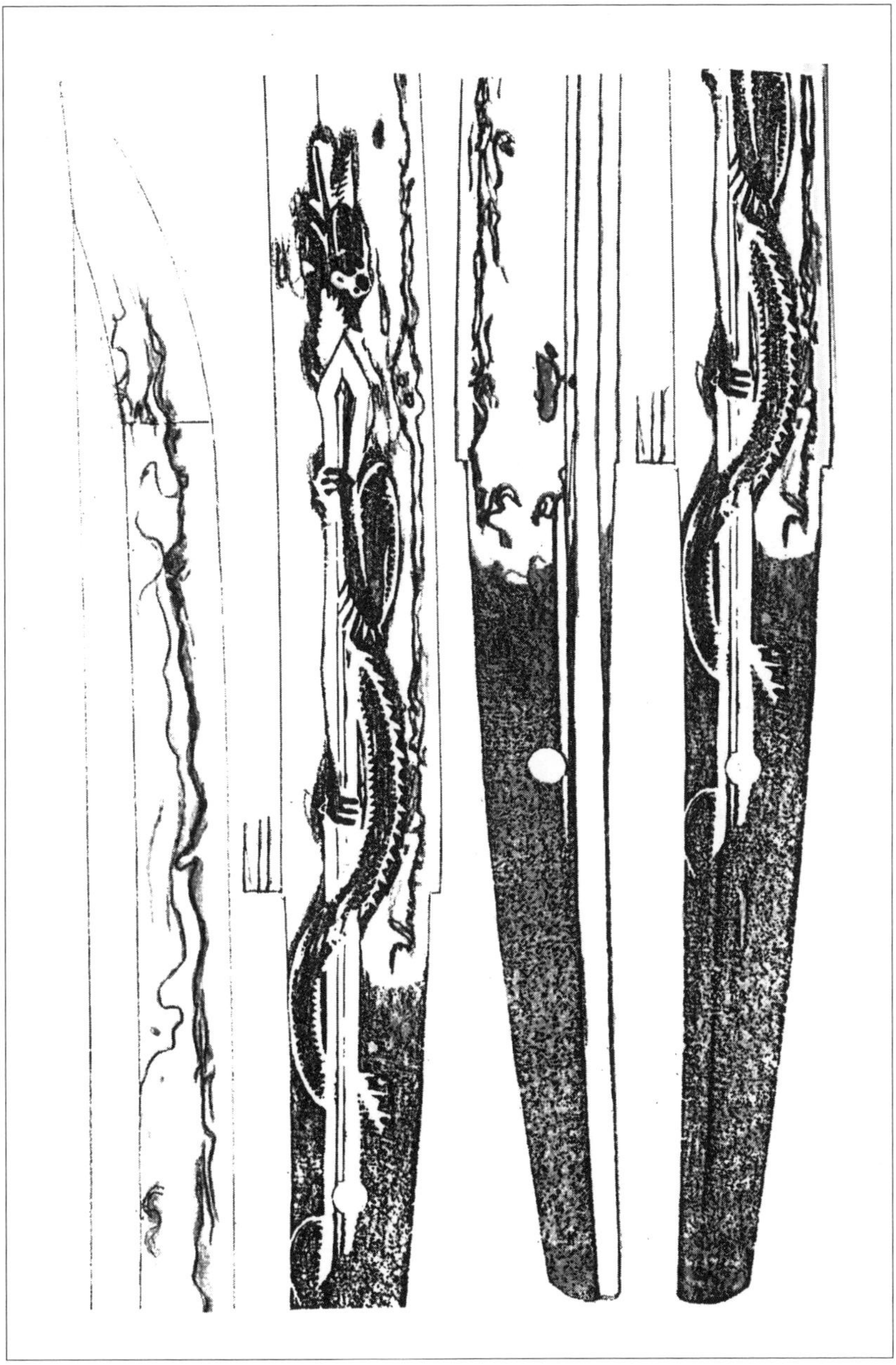

太刀 号「大倶利伽羅」『図説刀剣名物帳』より転載

いて秀忠から二代藩主伊達忠宗に渡されたという。幕末まで伊達家江戸屋敷で保管され続けた。『享保名物帳』の追補版に掲載されている。

本刀を所管する団体は大阪府茨木市に二〇一五年に設立された一般財団法人で、他にも数点、家康ゆかりの刀剣を管理している。

重文 太刀 号「幅広貞宗」（御掘出貞宗） 無銘 貞宗（個人蔵） 鎌倉時代
〔刃長 七〇・四〕

関ヶ原合戦後、家康自らが分捕った敵将らの刀の山から掘り出した。家光の時、加賀前田家へ渡り、そこで「幅広貞宗」と呼ばれた。『享保名物帳』所載。無銘だが本阿弥光徳によって正宗の子貞宗《さだむね》作と鑑定された。

重美 太刀 号「波游ぎ兼光」 無銘 兼光（個人蔵） 南北朝時代
〔刃長 八一・三〕

相手を斬ったら川の向こうまで游《およ》いで行ってから真っ二つに割れて死んだため、「波游ぎ」の名がある。上杉謙信—上杉景勝—豊臣秀吉—小早川秀秋—徳川家康—立花家と伝来した。八代将軍吉宗が見たいと言っても、見せると献上させられるので、立花家は見せなかったという。

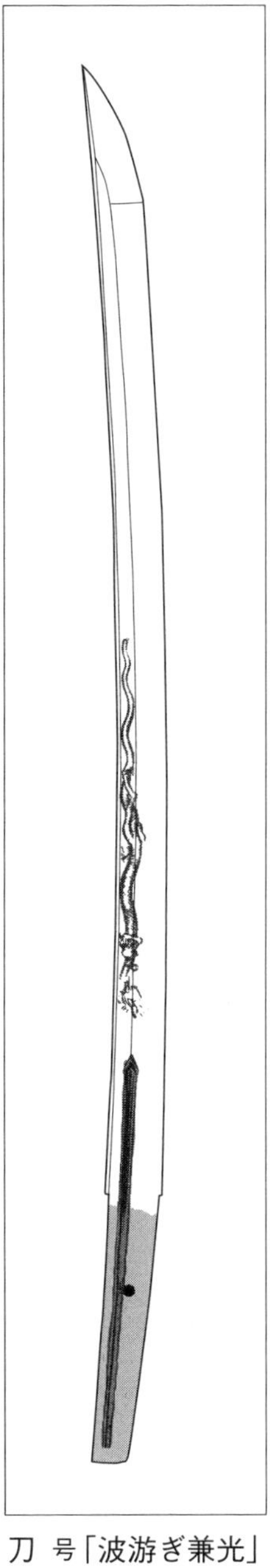

刀 号「波游ぎ兼光」

重文 短刀 号「愛染国俊」銘「国俊」（個人蔵） 鎌倉時代

〔刃長 二八・七 反 〇・二〕

豊臣秀吉—徳川家康—森忠政—徳川家光—前田家と伝来した。来国俊《らいくにとし》の作で、茎の表に愛染明王の彫物がある。

太刀 銘「久国（花押）」（個人蔵） 鎌倉時代

〔刃長 八〇・四〕

紀州徳川家から分かれた西条松平家（伊予国新居郡三万石）に伝来した家康の遺品で、同家の『御腰物帳』に「久国 在銘 長弐尺六寸五分半 南竜（頼宣）公御指領 御持太刀 代金七枚と言伝 右東照宮御遺物として南竜公へ被進」とある。

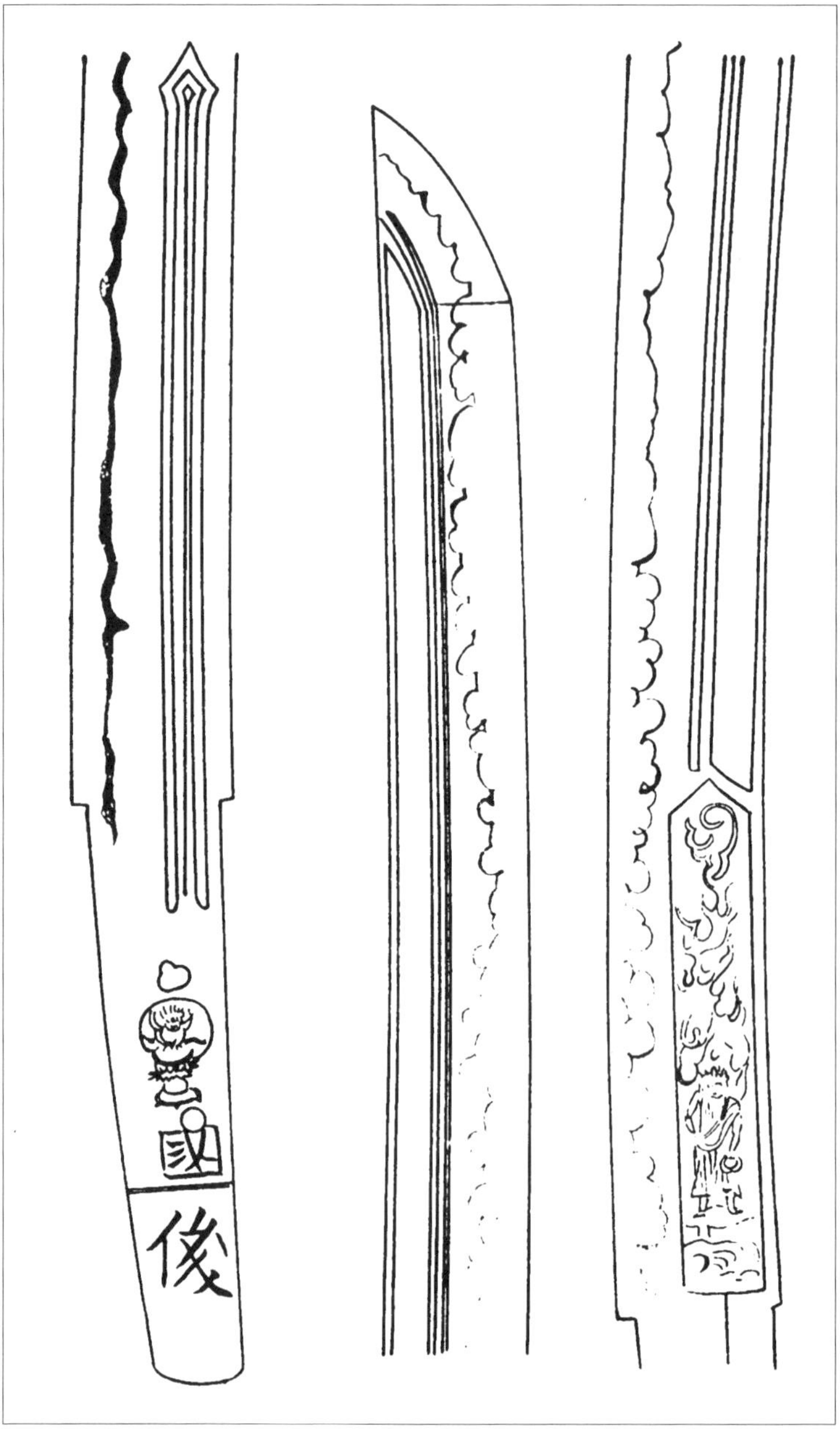

刀 号「愛染国俊」

作者久国《ひさくに》は京都粟田口派初期の代表的刀工。後鳥羽院番鍛冶の一人と伝えられ、美術的価値においては古刀最上作といわれる。

本作は鎬造で庵棟、小鋒、反高く踏張りのある姿は時代の特色を示している。精緻な鍛えに明るく冴えた表情豊かな刃文を焼いている。茎は生ぶだが花押は作者のものでなく、後世の所持者のものらしい。

短刀 号「大黒」 銘「正宗作」（個人蔵） 鎌倉時代

〔刃長 二八・六〕 付黒漆塗葵紋合口拵

最上義光《もがみよしあき》（一五四六～一六一四）は山形の戦国大名で、先祖は奥州探題を務めた名族である。豊臣秀吉

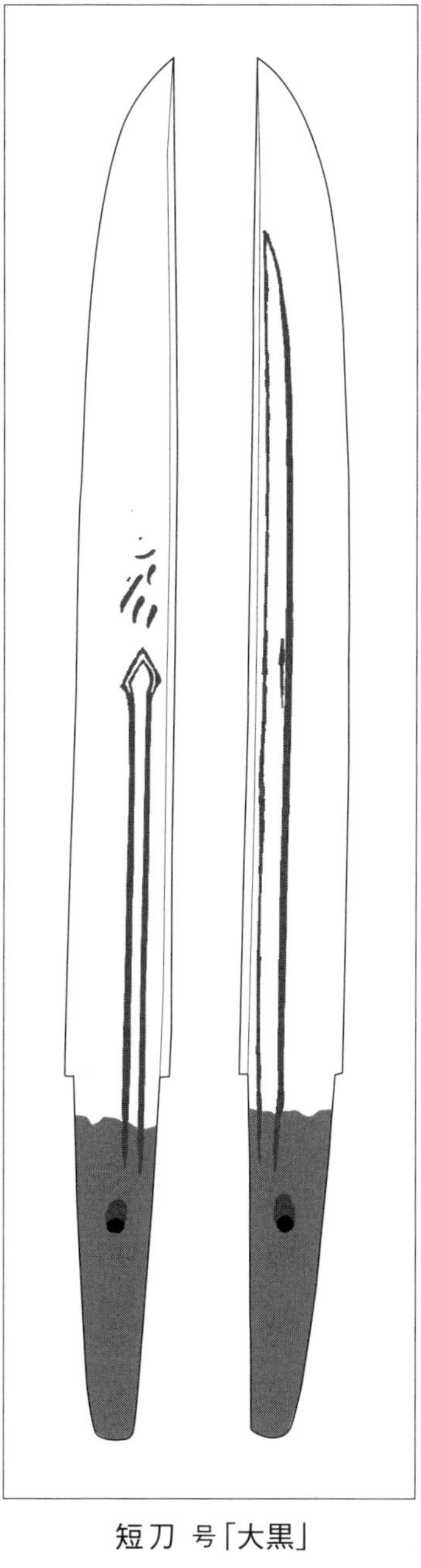

短刀 号「大黒」

の小田原攻めで配下として秀吉に従い、山形城と二十四万石を安堵されている。
慶長五年（一六〇〇）、徳川家康の上杉征伐軍に加わる。同軍が関ヶ原に向けて反転すると、最上義光は上杉景勝の牽制《けんせい》に当たり、長谷堂城で攻防を繰り広げた。これを慶長出羽合戦と呼ぶ。翌年の四月、この時の戦功に対して徳川家康が義光に与えたのが、五十七万石の領地とこの短刀（脇指）である（『寛政重修諸家譜』『最上家伝覚書』）。

慶長から慶安（一五九六～一六五二）にかけて、京都の金工家埋忠《うめただ》家（明寿・寿斎・明甫）が扱った刀剣の押形集『埋忠押形』にも、本刀は最上家所蔵として記載されている。

その図は銘の両脇に「も加見（最上）殿　寿斎　慶長十三年八月ニかなく（金具）拵共ニ仕候」という記載がある。これによって、埋忠寿斎が最上家から預かっていた正宗の短刀に、さまざまな金具類や拵を調製したことがうかがえる。なお、「おもて　新藤五によく似申し候」とあり、正宗の師の国光の直刃調に似ているといい、また「うら　焼き直しと申し候」ともある。

最上氏の家宝となった本刀は「大黒」と号されたが、家康が大黒天を崇拝して兜にまでしていたのに由来するものか。最上家は義光の孫の時、最上騒動が起きて五千石の旗本に転落している。常陸国笠間城主の水谷勝隆が買い取ったが、同家も元禄六年（一六九三）に改易となっている。その後、譜代大名の堀田家所蔵となって明治を迎えた。昭和に入って民間に売却されている。

真の棟、表に素剣と梵字《ぼんじ》。裏に食違樋を刻む。梵字は不動明王で大黒天ではない。

享保七年（一七二二）の本阿弥家の折紙が付いていて、七千貫の値で評価されている。葵紋総金具の拵が付属するが古いものではないらしい。

五、文献でしか確認できない刀剣

最後に、現物が行方不明ながら、文献資料によって確かに家康の遺品と認められるものを紹介したい。

近年、所在不明となっていた刀剣・甲冑類が、他国の博物館で大切に所蔵されていたことが判明したり、それが国外から里帰りしたりした例もある。あるいは熱心な愛刀家が秘蔵しておられたら、世に公表されることに期待したい。

刀 号「菖蒲正宗」 鎌倉時代

〔刃長 六九・七〕

『徳川実紀』によれば、野中（埜田《のだ》）某という微賤の浪人が家康に献上したもの。代わりに永代知行を与えられたという。家康は埋忠明寿・寿斎に命じて、磨上げて打刀にして愛用した。

刀身は菖蒲造りで丸棟、表裏両方に二筋樋あり。茎尻《なかごじり》近くまでかき通す。『享保名物帳』『厳有院殿御実紀』によれば、家康が関ヶ原合戦で使用した刀という。明暦の大火（一六五七）で焼けたが再刃された。幕末まで将軍家に伝来。

家康は、この「菖蒲正宗」と「義元左文字」を特に愛し、替鞘をいくつも作らせておき常に帯びてい

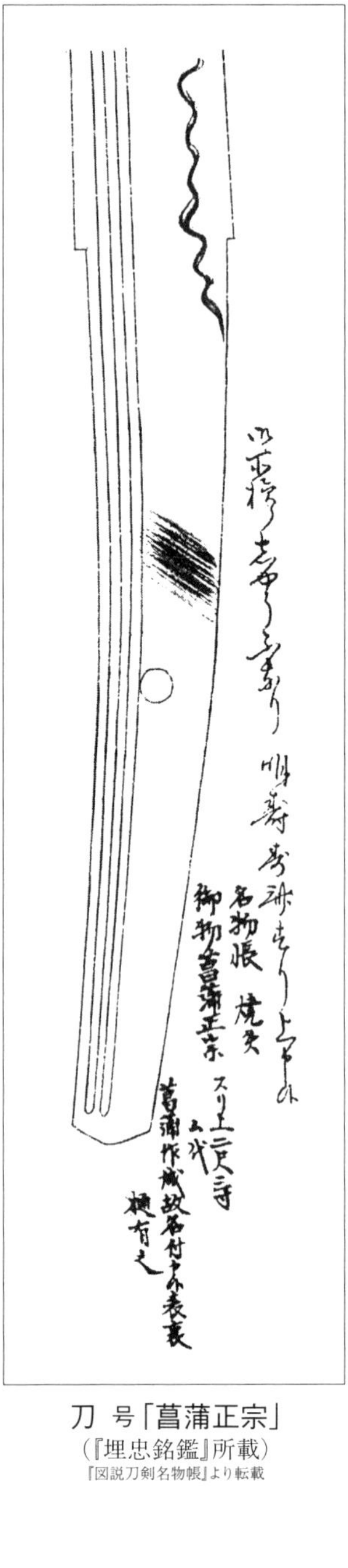

刀　号「菖蒲正宗」
（『埋忠銘鑑』所載）
『図説刀剣名物帳』より転載

たという。関ヶ原合戦の際には、この「菖蒲正宗」を、また大坂の陣では「義元左文字」を佩用した。承応元年（一六五二）、四代将軍・家綱の代参として、保科正之（家康の孫）が紅葉山御宮に詣でた際にも「菖蒲正宗」を佩用している（『厳有院殿御実紀』）。

刀　号「本庄正宗」　鎌倉時代

〔刃長　六五・八〕　付打刀拵

拵は慶長期のもの。頭は角藍革で巻掛け大菱、鍔は直径二寸の金、目貫は丸に桐の紋、絽塗《ろぬり》の鞘で鐺なし、紫の下緒、笄《こうがい》付。

旧国宝（昭和十四年指定）で、『享保名物帳』に御物として記載されている。御物とはこの書が著された時代には徳川将軍家所有であったことを示している。本庄の名は、上杉景勝の武将本庄越前守繁長が所持したことにちなんでいる。

天正十六年（一五八八）八月、十五里ヶ原の戦いにおいて繁長は東禅寺越前守義長と戦った。この時、義長の弟・右馬頭《うまのかみ》勝正が上杉勢のふりをして首一つを掲げ、血刀を引っ提げて単身繁長の本陣へ潜入した。

「大将本庄殿へ一番首をお見せいたしたし！」

途中怪しむ者がいたが、

「越後黒川の者にござる！」

と、堂々と答えてまんまと騙《だま》しきった。

そして大将に近づくと、持っていた首を投げつけて斬りかかった。しかし、逆に本庄繁長と側近達により討ち取られ、太刀を分捕られた。

この時、勝正の一撃で繁長の兜はこめかみから耳の下まで切り取られ、割れてしまったという。分捕った太刀は二尺五寸に磨上げられ、「右馬頭太刀」と呼ばれるようになる（『上杉将士書上』）。

その後、伏見城築城の折、本庄繁長は上杉家受け持ちの普請奉行として京都に上った。この際、工費を捻出するために「右馬頭太刀」を豊臣秀次に金百三十枚（大判十三枚）で譲渡し、工費に充てたという。刀剣鑑定の本阿弥光徳が次のように断定した。

「出来格好、正宗の作で天下第一なり！」

こうして「右馬頭太刀」は「本庄正宗」と呼ばれるようになる。秀次からこれを入手した秀吉は、朝鮮国泗川《サチョン》で活躍した島津義弘に与えようとしたが没し、慶長四年（一五九九）正月に五大老から義弘に手渡された。島津義弘は後にこれを徳川家康に献上し、やがて十男頼宣に譲られることになる。

寛文七年（一六六七）六月、頼宣が隠居する時に将軍徳川家綱に献上された（『徳川実紀』）。以後、「本庄正宗」は徳川将軍家の伝家の宝刀となり、三種の神器のような扱いを受け、代々家督継承の際に譲り渡す宝物となった。将軍家の刀剣管理台帳である『御腰物台帳』でも「御代々御譲」の筆頭に記載されている。

家康がこの「本庄正宗」を、将軍家代譲りの際に必ず世子に伝えるべしと言い残したともいうが、神格化の後に作られた話と見てよい。

本阿弥家の伝えによれば、この刀は江戸城大広間の上段に飾られる慣例であった。また、正月には四方に注連縄《しめなわ》を張って場を清め、本阿弥家の当主が麻裃《あさかみしも》姿でこの刀に始終付き添ったという。

明治維新後も、徳川宗家の家正が所蔵していた。だが太平洋戦争敗戦後、ＧＨＱの命令により本刀も警察に提出され、そのまま米軍に没収されて、現在でも所在不明となっている。

脇指　号「不動国行」　銘「国行」　鎌倉時代

〔刃長　五八・六〕

作者の来国行《らいくにゆき》は高麗太郎国吉の子で山城国西岡に住み、来派の実質的な開祖である。『享保名物帳』によれば、刀の表裏には連樋《つれび》があり、また、鎺元《はばきもと》の表に倶利伽羅、裏に不動明王の浮彫があって、呼び名の由来となった。

以下、複数の史料によって伝来を見てみよう。この名刀は足利将軍家代々の所有であったが、松永久秀が奪い取り、元亀四年（一五七三）正月に織田信長に献上された。本能寺の変の後、安土城に残されていたところを、明智光秀の家臣明智左馬助が奪い取って、琵琶湖対岸の坂本城（明智氏本拠）へ持ち帰る。やがて羽柴秀吉軍に攻められると、左馬助はこの刀を寄手の堀直政に託して自害した。

秀吉はこの「不動国行」を、大徳寺での信長の葬儀に掲げている。そして天正十一年（一五八三）、賤ヶ岳の戦いで勝利すると、徳川家康に贈った。こうして、この刀は徳川家代々の重宝となったのである。

明暦三年（一六五七）の大火で焼刃となったが、三代目康継によって再刃されたという。また、享保六年（一七二一）、八代将軍吉宗は筑前国福岡藩の名工・信国重包《のぶくにしげかね》を江戸の浜御殿に呼び寄せて、この「不動国行」と「若狭正宗」（一〇五頁参照）の写しを作刀させている。重包は山城信国の子孫であるが、この功績によって鎺下に葵一葉を刻むことを許されている。

これほどの由来を持つ刀であったが、現在その行方は知られていない。

短刀　銘「備州長船住長義　正平四年十二月日」　南北朝時代

〔刃長　二七・六〕　付　短刀拵

「正宗十哲」に数えられる名工長義《ながよし（ちょうぎ）》の作。家康の佩刀であったが現存しない。紀伊徳川家の売立目録である『静和園第二回展観目録』（一九三四）に載る。

六、家康の鉄砲

徳川家康は天下を取ると、南蛮鉄を使って越前康継に作刀させたことは前に述べた。それ以外に鉄砲作りにも用いていることはあまり知られていない。南蛮鉄は瓢箪《ひょうたん》型をした舶来品で決して良質ではなかったが、鉄の産出の少ない我が国においては珍重された。古墳時代にも我が国は百済《くだら》から鉄片を輸入していたくらいである。

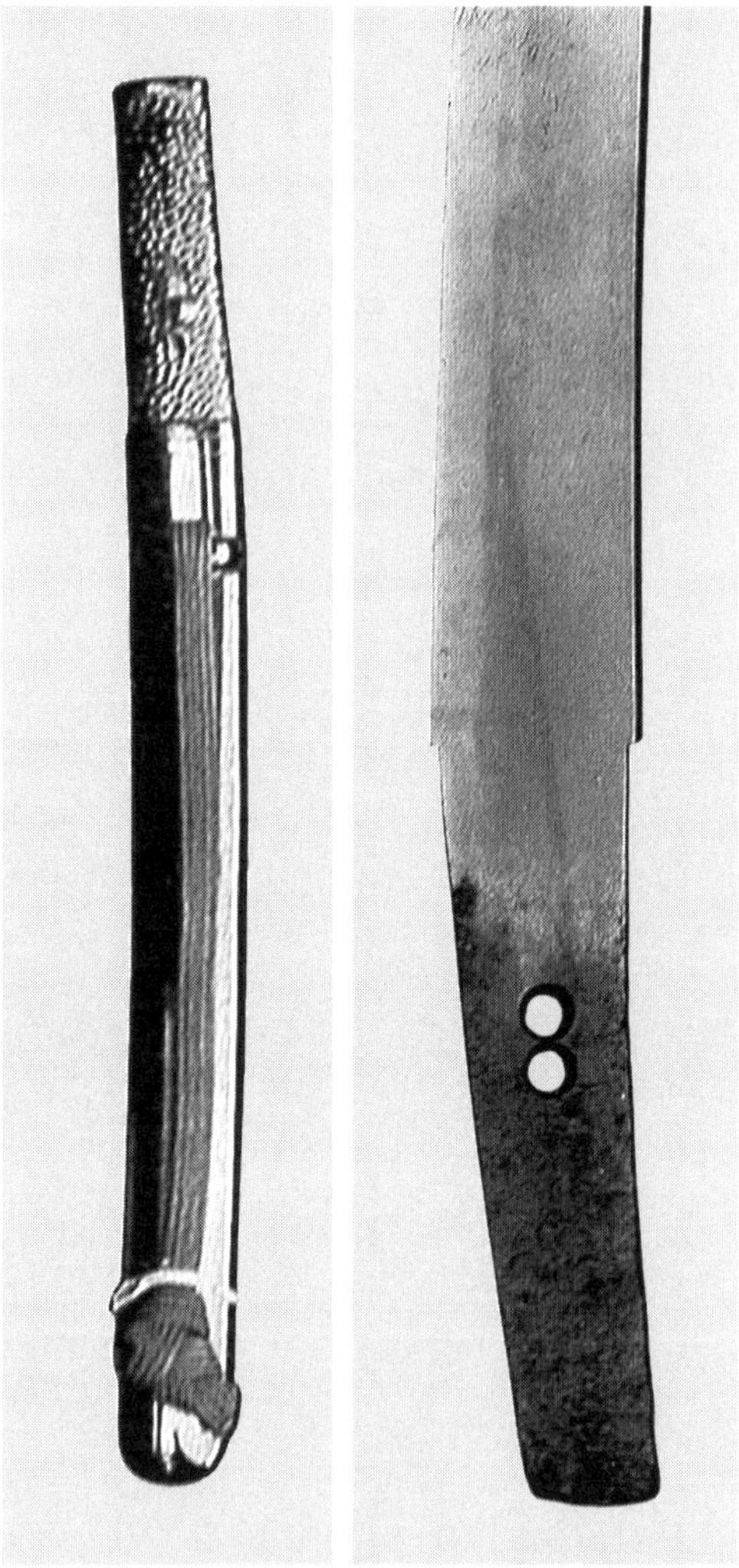

短刀 銘「備州長船住長義 正平四年十二月日」
『静和園第二回展観目録』より転載

重文 火縄銃 二挺（久能山東照宮博物館蔵） 江戸時代初期

（一）〔全長 一二〇・五 銃身長 八九・二 口径 一・二〕
銘「刃鉄筒三重張 慶長拾八年七月吉日 日本清堯（花押）」

（二）〔全長 一四〇・五 銃身長 一〇五・八 口径 一・二〕
銘「南盤（蛮）鋳宍粟鋳三重張 慶長拾七年十一月吉日 日本清堯（花押）」

付 三匁五分玉（二九個）・玉入（六口）・火薬入（二口）・火縄（二把）・間縄（胴乱入）一巻〈口絵参照〉

本品は家康所用と伝わるもので、南蛮鉄が使用されている。筒元の上面に丸に三葉葵紋が金象嵌さ

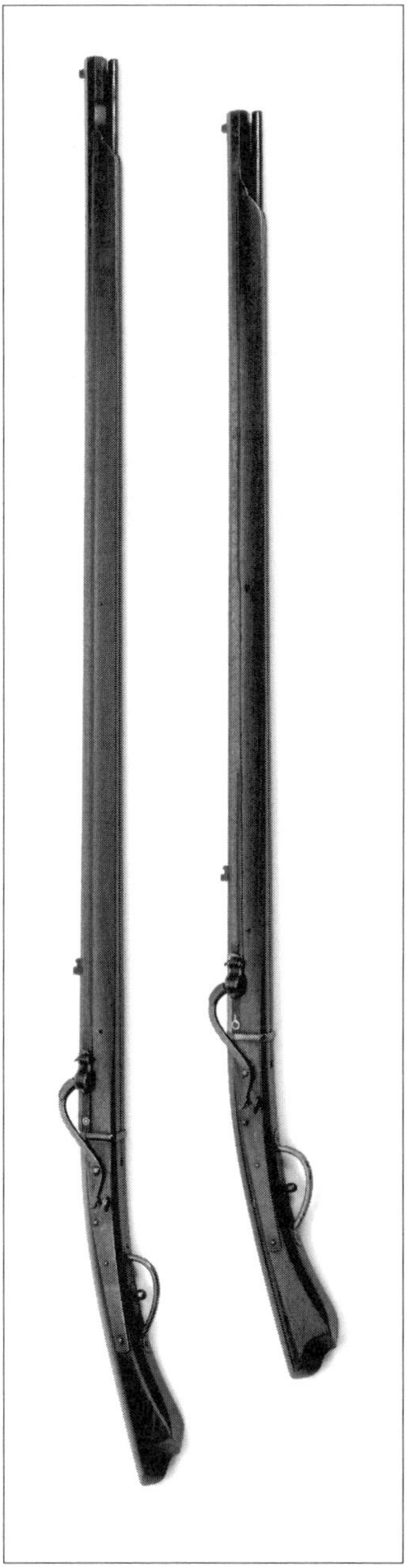

火縄銃 日本清堯作（久能山東照宮博物館蔵）

れている。

（一）の照門下には火縄文が金象嵌されている。刃鉄（鋼鉄材）を三重に重ねて鍛えた筒という。

（二）の照門下には花文が金象嵌されている。南蛮鉄と播磨産の宍粟《しそう》鉄を材料として、三重に重ねて鍛えた筒という。

家康は信長同様に早くから火縄銃に注目し、自ら鉄砲を見事に操り鳶《とび》を仕留めるなどの逸話を残している。また稲富流の稲富一夢を鉄砲の師としており、この鉄砲も稲富流の形態をとっている。

作者の清堯《きよたか》は野田善四郎といい、三河国出身である。後に江戸に出て鉄砲師・胝惣《あかがり》八郎に師事した。慶長十二年（一六〇七）、家康が駿河国駿府城に移った際、高齢の師匠に代わって、家康に従い駿府に赴いた。家康没後は秀忠から扶持を受けている。

繁慶の名で作刀にも従事しており、自作を本阿弥某に「正宗」と鑑定され、「正宗ごときに見られるとは無念！」と憤ったというエピソードが残されている。また、明治期の鑑定家本阿弥長識も、大久保一翁所蔵の繁慶を「正宗」と判じ、一翁から誤りを指摘されると、「正宗を模したものだから繁慶正宗だ」と負け惜しみを言ったと伝わる。

火縄銃　五挺（徳川ミュージアム蔵）　江戸時代初期

徳川家康所用。水戸徳川家に譲られ、伝来した。清堯作と伝え、三挺には清堯の銘がある。

火縄銃（徳川美術館蔵）　江戸時代初期

〔全長　一四六・〇〕　三匁五分筒　銘「完《(宍)》粟鋳鍛三重張　慶長拾六年十月吉日　日本清堯（花押）」

徳川家康所用。駿府御分物として九男・義直に伝えられた。

火縄銃　二挺　江戸時代初期

（一）〔全長　一四八・五〕　銘「完《(宍)》粟鋳鍛三重張　慶長拾六年十一月吉日　日本清堯（花押）」

（高松松平家歴史資料・香川県立ミュージアム蔵）〈口絵参照〉

（二）〔全長　一三一・九〕　銘「刃鉄重張　清堯（花押）」（高松松平家歴史資料・香川県立ミュージアム寄託）

二挺とも徳川家康所用の品。三代将軍家光が高松松平家の祖・松平頼重に与えたもの。

火縄銃　日本清堯作（高松松平家歴史資料・香川県立ミュージアム蔵）

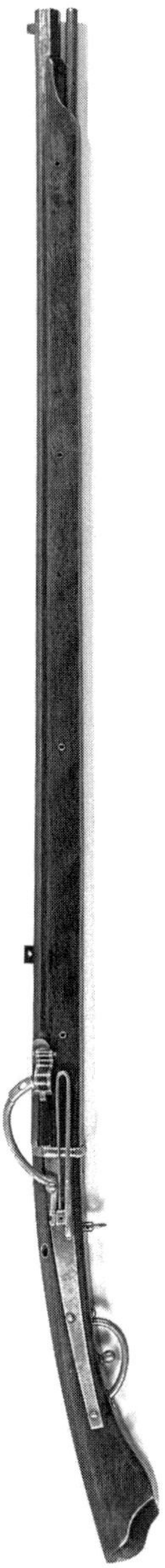

火縄銃（一之宮貫前神社蔵）江戸時代初期　銘「清堯　慶長十六年作」

貫前《ぬきさき》神社は群馬県富岡市にある。天正十九年（一五九一）、家康が同社に朱印状を出して百七十六石余を与えている。現在の本殿は寛永十二年（一六三五）に三代将軍家光が寄進したものである。本品は家康の所用品を家光が奉納したものか。

火縄銃（日御碕神社蔵）江戸時代初期
銘「清堯　慶長十七年作」

日御碕《ひのみさき》神社は島根県出雲市にある。現在の社殿は、将軍家光が寛永二十一年（一六四四）に寄進したもので、権現造りである。本品は家康の所用品を家光が奉納したものか。

火縄銃（住吉大社蔵）江戸時代初期
銘「野田善清堯　慶長十八年」

住吉大社は大阪府大阪市にある。天正年間（一五七三〜一五九二）に家康の渡河を助けて以来、摂津国田蓑島《たみののしま》の人々は徳川家康と深い縁があった。家康は漁業の傍ら田も作れと命じて、村名を田蓑から佃《つくだ》へと改めさせ、田蓑の名を残すため住吉神社の名を田蓑神社へと改めさせたという。

そして家康が関東へ移った時、佃の漁夫三十三人と田蓑神社の神職平岡権大夫好次が江戸へ下り、寛永年間には干潟《ひがた》を干拓して佃島とした。そして、そこに住吉神社の末社を分霊した。その縁から、家康所用の本品を秀忠か家光が、住吉神社の総本社である住吉大社に奉納したものと思われる。

芝辻砲（靖国神社遊就館蔵）　江戸時代初期

〔全長　三一三　口径　九・三　重さ　一・七トン〕

銘「慶長十六年摂州住芝辻理右衛門助延作（花押）三月吉日」

芝辻砲（靖国神社遊就館蔵）

豊後国のキリシタン大名・大友宗麟《そうりん》は、永禄元年（一五五八）にインド総督に大砲供与を要請している。そして、鉄砲に遅れること約十七年にして日本に渡った三門の大砲は、インドのゴアで鋳造されたブリーチローディング砲であった。中国名を「仏狼機《ふらんき》」という。宗麟は足利将軍と織田信長に一門ずつこれを贈っており、残る一門は「国崩し」と呼んで臼杵《うすき》城に配備した。なお、大砲を石火矢と呼ぶのは、玉がなくなった時、石で代用したからである。

文禄元年（一五九二）、秀吉は姫路の鋳物師・野里五郎衛門に大砲の試作を命じたが実現していない。文禄・慶長の役で朝鮮製の大砲が多くもたらされたが、国産化はできていない。打ち上げ花火の筒のような木製の大砲がせいぜいで、代わりに日本独特の「抱え大筒」が生まれた。十匁《もんめ》〜数百匁の玉を放つ太い火縄銃である。

慶長九年（一六〇四）、今度は家康が駿府で渡辺宗覚に大砲の製作を命じたがやはり失敗。同十四年、堺の鉄砲鍛冶・芝辻理右衛門が家康の命を受け、二年がかりで作り上げたのがこの大砲である。台座はなく照準は土嚢《どのう》に載せて合わせたのであろう。先込め式で一貫百五十匁（五・五キロ）の大玉を放つとはいえ、鍛造なので砲身に比べて口径はかなり小さい。大坂冬の陣で使用されたという。芝辻家は幕末まで火縄銃と抱え大筒を作り続けた。

国産の大砲が鋳造されるのは、幕末に溶鉱炉ができてからである。

第三章　秀忠の甲冑と刀剣

徳川家康に比べて息子秀忠は、人物として低く評価されがちで、江戸幕府二代将軍でありながら遺物は意外に少ない。ここでは、そんな秀忠の甲冑と刀剣をいくつか紹介したい。ただし、明らかに時代の合わない代物は紹介していない。少数ながら残された甲冑は、実戦期のものとは思えないのに、どれも限りなく地味である。刀剣類の遺物はそれなりに残っているが、民間に売却され流出してしまったものもある。なお、家康・秀忠の二代にわたって所有された刀剣も多いので、本章では、秀忠から奉納・贈与、あるいは下賜された刀剣を紹介したい。

世間からあまり関心を寄せられることのない二代目であるが、もっと評価されるべきであろう。

一、秀忠の甲冑

潤塗茶糸威具足〈久能山東照宮博物館蔵〉江戸時代初期〈口絵参照〉

「歯朶《しだ》具足」と呼ばれるものの一領である。寛延三年（一七五〇）の『御代々御召御具足并御小道具帳』

に、唯一徳川秀忠召料《めしりょう》と記載されている。頭形《ずなり》兜・壺袖・脇引・踏込《ふみこみ》が付属していたが今はない。面具（列勢頬《れっせいぼお》）と喉輪《のどわ》、籠手《こて》、脛当《すねあて》（家地と立挙を欠く）ばかりである。

胴の仕様は潤塗《うるみぬり》切付伊予札の二枚胴で、七間の草摺《くさずり》は鉄と革札を不規則に交えてある。久能山東照宮に所蔵されている徳川宗家歴代の甲冑は、一部を除いて徳川慶喜が明治期に奉納したものである。

余談になるが彦根藩主の井伊家は、江戸時代半ばから将軍の子息が元服する度に、祝いとして「紅糸威具足」を将軍家に献上していた。九代家重以降の六領が現存し、久能山東照宮が所蔵している。いずれも同形で岩井与左衛門の作。小形ながら革と鉄の本小札を使用した高級な二枚胴である。兜は

潤塗茶糸威具足
（久能山東照宮博物館蔵）

五十二間総覆輪、輪貫と鍬形《くわがた》の前立が付く。

金箔押切付札紫糸威喉輪（久能山東照宮博物館蔵）江戸時代初期〈口絵参照〉

金箔押切付札紫糸威喉輪
（久能山東照宮博物館蔵）
『葵 徳川三代展』(NHK)より転載

金箔押切付札二段紫糸威の喉輪である。蝙蝠《こうもり》付《づけ》は藻獅子韋《もじしがわ》。菱縫は異例の黒糸。二段目に鍍金《めっき》魚子地《ななこじ》。三葉葵紋裾金物三点を打つ。

月形は雁木篠《がんぎしの》状の刻みを入れ、先端部を蝶番《ちょうつがい》繋ぎとし、魚子地唐草彫鍍金覆輪を懸けた入念の作域を示す。『御代々御召御具足并御小道具帳』により、秀忠が奈良の甲冑師、岩井与左衛門に製作させた喉輪であることが知られる。

勝色糸威縫延二枚胴具足　椎実形兜付（久能山東照宮博物館蔵）

江戸時代初期

「縹糸威《はなだいとおどし》具足」とも呼ぶ。兜は丸みを帯びた黒漆塗の椎実形《しいのみなり》、桃形状に正中に鎬《しのぎ》がある。二本角本があるが立物は欠損している。棚眉庇《たなまびさし》は黒漆塗、内眉庇は朱漆塗である。鞠は黒漆塗切付札で五段、毛引威。吹返は無い。面具は黒漆塗の目の下頬、垂《すが(たれ)》は黒漆塗切付札で五段。毛引威。別に同じような作りの毛引威の喉輪が付く。

胴は黒漆塗本小札、毛引威。胸板は雁木。鞐《こはぜ》を杏葉《ぎょうよう》で隠す。脇当は黒漆塗本小札で毛引威。草摺も黒漆塗本小札六間五段で毛引威。黒漆塗革本小札の古風な大袖が付き、毛引威である。籠手は南蛮鎖で包まれ、篠臑当も隙間は南蛮鎖である。立挙は篠を延長した形で膝を守っていて珍しい構造になっている。

佩楯は黒漆塗本小札で毛引威。これを威佩楯という。室町時代に栄え戦国時代に中絶していたが慶長年間に復活したと言われている。威毛は全て勝色《かちいろ》。この色は縹色ともいうが、要するに青のことである。

茶糸威二枚胴具足　十六間筋兜付（増上寺蔵）江戸時代初期

東京都港区芝公園内にある増上寺は、室町時代に浄土宗第八祖・酉誉聖聡《ゆうよしょうそう》が開基したという。天正十八年（一五九〇）、徳川家康の関東入封によって現在の地が与えられ、寛永寺とともに徳川家の菩提寺《ぼだいじ》となった。歴代将軍のうち秀忠・家宣・家継・家重・家慶・家茂の墓がある。日光東照宮に負けない豪華さであったというが、昭和二十年（一九四五）の東京大空襲によって建物のほとんどが焼失した。

その秀忠霊廟《れいびょう》に奉納されていたのがこの甲冑である。兜は黒漆塗の十六間筋兜で質素であるが、それなりの八幡座は付いている。鞠は雁木状で一段だけを残し、覆輪のみ付いた吹返がある。双角本《ならび》がある が前立は紛失。胴は久能山東照宮の「潤塗茶糸威具足」と共通するものがあるが、佩楯と脛当を欠く（袖と籠手は残る）。具足櫃《ぐそくびつ》は二函《はこ》で兜と胴を別々に納める。二函とも意匠は同じで、天板と側面に大きく三葉葵紋を蒔絵しているが、その形状は息子の家光以降のものと思われる。

金小札黒糸腰赤白赤糸威丸胴具足　十二間総覆輪筋兜付

〈コペンハーゲン国立博物館蔵〉　江戸時代初期　〈口絵参照〉

金小札黒糸腰赤白赤糸威丸胴具足
十二間総覆輪筋兜付
（コペンハーゲン国立博物館蔵）

徳川秀忠がイギリス国王ジェームズ一世に贈った甲冑で、その後デンマーク王国のクリスチャン四世（在位一五八八～一六四八）に譲られたという。当時、日本の甲冑は珍しがられて珍重されたらしい。兜は阿古陀形《あこだなり》十二間の総覆輪兜で八幡座あり。眉庇《まびさし》には鍍金された三鍬形の台が付くが、曲がってしまった中央の剣形のみで、左右の鍬形を欠く。切付小札三段の笠鞠《かさじころ》は毛引威《けびきおどし》である。金具廻りは絵韋《えがわ》はなく、黒漆の上に古風な尾長三巴紋が蒔絵されている。

二、秀忠の刀剣

国宝 太刀　銘「真恒」（久能山東照宮博物館蔵）平安時代〈口絵参照〉

〔刃長　八九・八　反　三・八〕　付金梨子地桐紋蒔絵鞘・赤銅魚子地桐紋散総金具糸巻太刀拵

久能山東照宮の創建に際して、元和三年（一六一七）、秀忠が同社に奉納した太刀である。低めの庵棟で腰反が高く踏張が強い鎬造《しのぎづくり》。重ね厚く、身幅が広く、鋒《きっさき》は猪首《いくび》で豪壮。茎《なかご》は生《う》ぶのままで、国宝太刀の横綱と評されている。

作者の真恒《さねつね》は、平安時代後期の古備前系の刀工。この作者の遺作はすこぶる少ない。本刀はその代表作で、同じく古備前の刀工包平《かねひら》の太刀「大包平」と並び称されている。また「ソハヤノツルキ」（九〇頁参照）とともに、久能山東照宮が所蔵する宝刀の双璧《そうへき》をなす。

太刀　銘「真恒」（久能山東照宮博物館蔵）『大徳川展』（大徳川展主催事務局）より転載

名物 国宝 太刀 号「大典太」銘「光世作」（前田育徳会蔵） 平安時代

〔刃長 六六・一 反 二・七〕 付鬼丸拵

この太刀は足利将軍家に伝来し、秀吉の手に渡った。その後、徳川家康に贈られたという。『前田家文書』によると、加賀国前田家三代藩主である利常が、長女鶴亀（秀忠養女）の病を治癒する目的で秀忠から借用し、その後、前田家の家宝となったという。『享保名物帳』では宇喜多秀家に嫁いでいた利家の四女・豪姫の治癒祈願のために秀吉から借りて拝領したとあるが、同書は黒田家の「圧切《へしきり》」の説明といい信用し難い俗説もある。

天下五剣のうちの一振といわれる。筑後の刀工・典太光世《てんたみつよ》の作。茎から刀身の五分の一ほどまで鎬筋に沿って腰樋《こしび》と呼ばれる様式の樋を掻き、同時代の太刀と比べて非常に身幅が広く刀身が短い。

江戸千住の小塚原《こづかっぱら》刑場で行われた試し切りにおいて、幕府の御様《おためし》御用首斬り役山田浅右衛門吉睦（一七六七〜一八二三）が大典太で試し切りを行った際、積み重ねた死体の二人の胴体を切断し三人目の背骨で止まったという。

拵《こしらえ》は茶色皺革《しぼかわ》包に萌黄糸巻を施した鬼丸拵で、前田利常が所有していた際に、本阿弥光甫に命じて作らせたもの。

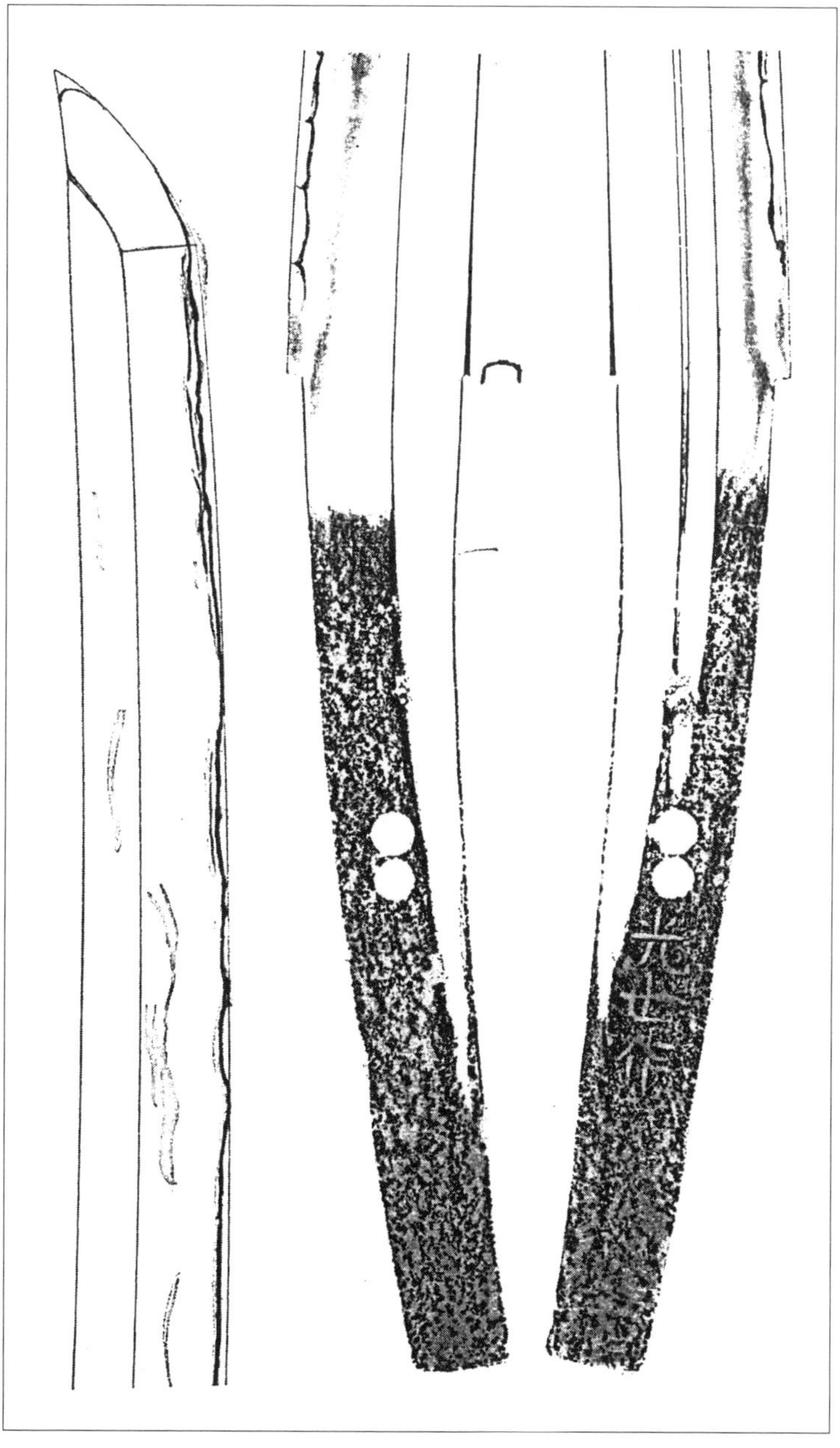

太刀 号「大典太」『図説刀剣名物帳』より転載

名物 **国宝** 刀　号「観世正宗」　無銘正宗（東京国立博物館蔵）　鎌倉時代

〔刃長　六四・六〕

作者の正宗は五郎入道と称し、相州伝といわれる沸《にえ》の激しい乱刃の作風を完成させたといわれる名工である。

観世《かんぜ》正宗の号は観世黒雪《こくせつ》の所持にちなむ。黒雪から徳川家康が召し上げ、徳川秀忠の代に息女千姫（豊臣秀頼室、後に本多忠刻室）の輿入《こしい》れに際して本多家に持参。後に徳川将軍家に戻り、徳川慶喜が有《あり》栖川宮熾仁《すがわのみやたるひと》親王に献上した。有栖川宮家の財産を引き継いだ高松宮家の所有になった後、売却されて現所蔵先に収まった。

重文 刀　号「五月雨江」　無銘　郷義弘（徳川美術館蔵）　南北朝時代

〔刃長　七〇・九〕

太刀を大きく磨上げたものである。来歴は本阿弥光琢《こうたく》が掘り出し、本阿弥光瑳《こうさ》が研ぎ直し、本阿弥光室が郷（江《ごう》）義弘に極めたという。号の由来は五月雨《さみだれ》の季節に「郷義弘」と極められたからとも、また五月雨の季節にこの刀が打たれ、まるで霧のように美しいことからともいう。また、本阿弥光甫が手入れのために刀身に油を塗ったのが過ぎて、油染みを起こしたため、いつ見ても霞《かすみ》がかった刀に見

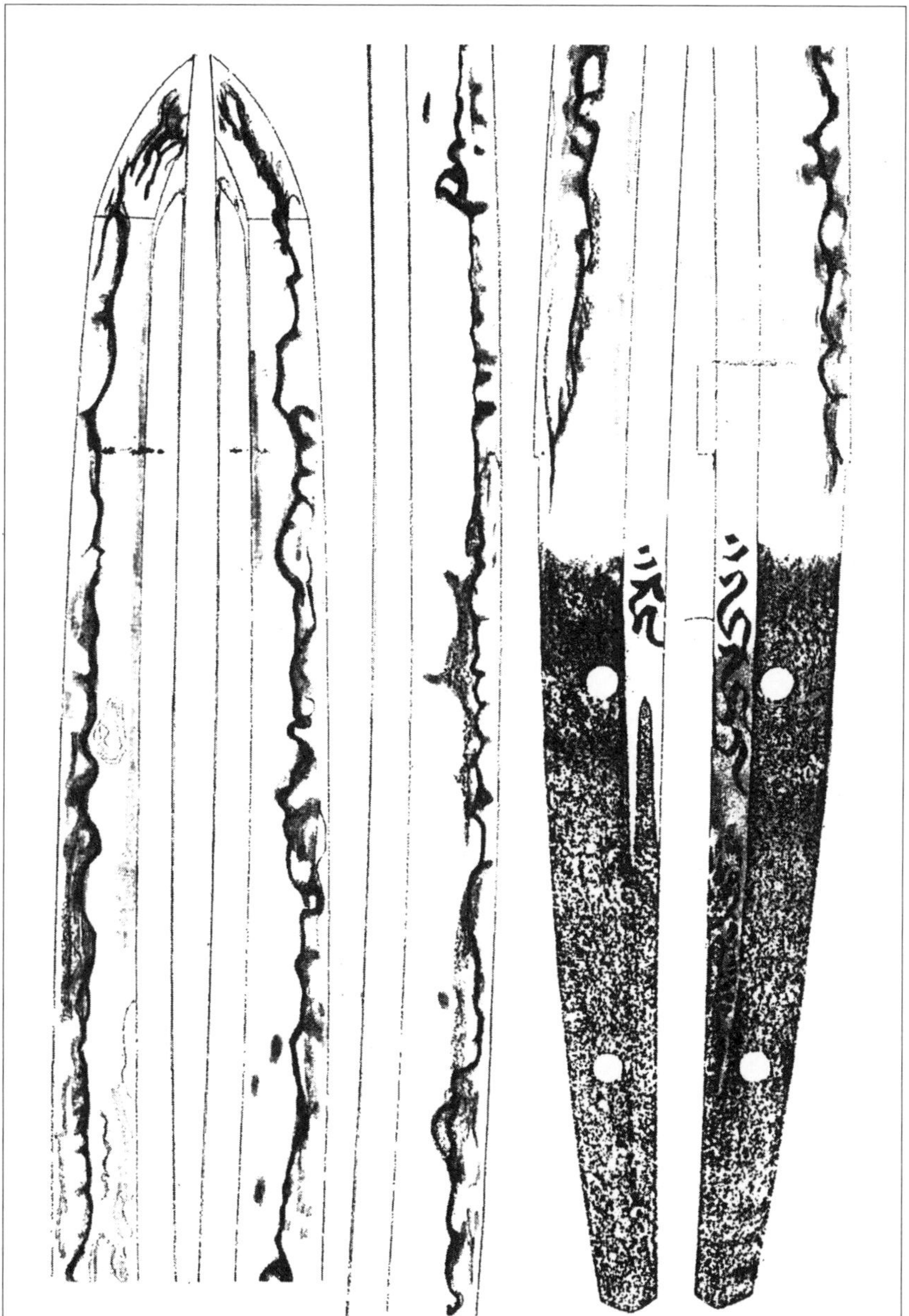

刀 号「観世正宗」『図説刀剣名物帳』より転載

えたからともいう。

筑前国五十二万石の領主・黒田長政がこの刀を買い求め、元和九年(一六二三)にその遺物として徳

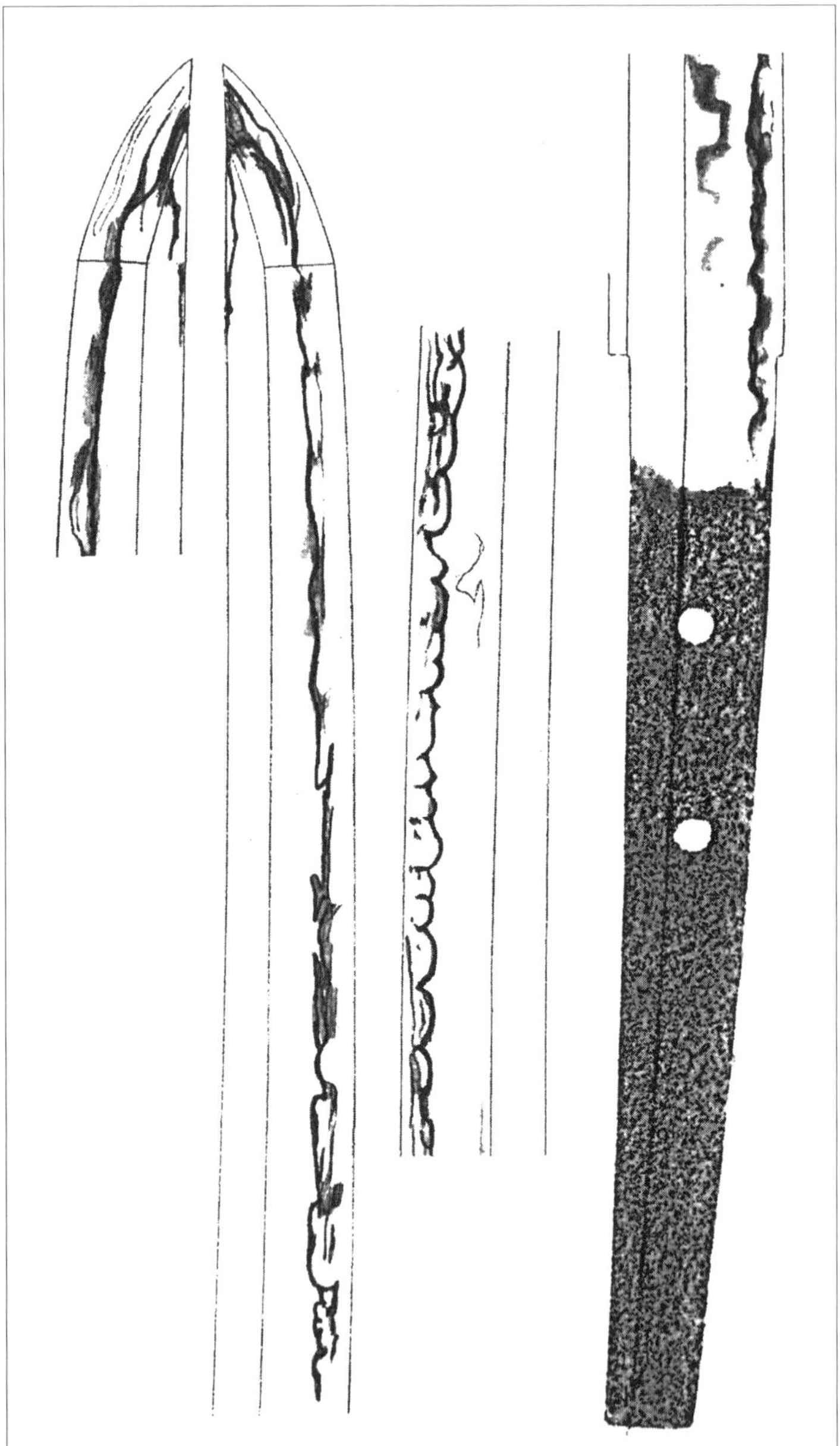

刀 号「五月雨江」『図説刀剣名物帳』より転載

川家に献上された。六年後、徳川秀忠より加賀国百万石の藩主前田光高へ与えられている。寛永十年（一六三三）、三代将軍家光の養女（水戸頼房の四女大姫）が光高に嫁いだ際、幕府に返上された。その後、家光の娘千代姫が尾張徳川家に輿入れする際、引き出物として同家に下賜され、後に再び将軍家に戻って大切にされ続けた。『享保名物帳』に御物、代二百五十枚（評価額。金二五〇枚相当の価値があることをいう）と記されている。

昭和十九年（一九四四）、宗家十七代の徳川家正から徳川美術館に譲られて、今日に至っている。

名物 **重文** 短刀　号「不動正宗」銘「正宗」（徳川美術館蔵）　鎌倉時代

〔刃長　二四・八〕

数少ない正真正銘の正宗の在銘刀の一振。不動明王の彫物があることから、「不動正宗」と称される。もともとは本阿弥光二（光悦の父）の所持品。彫刻上手の医者・野間宗安に頼んで不動明王を入れたという。豊臣秀次がそれを五百貫で購入して家康に贈り、家康が後に前田利家に譲った。

慶長十九年（一六一四）、前田利長の遺物として再び徳川家康の手に戻った。そして寛永二年（一六二五）、二代将軍秀忠が尾張藩邸の義直を訪ねた際に下賜されたものである。

太刀　銘「景光」（徳川美術館蔵）　南北朝時代

〔刃長　七七・三〕　付梨子地水車紋散蒔絵三葉葵紋金具付糸巻拵

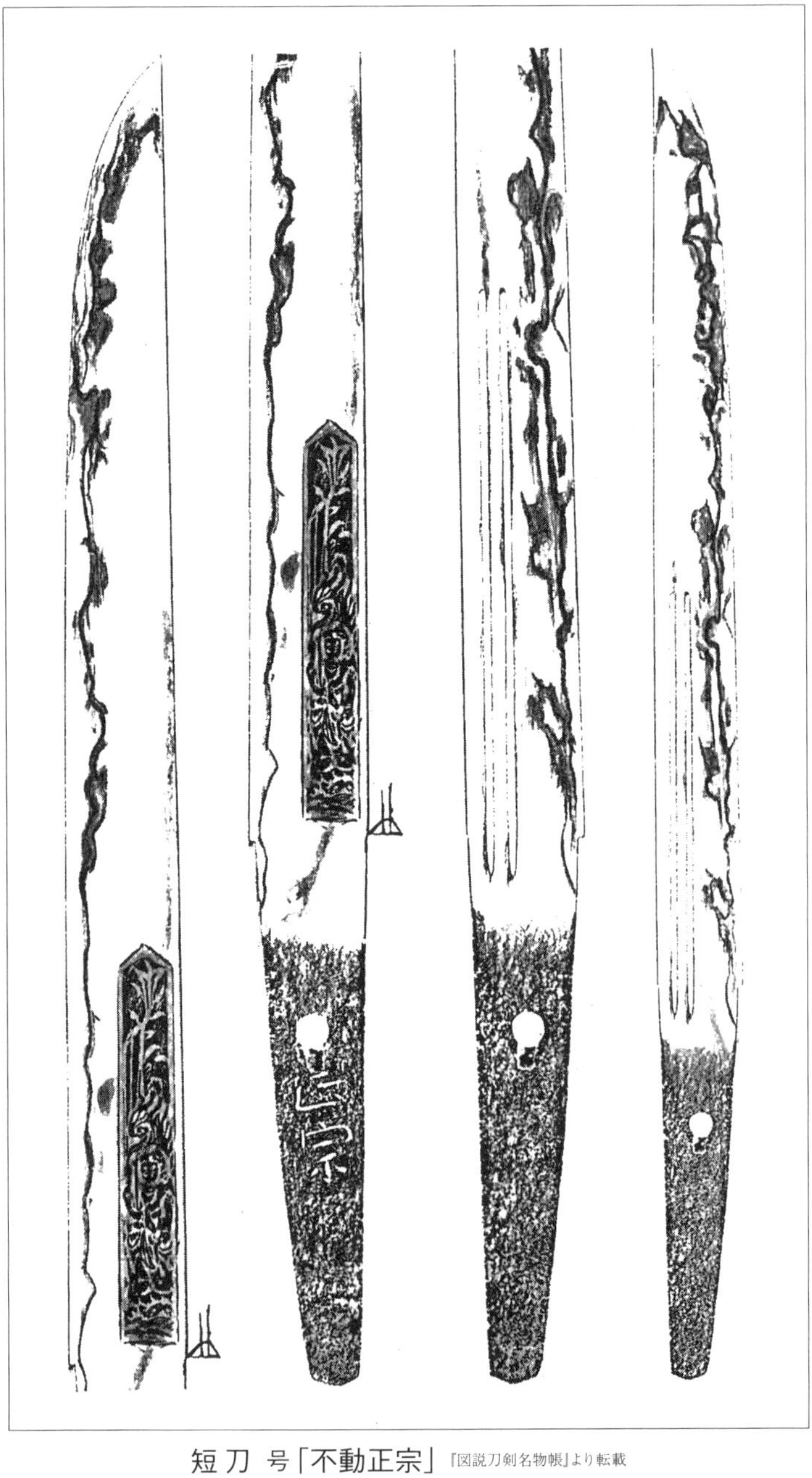

短刀　号「不動正宗」『図説刀剣名物帳』より転載

景光《かげみつ》は加賀国の刀工。本造り庵棟、板目肌。刃文はのたれに小互の目《ぐめ》。箱書に土井利勝が徳川秀忠より拝領し、土井家の重宝となった由が書かれている。利勝は徳川家譜代の臣で、家康が久能山に葬られる際は事務を総括した。また、秀忠・家光政権下の老中・大老を務めて絶大な権勢を誇り、下総国古河で十六万石を領した。

江戸時代の拵には土井家の紋（水車）が蒔絵されているが、金具には三葉葵紋が施されていて伝来を裏付けている。土井家は一度領地替えがあったものの、同地で八万石の大名として明治を迎えている。

太刀　銘「吉平」　鎌倉時代

〔刃長 七三・六　反 二・九〕　付金無垢葵紋総金具平目梨子地葵紋蒔絵鞘

寛永元年（一六二四）秀忠御成の際に、紀伊（徳川）頼宣が拝領した太刀。金無垢葵紋総金具で葵紋の蒔絵がほどこされた、贅沢な拵がつく。『静和園蔵品展観目録』（紀伊徳川家の売立目録、一九三三）所載。

紀伊徳川家歴代藩主の墓所がある長保寺（和歌山県海南市）の記録によると、三代綱教《つなのり》の遺品として備前吉平の太刀が同寺に奉納されたが、現物は所在しないという。もし本刀がこれに該当するならば、奉納後何らかの事情で紀伊家に戻され、売立にかけられたものと思われる。

脇指 銘「信国」（佐野美術館蔵） 室町時代
〔刃長 三二・一 反 〇・一〕

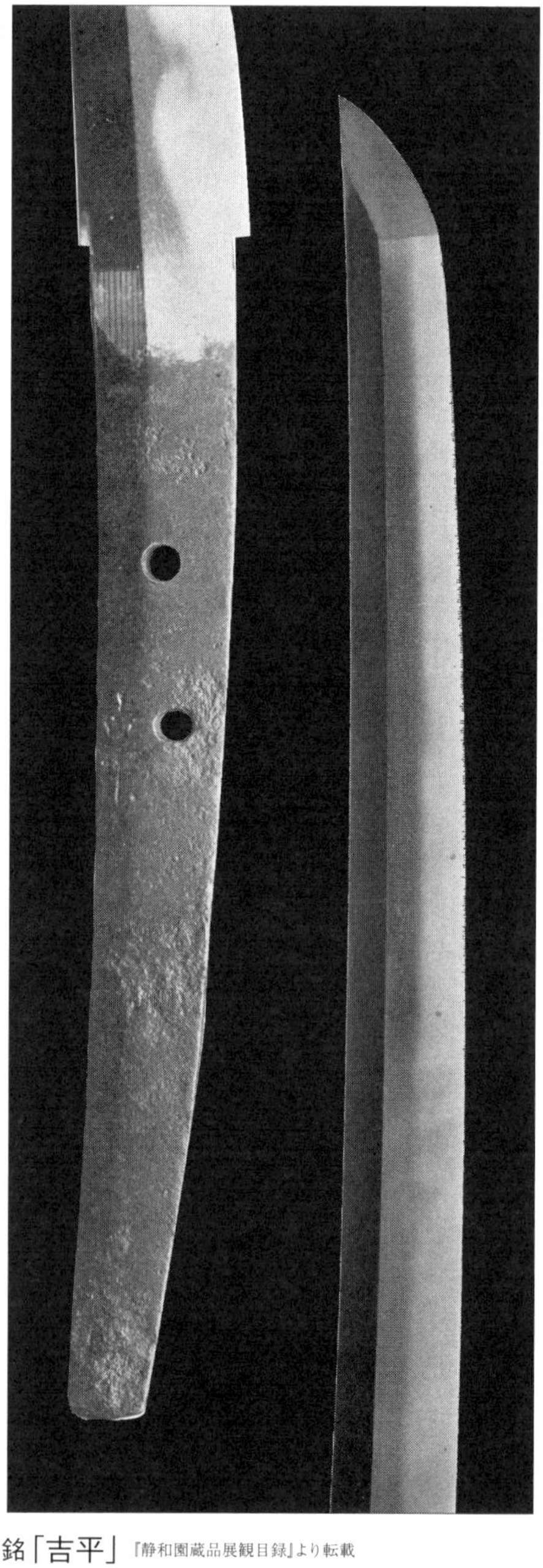

太刀 銘「吉平」『静和園蔵品展観目録』より転載

信国《のぶくに》は南北朝時代の刀工で、京五条坊堀川に住し、三代続いた。その居住地から京信国とか山城信国と呼ばれる。身幅は広く、重ねは一一ミリ。相州伝を残す作風で、了戒ふうの直刃と正宗ふうの沸出来、刃文はのたれ・金筋・砂流し。樋をくり抜いて倶利伽羅の見事な透かし彫が施されている。銘の字体から応仁信国、三代目のものと鑑定されている。

はじめは武田信玄の指料であったが、息子勝頼が天目山で滅んで徳川秀忠の所有となった。その後、秀忠は武田家の遺臣土屋惣三（昌恒）の息子忠直にこれを与え、徳川家の旗本となった同家に伝来したものである。

付章　御三家の甲冑の特色

徳川御三家は、家康から譲与された品の他にも、それぞれに特色ある甲冑を持ち伝えてきた。

水戸藩の歴代当主の甲冑は、明珍系の兜に、本小札を金箔押にした華麗な外観、全体的に復古がかった作りのものが多い。ただし、二代目の光圀《みつくに》所用の品や幕末ごろのものはかなり地味である。

尾張藩の甲冑は銀箔押が多いが、華やかさでは水戸藩に負けないものがある。紀州藩は水戸藩同様に白檀塗《びゃくだんぬり》で復古がかったものや斬新なデザインを好んだ。中でもミネアポリス美術館所蔵のものは、袖が扇状に広がっていて曲線が美しい。

白糸威銀箔押二枚胴具足　唐冠形兜付〈東京国立博物館蔵〉江戸時代〈口絵参照〉

この甲冑は尾張徳川家の初代・尾張〈徳川〉義直が大坂の陣に携帯したと伝えるものである。十四代尾張藩主・徳川慶勝の孫に当たる徳川義寛から、帝室博物館〈現東京国立博物館〉に寄贈された。

兜は張懸で中国の通天冠《つうてんかん》〈冠の一種〉を表している。唐冠形《とうかんなり》というと烏紗帽《うさぼう》〈同前〉を象るのが一般的だが、江戸期に入り中国の文物が盛んに移入された結果、こうした兜が作られたのだろう。前立はなびいた二枚の巻紙で、説法の道具「如意」を示す。眉庇《まびさし》には正中の線とクッキリとした眉が打ち出されている。兜全体は黒漆塗。𩊱《しころ》は吹返の付いた鉄板五段の毛引威《けびきおどし》だが、糸は紛失している。黒糸威であったという。面具は欠く。

銀箔押の胴は一文字頭札を白糸の素懸威《すがけおどし》としている。背中には白の総角《あげまき》が飾りとして付いている。大振りで蝶番札《ちょうつがいざね》という異色の作りである。盛上小札の小鰭《こびれ》と亀甲金の襟廻《えりまわ》りが付く。二枚胴と呼ばずに三十数枚胴とでも呼ぶべきか。同じような蝶番だらけの胴は、靖国神社遊就館にもやや時代の古いものが現存している。

袖は黒漆塗、切付盛上札で白糸を毛引威にしている。草摺《くさずり》は盛上札で十一間五段下り、裾板に熊毛を植えている。また、胸部と草摺裾板には銀の魚子地《ななこじ》に葵紋または桐紋の金具が施されている。籠手《こて》と脛当《すねあて》は銀箔押、佩楯《はいだて》は黒漆だが、全て八重鎖。いたって入念な作といえる。

金小札緋威二枚胴具足　竜頭鍬形前立六十二間総覆輪筋兜付

〈徳川ミュージアム蔵〉江戸時代〈兜鉢は戦国時代〉〈口絵参照〉

この甲冑は「代々様御譲緋威具足」、すなわち家康御譲品の具足と伝えられている。

兜は黒漆塗で六十二間の総覆輪筋兜。八幡座あり。前正中に「神武不殺」の文字が金象嵌《きんぞうがん》され、鉢裏に「享禄四年辛卯二月吉日明珍信家〈花押〉」の銘がある。この人物は関東甲冑師の最高峰のようにいわれていたが、最近の研究では実在が怪しまれている。

江戸時代になってから上方から来た職人が、上野国で精巧な筋兜を作っていた人物らを先祖に組み込んだ、明珍家の偽系図を作り、派手に宣伝して利用したのである。そして出来のいい古鉢を入手すると、「信家」の銘を入れて大名たちに高く売りつけた。

これもその一例だが、良い兜鉢であることには変わりない。鍬形《くわがた》の中央には丸に三葉葵紋と波模様が彫刻されている。中心の払立には立体的な青竜の彫刻がある。眉庇は波模様の蒔絵《まきえ》で彫刻の入った覆輪が付く。吹返も同様の蒔絵でやや上部に丸に三葉葵紋の金具が付く。𩊱は金箔押切付小札、緋糸の毛引威である。

面具は目の下頬、赤い唇があって真っ白な髭《ひげ》が上下に植えられている。垂《すが(たれ)》は金箔押小札で緋糸の毛引威である。似た作りの喉輪《のどわ》も付属する。

胴は金箔押の小札で二枚胴を緋糸で毛引威している。八双金物あり。胸板・脇板も小札に合わせた細かい雁木《がんぎ》で、丸に三葉葵紋の金具が散りばめられている。采配《さいはい》付の鐶《かん》が左右にあって、赤糸の房で装飾されている。こうした作りは元禄（一六八八～一七〇四）以降の作である。

また、胴裾の前後には、雪下胴のように二つずつ穴が開いている。これは雪下系の鎧が重いため、着用の際に紐を通し、上から被せるためのものである。さらに、非常に幅広な鳩尾板《きゅうびのいた》（絵韋《えがわ》貼で、中央の丸金具には波模様の蒔絵）と栴檀板《せんだんのいた》（裾の両端には模様の入った金具飾りあり）がとても目立っている。これは水戸藩の御家流として継承されている。

さらに、揺るぎの糸を四段の亀甲金を入れた幅広帯で隠している。こうした企画外れの技法は小笠原流の影響を感じる。

草摺は七間五段で金箔押小札を緋糸で毛引威している。裾の両端には模様の入った金具飾りもある。

袖は大・中・小三種が選べるようになっており、金箔押小札を緋糸で毛引威している。また、冠板には絵韋が貼られている。

籠手は三本筒で梨子地《なしじ》に電竜文の蒔絵が施されている。さらに、手甲には丸に三葉葵紋などが蒔絵され、贅沢極まる作りである。

佩楯は細かい伊予札を金箔押にして緋糸で家地に止め、裾の両端には模様の入った金具飾りもある。脛当も三枚筒で梨子地に雲と鯱《しゃち》の蒔絵が施されている。全体の美的バランスからであろうか、立挙は十王頭で、亀甲金を縫い込んだ質素な作りのものを、菱縫《ひしぬい》で繋いでいる。古式の毛靴付。さらに、この甲冑には軍扇と薬入も付属している。

水戸家九代の斉昭《なりあき》（一八〇〇～一八六〇）は、明珍派の甲冑師を召し抱えて、古甲冑の収集と研究をしたという。この甲冑はその際に補修され、装束が新調されている。

金小札緋威二枚胴具足　鍬形前立大円山十八間筋兜付（徳川ミュージアム蔵）

江戸時代〈口絵参照〉

この甲冑も「代々様御譲品」として、家康の御譲品と伝えられている。小振りの具足である。水戸徳川家墓所瑞龍山（茨城県常陸太田市）の宝庫に収められていた。

兜は黒漆塗、大円山十八間の筋鉢で、八幡座あり。眉庇は黒漆の叩き塗り。上から金泥が塗ってあり、凸《とつ》部が黒くなっている。

鞠は金箔押の切付札四段を緋糸で毛引威している。吹返は後方に思いきり捻ってあって特徴的。面具は黒漆塗の目の下頬、朱の上唇があり、銀鍍金《ぎんめっき》の歯が植えてあって上下に白髭を蓄えている。垂は金箔押の切付三段を緋糸で毛引威してある。

胴は金箔押の小札を緋威《ひおどし》にした二枚胴。金具廻りは眉庇同様の塗りになっている。胸元に丸に三葉葵紋の金具が三つ止めてある。采配付の鐶が左右にあって、赤糸の房で装飾されている。妙な所に八双金物がある。

草摺は金箔押の革小札を緋威にしたもので、七間五段下がりである。籠手は細かい筒袖で、質素ながら手甲ともども金箔で高級感を出している。

袖は大・中二種があり、金箔押の革小札を緋威にしたものである。佩楯は細かい伊予札を金箔押にして、緋糸で家地に止めたもの。脛当は黒漆塗の三本筒。立挙は十王頭で亀甲金を縫い込んだものを、菱縫で繋いでいる。

なお、この甲冑には「日の丸軍扇」が付属している。水戸家九代の斉昭が明珍派の甲冑師に補修を命じ、装束が新調されている。

この甲冑は小振りなため、家康が少年期に使用していたものだというが、その可能性は低い。

本作と前項の「金小札緋威二枚胴具足」の二領に似た「金小札緋威童具足」というものが、同家に伝来している。水戸家三代綱条《つなえだ》(一六五六〜一七一八)が、五男金松丸(早世)のために作らせた童具足である。これら三領は同一甲冑師の作とも思われる。

金小札緋威二枚胴具足　鍬形前立総覆輪筋兜付　江戸時代

これは紀州徳川家の売立目録に掲載されている甲冑である。明治から昭和にかけて、大名家は華族として残ったわけであるが、その面目を保つために、伝来の家宝をこっそり売りさばかなくてはならなかった。

兜は黒漆塗の総覆輪筋兜。八幡座あり。鞠は金箔押切付小札、緋糸の毛引威である。特色は筑前国黒田家御家流の異制吹返が付いている点である。黒田長政の甲冑師・春田七兵衛の四代目は、大坂にいた本家の甲冑師春田九兵衛に学び直しているので、その時期にたまたま紀州徳川家から依頼があり、

金小札緋威二枚胴具足
鍬形前立総覆輪筋兜付
『静和園第二回展観目録』所載

師匠より任されたのであろうか。

面具は目の下頬、髭が口の上下に植えられている。垂は金箔押小札で緋糸の毛引威である。

胴は金箔押の小札二枚胴を緋糸で毛引威している。八双金物あり。胸板・脇板にも丸に三葉葵紋の金具が散りばめられている。

また、胴には非常に幅広の鳩尾板と栴檀板があり、とても目立っている。草摺は七間五段で金箔押小札を緋糸で毛引威している。袖は大袖で金箔押小札を緋糸で毛引威している。また、冠板には絵韋が貼られている。

籠手は三本筒で蒔絵が施されている。さらに、手甲には丸に三葉葵紋などが蒔絵され、高級感がある。佩楯は細かい伊予札を緋糸で家地に止めている。脛当も十王頭三枚筒で蒔絵が施されている。古式の毛靴付。

金小札白紺糸威具足　倶利伽羅竜頭鉄錆地塗十六間筋兜付

（江戸東京博物館蔵）江戸時代

この甲冑は紀州徳川家の二代目・光貞のものといわれている。鉄錆地の十六間筋兜は地味だが、葵紋の金具の付いた大きな吹返と笠𩊱、鍍金された大鍬形、金泥塗の倶利伽羅《くりから》竜王前立が豪華である。

面具は目の下頬、鍍金の歯があり真っ白な髭が上下に植えられており、喉輪も付属している。

胴は胸に栴檀板、鳩尾板を付け、大袖も復古調。総毛引威で垂・袖・胴・栴檀板・草摺・佩楯は斜めに威毛の色を変えた大胆なデザインである。籠手は三本筒で、脛当も十王頭の三枚筒、白檀塗で赤く光り輝いている。

なお、この甲冑には采配や鎧下着などが多数付属している。

紀州藩の歴代当主の甲冑はほとんどが民間に売却されているが、そのうちの一領がニューヨークの競売で六十万ドル以上の値がついて、ミネアポリス美術館に納まったのは記憶に新しい。

金小札白紺糸威具足
倶利伽羅竜頭鉄錆地塗十六間筋兜付
『静和園第二回展観目録』所載

付録「駿府御分物刀剣元帳」

この資料は、徳川家康が元和二年（一六一六）に没した際に形見分けされた刀剣を記録したものであり、「上々の御腰物帳」と「闕所《けっしょ》の刀脇指帳」からなる。闕所とは、財産没収処分およびそれによって没収された財産を指す。贈与先については次の通りである。尾張…尾張（徳川）義直。駿河…紀伊（徳川）頼宣（当時は駿府城にいた）。水戸…水戸（徳川）頼房。なお、本項は徳川美術館編『駿府御分物刀剣と戦国武将画像』所載の翻刻をもとに編集部が作成した。

上々の御腰物帳

上々の御腰物

名称・作者	贈与先	前所持者等
国宗		
二字国俊		
笹作		
のた正宗		
長光 胴落ち		本多正純
注連丸行平御太刀		
南泉一文字		豊臣秀頼
菊一文字		小早川秀秋
守家		江戸より
御掘出貞宗		
大左文字		大坂物 本阿弥
大国綱		大坂物
吉光		大坂物

上々の御脇指

名称・作者	贈与先	前所持者等
天国		
(浮田)志津		宇喜多秀家
宗近		
岐阜国吉		
久国		本門(本願寺准如カ)
光包		加藤清正
吉光		徳川秀忠
国吉		松平忠清
左文字		豊臣秀頼
貞宗		黒田長政
清水藤四郎		大坂物 本阿弥
包丁吉光		徳川秀忠
太鼓鐘貞宗		小早川秀包

中の御腰物

名称・作者	贈与先	前所持者等
敦賀正宗		
大垣正宗		最上家親カ
(鍋島)江	尾張	鍋島直茂
則宗		江戸より
三原 胴落ち	駿河	斎村政広
左文字	水戸	滝川雄利
包永	駿河	井伊直勝
(分部)志津		分部(光嘉カ)
貞真 物落ち	水戸	
みくほ長光御太刀		豊臣秀頼
御賀丸久国御太刀		
勝光御小刀		
吉貞御小刀	尾張	
(生駒)左文字	駿河	生駒一正
左文字	尾張	島津家久
守家		増田長盛
三原 胴落ち	駿河	
(中務・桑名)正宗		本多忠勝
次直	水戸	
(会津)正宗		蒲生秀行
(中川)江		中川久盛
国宗	尾張	前田利長

二字国俊	駿河	黒田長政
貞宗	尾張	片桐且元
香西長光	水戸	大坂物 本阿弥
舛屋江	水戸	大坂物
長光		秋月種長

中の御脇指

名称・作者	贈与先	前所持者等
（斎村）貞宗	尾張	斎村政広
行光	水戸	結城秀康
包丁吉光	尾張	
（宗喜）貞宗		木村宗喜
無銘行光	駿河	
西蓮		
櫂切吉光	駿河	京極高次
来国光		生駒一正
正宗	駿河	建部政長
正宗	水戸	加藤清正
（堀尾）正宗		堀尾吉晴
ほりぬき正宗（庖丁正宗）		
志津	駿河	京都で入手
御掘出鐔来国次		
吉光	尾張	竹林坊
吉光	尾張	浅野幸長
国次		片桐且元
（金森）正宗		金森可重
光包	水戸	松平忠明

下され物の御腰物

名称・作者	贈与先	前所持者等
松浦国行	尾張	加藤清正
三原 胴落ち	尾張	斎村政広
三原 胴落ち 磨上	駿河	
来国光	水戸	
毛利正宗	駿河	
（二つ胴）	駿河	
一文字	水戸	江戸より
包平	尾張	
片山（一文字）	駿河	石川康通カ
助真	尾張	江戸より

菊（兼カ）光	尾張	池田長吉
左文字	尾張	福島正則
光忠	駿河	山村道祐
光忠	駿河	増田長盛
二字国俊	駿河	松田庄右衛門
片山一文字	駿河	
一文字	尾張	山内一豊
信国	水戸	
保昌五郎	水戸	
左文字	尾張	宇喜多秀家
正恒	尾張	
有俊	駿河	
信国	水戸	
吉岡一文字	水戸	
元重 磨上	駿河	
青江	尾張	
三原 二の胴落ち 磨上	駿河	斎村政広
左文字貞吉	水戸	本多俊政
志津	水戸	長崎元家
一文字	尾張	平岩親吉

（日光）助真	日光	加藤清正
国宗	駿河	前田正茂
左文字	水戸	本多康重
三原	駿河	
備前三郎	水戸	北条氏盛カ
国行	駿河	
友光	駿河	
一文字	尾張	山岡景宗カ
来国俊	尾張	御前
兼光	尾張	
一文字	水戸	亀井茲矩
光忠	駿河	池田輝政
御さし□真永（長）	尾張	
左文字	駿河	村越茂助
左文字	駿河	小笠原信之
兼光	駿河	松平忠明
吉房	尾張	本多忠政
国光	尾張	松平忠利
一文字	尾張	蜂須賀家政
長光	尾張	高野より

信国	駿河	古田重広
景則	水戸	石原石見
備前物	水戸	古田重広
了戒	水戸	石原石見
信国	水戸	えいおう
一文字	尾張	
中島来	駿河	高野より
守光	駿河	高野より
国次	尾張	金森可重
長光	尾張	おまん(家康側室正木氏)
左文字	尾張	筒井定次
保昌五郎	尾張	筒井定次
長光	駿河	筒井定次

下され物の御脇指

名称・作者	贈与先	前所持者等
左文字	尾張	
来国俊	尾張	本多正純
新藤五国光	尾張	
三浦国光	尾張	本多正純
景光	駿河	柘植与一
兼光	水戸	
永吉	水戸	
鐔三池	駿河	
来国俊	尾張	
来国光	尾張	
延寿国綱	水戸	
安吉	水戸	
山之内国広	水戸	
鐔行光	駿河	
来国光	尾張	
左文字	水戸	
新藤五	駿河	津軽為信カ
来国俊	尾張	
備前物 吉光	尾張	
信国	駿河	水野信常
新藤五国光	尾張	本多俊政
菊(兼カ)光	尾張	野沢権大夫
志津	駿河	高木清秀カ
秋広	駿河	溝口秀勝

左文字	尾張	島津義久
広光	尾張	伊達政宗
宇野津	駿河	
当麻	駿河	
新藤五国光	水戸	
光包	駿河	
行光	尾張	
来国俊	駿河	蒲生秀行
行光	駿河	池田輝政
左文字	駿河	新庄直頼
(池田)正宗		池田輝政
来国俊	尾張	山崎家盛
貞宗	駿河	仙石秀久
来国俊	駿河	最上義光
青江	水戸	根来長算
来国光	水戸	中川久盛
則重	尾張	蜂須賀家政
直綱	駿河	古田重広
保昌五郎	尾張	古田重広
了戒	水戸	古田重広

兼光	尾張	闕所物
新藤五	駿河	三好房一
行光	駿河	岡本大八
信国	尾張	古田重広
来国俊	水戸	真田信尹カ
来国光	尾張	古田重広
吉末	尾張	山ふし
下坂	駿河	古田重然(織部)
信国	水戸	高野より
来国光	尾張	森島長意
西蓮	駿河	古田重然(織部)
左文字	駿河	奥平家昌
次吉	尾張	御前
久国	駿河	竹中重利
行光	駿河	本多政朝
長光	日光	筒井定次
秋広	水戸	筒井定次
来国光	水戸	筒井定次

下の御腰物

名称・作者	贈与先	前所持者等
長義	尾張	
真近	水戸	林勝正
菊（兼カ）光	駿河	戸田氏鉄
青江	尾張	
石見貞行	駿河	
秀景	尾張	菅沼定利
長光	駿河	
三原	駿河	柘植与一
長光	駿河	島津義久
康光	水戸	
国俊	水戸	
長吉	水戸	
則国	尾張	
菊（兼カ）元	駿河	

下の御脇指

名称・作者	贈与先	前所持者等
行光	水戸	
青江	尾張	
元光	尾張	
長谷部	尾張	
国光	駿河	
新藤五	水戸	大島光成
来国俊	駿河	
国光	尾張	
長谷部	駿河	
石見貞綱	駿河	大島光成
国広	駿河	田中吉政カ
新藤五	駿河	由良国繁
鐔保昌五郎	尾張	浅井元吉
保昌五郎	水戸	
鐔信国	尾張	
新藤五国光	水戸	
岩切刃兼吉	尾張	
則重	駿河	

異国へ下され刀

名称・作者	贈与先	前所持者等
国吉	水戸	
貞則	駿河	
兼則	水戸	
則光	水戸	
信国	尾張	
吉岡一文字	尾張	
（磨り上）	駿河	
（磨り上）	駿河	
長光 焼き刃なし	尾張	
一文字 焼き刃なし	水戸	
国宗 焼き刃なし	尾張	
兼永 焼き刃なし 偽物	駿河	
近包 焼き刃なし	駿河	
備前物	尾張	前田正茂
関	尾張	前田正茂
兼元	駿河	前田正茂
新身 金具の鞘	尾張	
宇野津	駿河	

末備前 金の左巻きの鞘	駿河	
三振	尾張 駿河 水戸	

異国へ下され脇指

名称・作者	贈与先	前所持者等
信国	駿河	
片山（一文字）	尾張	
長谷部	尾張	
助広	駿河	
神王岡	水戸	
無銘	駿河	
左文字 焼き刃なし	尾張	
無銘 焼き刃なし	駿河	
左文字 焼き刃なし	駿河	
左文字国広 焼き刃なし	尾張	
兼光 焼き刃なし	尾張	
則重 焼き刃なし 偽物	尾張	
来国俊 焼き刃なし	尾張	
国俊 焼き刃なし	駿河	

守光	水戸	前田正茂
波の平	水戸	前田正茂
波の平	駿河	前田正茂
宗光	尾張	前田正茂
道永	駿河	前田正茂
青江	水戸	前田正茂
国吉	水戸	前田正茂
国宗	水戸	前田正茂
作知らず 金具の鞘	尾張	
作知らず 朱鞘	水戸	
新身 金の左巻きの鞘	駿河	
大小刀三つ	尾張 駿河 水戸	

御太刀

名称・作者	贈与先	前所持者等
景光	尾張	
正恒	尾張	
国宗	尾張	
景より	駿河	

一文字	駿河	
国光	尾張	
正恒	水戸	
守家	駿河	
一文字	駿河	
国俊	尾張	
成家	水戸	
兼光	尾張	
直綱	尾張	
広行	尾張	
貞真	尾張	
一文字	駿河	
来国俊	尾張	
日光国宗		池田輝政
為吉	駿河	
金作	尾張	池田重信
国行	水戸	
正恒	尾張	堀尾吉晴
正恒	駿河	
恒次	尾張	島津家久

長円	水戸	前田利長
信国	駿河	
長光	駿河	
吉房	駿河	
二字国俊	水戸	結城秀康
守家	駿河	
長光	尾張	
来国俊	駿河	徳川秀忠
友成	尾張	徳川秀忠
則重	駿河	
国宗	駿河	古田重勝
一文字助吉	尾張	浅野幸長
助重	水戸	松平忠輝カ
長光	尾張	徳川秀忠
一文字	駿河	池田利隆
長光	水戸	黒田長政
光忠	駿河	前田利長
恒広	尾張	鍋島勝茂
一文字	尾張	松平重勝
近景	駿河	鍋島勝茂

助重	駿河	伊達政宗
長光	水戸	田中忠政
貞俊	駿河	徳川秀忠
一文字	尾張	池田輝政
守家光忠両作	尾張	加藤清正
貞綱	駿河	島津家久
真守	水戸	豊臣秀頼
国行	駿河	毛利就隆
吉房	尾張	徳川秀忠
盛光	尾張	加藤清正
一文字	水戸	池田輝政
頼宗	水戸	黒田長政
助真	駿河	加藤清正
正恒	尾張	黒田長政
長光	駿河	堀秀治カ
三条吉家	駿河	池田利隆
長光	水戸	徳川秀忠
助守	水戸	加藤清正
長光	駿河	黒田長政
正恒	駿河	最上家親

守家	尾張	高野より
作知らず 下	駿河	
吉平	水戸	大坂物 本阿弥
友成	水戸	金森可重
長光	水戸	徳川秀忠
行平	尾張	

おまん様[1]御道具の内刀の分

名称・作者	贈与先	前所持者等
青江	水戸	
三原	尾張	
兼光	駿河	
磨上 小さ刀	駿河	

おまん様御道具の内脇指の分

名称・作者	贈与先	前所持者等
則重	水戸	
国俊	駿河	
長谷部	尾張	
左文字	駿河	
兼光	水戸	
無銘	尾張	
無銘	駿河	
安吉	尾張	

下坂の分

名称・作者	贈与先	前所持者等
一腰 胴落ち	水戸	二尺二寸五分
一腰 胴落ち	尾張	二尺六寸五分
一腰 胴落ち	尾張	二尺三寸五分
菖蒲作一腰 胴落ち	尾張	二尺三寸五分
菖蒲作一腰 二の胴落ち	水戸	一尺八寸五分
菖蒲作一腰 胴落ち	尾張	二尺七寸
一腰 胴落ち	駿河	二尺六寸
一腰 胴落ち	駿河	二尺五寸
一腰 胴落ち二度	尾張	二尺七寸五分
一腰 胴二度落ち	尾張	二尺七寸
菖蒲作一腰 胴掛かる	水戸	
一腰 胴掛かる	尾張	二尺

一腰　胴掛かる	駿河	長吉
一腰　脇指善四郎作	水戸	
一腰　江戸にて胴落ち	尾張	二尺九寸
一腰　江戸にて胴落ち	駿河	二尺六寸五分
一腰　江戸にて胴落ち	駿河	二尺八寸五分
一腰　江戸にて胴落ち	駿河	二尺六寸八分
一腰　江戸にて胴落ち	駿河	二尺九寸五分
一腰　江戸にて胴落ち	駿河	二尺六寸五分
一腰　江戸にて胴落ち	尾張	二尺六寸五分
一腰　江戸にて胴落ち	尾張	二尺六寸五分
一腰　駿河にて地方まで胴落ち	水戸	三尺
一腰　駿河にて地方まで胴落ち	水戸	二尺七寸
一腰　駿河にて胴落ち地方まで	尾張	二尺七寸
一腰　駿河にて胴落ち土壇まで	水戸	二尺七寸
一腰　駿河にて胴落ち平地まで	尾張	二尺五寸　新身正恒
一腰	水戸	二尺五寸
一腰	水戸	二尺七寸
一腰	駿河	二尺七寸
一腰	駿河	二尺七寸
一腰	尾張	二尺七寸

一腰	駿河	二尺七寸
一腰	尾張	二尺七寸
一腰	駿河	二尺七寸
一腰	水戸	二尺七寸
一腰　江戸にて胴落ち	尾張	長吉
一腰　江戸にて胴二枚掛かる	駿河	長吉
一腰　駿河にて胴二枚掛かる	駿河	善四郎
一腰	尾張	下坂脇指
一腰	駿河	下坂
一腰	水戸	下坂
□光　長刀	駿河	吉田豊後
一文字　長刀	尾張	
小さ刀下々　二十一内　八腰 七腰 六腰	尾張 駿河 水戸	
刀下々　七十六内　二十九 二十九 十八	尾張 駿河 水戸	
脇指下々　五十二内　十九 二十 十三	尾張 駿河 水戸	

刀金熨斗付　二十六内　十　十　六	尾張　駿河　水戸	
脇指金熨斗付　四十九内　十八　十八　十二	尾張　駿河　水戸	
脇指銀熨斗付　十八内　七　七　四	尾張　駿河　水戸	
太刀下々　九振内　四振　三振　二振	尾張　駿河　水戸	
鑓古身　三本内　一本（吉光）　一本（国光）　一本（□□）	尾張　駿河　水戸	
鑓新身　八本内　三本　三本　二本	尾張　駿河　水戸	
長刀新身　二振内　一振　一振	尾張　駿河	
刀下々　十五内　六腰　五腰　四腰	尾張　駿河　水戸	

脇指下々　三ツ内　一腰　一腰　一腰	尾張　駿河　水戸	
小刀下々　三ツ内　一ツ　一ツ　一ツ	尾張　駿河　水戸	前田正茂
長刀梨地蒔絵　二振内　一振　一振	尾張　駿河	
大小用立たず　三十八内　十四　十四　十	尾張　駿河　水戸	松風助兵衛より請取
刀金熨斗付下々　二腰内　一腰　一腰	尾張　駿河	松風助兵衛より請取
脇指金熨斗付　七腰内　二腰　三腰　二腰	尾張　駿河　水戸	松風助兵衛より請取
金熨斗付鞘ばかり　一つ	尾張	
刀金熨斗付下々　五腰内　二腰　二腰　一腰	尾張　駿河　水戸	松風助兵衛より請取

脇指金熨斗付 五腰内 二腰 二腰 一腰	尾張 駿河 水戸	松風助兵衛より請取
刀銀熨斗付 五腰内 二腰 二腰 一腰	尾張 駿河 水戸	松風助兵衛より請取
脇指銀熨斗付 五腰内 二腰 二腰 一腰	尾張 駿河 水戸	松風助兵衛より請取
笄 六十本内 二十三本 二十三本 十四本	尾張 駿河 水戸	
小刀柄 三十一本内 十二本 十二本 七本	尾張 駿河 水戸	
目貫 八十五具半内 三十二具半 三十二具半 二十具半	尾張 駿河 水戸	
小刀 三十九本内 十五本 十五本 九本	尾張 駿河 水戸	
下笄 二十三本内 九本 九本 五本	尾張 駿河 水戸	

御腰物

名称・作者	贈与先	前所持者等
一期一振		
豊後正宗		
右衛門尉正宗		
小左文字		
清水長光		
長光		
左安吉		

御脇指

名称・作者	贈与先	前所持者等
若江正宗		
長銘正宗		
上下竜正宗		
新身藤四郎		
親子藤四郎		

鯰尾藤四郎		
獅子貞宗		
江		
小鍛治（海老名宗近）		
小尻通新藤五		

闕所の刀脇指帳

岡本大八[2] 刀の分

名称・作者	贈与先
長義	水戸
広光	駿河
景長	尾張
焼き刃なし	駿河
新身	尾張

岡本大八 脇指の分

名称・作者	贈与先
宇野津	尾張
新身	駿河
大脇指 新身	水戸

有馬晴信[3] 刀の分

名称・作者	贈与先
師光	尾張
助国	尾張
長谷部	駿河
直江志津	尾張
中島来	駿河
金鐔島田	水戸

有馬晴信 脇指の分

名称・作者	贈与先
清光	駿河
焼き刃なし	水戸
信国	尾張
新身	駿河
長光	水戸
一腰 下々	尾張

小さ刀	水戸

大久保長安[4] 刀上々の分

名称・作者	贈与先
一文字	
左文字	
長光	
保昌五郎	
行光	
長光	
兼光	
国俊	
光忠	
来国光	
国行	
長谷部	
一文字	
元重	
三原	
雲次	

吉広	
師光	
片山一文字	
平安城	
信国	
国行	
延寿	
二字国俊 御前より請取	

大久保長安 脇指の分

名称・作者	贈与先
左文字	
来国光	
来国光	
新藤五国光	
来国俊	
国安	
久国	
吉光	
吉井物	

尻懸	
家次	
常家	
備中物	
行広	

大久保長安 刀上々の分

名称・作者	贈与先
清光	駿河
長則	駿河
家清	駿河
則光	水戸
無銘藤島	駿河
大和物	水戸
宇野津無銘	尾張
備前物	尾張
のふかた	尾張
忠光	尾張
兼元	駿河
備前物	駿河

三原	駿河
加賀物	駿河
備前物	尾張
兼元	駿河
兼光	水戸
関	尾張
備前物	尾張
菖蒲作	水戸
備前物	尾張
直綱	水戸
関	尾張
末の鎌倉	駿河
出羽物	尾張
備前物	尾張
兼元	尾張
宗重	尾張
作知らず	尾張
作知らず	尾張
作知らず	尾張
作知らず	尾張

作知らず	駿河
作知らず	駿河
作知らず	駿河
作知らず	駿河
銀鐔 作知らず	水戸
備前物	水戸
作知らず	駿河
関	駿河
新身	水戸
守家	駿河
下原	水戸
作知らず	水戸
作知らず	水戸
作知らず	水戸
青江	尾張
金熨斗付 一腰	尾張
小さ刀　十三腰内 五腰 五腰 三腰	尾張 駿河 水戸
刀拵なし下々　四十六腰内 十七腰 十七腰 十二腰	尾張 駿河 水戸

大久保長安 脇指下の分

名称・作者	贈与先
鎌倉物	水戸
則光	駿河
忠光	水戸
道永	尾張
三原	駿河
信国	駿河
志津	尾張
長吉	駿河
藤島	水戸
備前物	水戸
下原	駿河
信国	駿河
備前物	尾張
綱広	水戸
新身	尾張
正則	駿河
関	駿河
吉井	尾張

家吉		水戸
関		駿河
新身		尾張
銀鐔 備前物		駿河
下原		尾張
兼久		水戸
千手院		尾張
新身		尾張
新身		尾張
関		尾張
拵あり下々	三十九腰内 十五腰 十五腰 九腰	尾張 駿河 水戸
拵なし下々	四十腰内 十五腰 十五腰 十腰	尾張 駿河 水戸
金熨斗付	二腰内 一腰 一腰	駿河 水戸
鐺	二本内 一本 一本	尾張 駿河
長刀	二振内 一振 一振	尾張 駿河
刀脇指	十一腰内 四腰 四腰 三腰	尾張 駿河 水戸
長刀 新身 一振		水戸

米津正勝[5] 刀の分

名称・作者	贈与先
康光	水戸
延寿	駿河
一文字	尾張
延寿	尾張
兼元	尾張
藤島	駿河
片山	水戸
盛光	駿河
新身	尾張
新身	駿河
西国物小さ刀	尾張
関小さ刀	駿河
太刀一振	水戸

米津正勝 脇指の分

名称・作者	贈与先
信国	尾張
鎌倉物	尾張
左文字	水戸
兼元	水戸
信国	駿河
鎌倉物	駿河
新身	尾張
銀熨斗付下々　三腰内　一腰	尾張
一腰	駿河
一腰	水戸
鐺新身　七本内　二本	尾張
三本	駿河
二本	水戸

筒井定次[6] 刀の分

名称・作者	贈与先
保昌五郎	駿河
備前則光	尾張
備前物	水戸

筒井定次 脇指の分

名称・作者	贈与先
広光	尾張
三原吉広	駿河
島田	水戸
新身	水戸
安吉	駿河
貞宗（偽物）	駿河
宗近	尾張
一本　いんちん鐺	尾張

飯田新右衛門[7] 刀の分

名称・作者	贈与先
長光	尾張
守家	駿河
兼永	尾張
則光	駿河
一腰作知らず	駿河
一腰作知らず	水戸
一腰作知らず	水戸

飯田新右衛門 脇指の分

名称・作者		贈与先
信国		駿河
一腰作知らず		尾張
一腰作知らず		水戸
刀下々	二十六腰内 十腰	尾張
	十腰	駿河
	六腰	水戸
脇指下々	二十七腰内 十腰	尾張
	十腰	駿河
	七腰	水戸

〈注〉

(1) おまん様（一五八〇〜一六五三）は徳川家康の側室、お万の方、養珠院。正木氏。慶長元年（一五九六）頃側室となり、紀伊頼宣および水戸頼房を生んだ。

(2) 岡本大八（?〜一六一二）は家康の側近本多正純の重臣でキリシタン武士。ノサ・セニョーラ・ダ・グラサ号事件の功績で旧領回復を願う有馬晴信から大金を詐取。御朱印状の偽造も行い駿府郊外の安部川原で処刑された（岡本大八事件）。この事件は、キリシタン禁教令の強化のきっかけとなった。

(3) 有馬晴信（一五六七〜一六一二）は安土桃山時代から江戸時代初期のキリシタン大名。肥前日野江藩主。マカオに派遣した御朱印船の乗組員を殺害されたことで、長崎に入港したポルトガル船を襲撃（ノサ・セニョーラ・ダ・グラサ号事件）。その後の処置を巡って岡本大八に贈賄したが埒が明かず大八を訴えた（岡本大八事件）。大八は捕縛されたが、逆に獄中から晴信が長崎奉行長谷川藤広の暗殺を計画していたことを暴露され、その結果、大八は処刑、晴信も自害を命じられた。

(4) 大久保長安（一五四五〜一六一三）は安土桃山時代から江戸時代初期の武士。石見守。武田信玄お抱えの猿楽師出身。武田家滅亡後、家康に仕え、金山開拓などで重用され、各地の代官・奉行を兼任し、「天下の総代官」と呼ばれ権勢を揮った。しかし、死後に不正蓄財の罪に問われ、息子七人が切腹を命じられ家名断絶となった（大久保長安事件）。

(5) 米津正勝（?〜一六一四）は江戸時代初期の旗本。堺奉行を務め、また各地で検地を実施するなど行政官として家康に仕えた。しかし、部下が収賄事件を起こした責任を問われ阿波に配流、同地で斬罪に処された。大久保長安事件に連座しての処罰といわれる。

（6）筒井定次（一五六二～一六一五）は安土桃山時代から江戸時代初期の大名。筒井順慶の養子で伊賀上野藩主。関ヶ原の戦いでは東軍に与し本領を安堵されたが、慶長十三年（一六〇八）突如として改易された。身柄は鳥居忠政に預けられていたが、慶長二十年（一六一五）三月、大坂冬の陣で豊臣方に内通したと疑われ自害を命じられた。

（7）飯田新右衛門は伝未詳。旗本と思われる。元織田信雄の家臣であった飯田宅重、宅次の父子が慶長の頃より家康に仕えているのでその一族か。また、天正十八年（一五九〇）の秀吉による小田原征伐において、北条氏照の居城八王子城を守備した家臣の中で、常陸国伊奈村の出身と思われる飯田新右衛門なる人物が討死したという記録があり、同じ氏照の家老中山勘解由左衛門家範の子が水戸藩の付家老になっている例もあることから、氏照の家臣の新右衛門の子か孫であるかもしれない。

あとがき

関ヶ原合戦に臨んで江戸を出発した徳川家康について、『徳川実紀』に次のような逸話がある。家康は道中ある僧を召して問うた。

「汝は、今度の戦の勝敗はどうなると思う？」

するとと僧が答えた。

「大敵をただの一度で倒そうと思えば、負けでございます。天下を安泰に治めて、万民を苦しみから解放して下さる御志であれば、『大悲の御兜に忍辱の御鎧』を召され、ただ天地神明のために逆賊を征討されよ。されば御勝利、疑いあるべからず！」

こうした記述はあっても、いつどこで、どんな鎧を着てどんな刀で戦ったかなどという記録は、講談を除いてなかなかお目にかかれない。

しかも、織田信長や豊臣秀吉のように家が滅んだ武将の遺物はなかなか残るものではない。刀剣は美術品として人から人に渡るので比較的よく残っているが、消耗品である甲冑などはなおさら失われやすいのである。

その点、徳川家康に始まる徳川家は江戸時代二百六十余年を生き抜き、明治維新でも滅ぶことなく存続した。そのため多くの資料が残ったのは幸いである。

徳川宗家十六代当主の家達は、明治十五年（一八八二）から二十七年までかけて、膨大な什器を久能山東照宮に寄贈した。現在は、同宮と徳川記念財団が久能山東照宮博物館を運営している。ただし、江戸期の駿府・江戸城火災で、宗家は家康の遺品の多くを失っている。

尾張徳川家は十九代当主の義親が、昭和六年（一九三一）に尾張徳川黎明会《れいめい》（後の徳川黎明会）を設立し、四年後には徳川美術館が発足している。同館は絵画や衣装、調度品を多数所蔵しており、女性会員も多い。刀剣類はあまりにも多く、大きな樽に油を湛えて大量の刀を吊るして保管している。

水戸徳川家は十三代当主の圀順《くにゆき》が、昭和四十二年（一九六七）水府明徳会を設立し、同五十二年（一九七七）に徳川博物館として所蔵品を公開した。現在の名称は徳川ミュージアムといい、写真撮影を許可したり、若者向けに刀剣・甲冑の新しい展示方法を試みたりと、意欲的である。

紀州徳川家は、経済状況の悪化により所蔵品の売立を繰り返したため、家康の遺品を含めほとんどが散逸してしまったが、重要なものは紀州東照宮や徳川美術館に残されている。

そして、家康の墓所である日光東照宮も忘れてはならない。同宮は文化九年（一八一二）大晦日《おおみそか》の夜に別所大楽院で火災が起こり、宝蔵（銅神庫）にまで延焼したため、宝蔵の一部が焼けて、おびただしい数の名刀が焼けてしまった。それでも家康の愛刀数点はなんとか運び出されて現存している。

それらの遺品だけでも贅沢なのに、本書は編集部の熱意によって海外の贈答品までも追いかけた。家康は信長・秀吉の生存中は西洋文化には興味を示さず、石垣に天守といった無駄な経費のかかるものにも手を出さなかった。ところが天下人を目指してからは違った。源氏の棟梁として自軍の旗を白一色に変え、イギリスのホワイトタワーを手本に、柱までも塗りこめた白壁の巨大天守を生み出した。そして、当世具足の完成である。刀剣の美術的価値を高めたのは足利氏・信長・秀吉であるが、家康もそれを継承したため、独特の文化を生んで今日に至っている。

筆者はかつて「一般社団法人日本甲冑武具研究保存会」と「公益財団法人日本美術刀剣保存協会」の双方に所属していた。ある時実験的に合同例会が開催されたことがあったが、興味・関心の対象が別々で、残念ながらあまり盛り上がらなかったようである。ところが最近は、刀と甲冑の着装体験を楽しむ若者や外国人、そして刀剣女子という新たな層が出てきたわけで、宮帯出版社の『刀剣甲冑手帳』や、「刀剣・甲冑シリーズ」（本書もその一冊である）もそれなりに好調と聞く。このブームを追い風に、分野の垣根を越えて武士の文化を愛する人が増えてゆくならば、喜ばしい限りである。

なお、筆者の甲冑刀剣に対する姿勢は、山上八郎（故人）、山岸素夫（故人）、豊田勝彦（甲冑師）各氏に学んだところが大きい。

また、書き始めて二年かかった本書の完成は、宮帯出版社各位の尽力と甲冑・刀剣に関する専門家の助言によるものである。口絵の作成および海外の甲冑の選定と撮影アングル指示は宮帯出版社の宮下社長（日本甲冑武具研究保存会評議員）、その交渉は同社編集部の後藤美香子氏、編集は勝部智氏、飯田寛氏、甲冑の真贋および時代評価についてのアドバイスは竹村雅夫氏（同会専務理事）、馬場真二郎氏（同会評議員）、甲冑の項の校正は宮帯出版社の北村龍氏（同会評議員）、刀剣は原口鉄哉氏（「刀剣春秋」紙編集人）、全体校正は田中愛子氏など、多くの人の力を借りている。この場を借りて、御礼申し上げる次第である。

平成三十年四月

本山一城

参考文献

山上八郎『日本甲冑の新研究』（飯倉書店、一九四二年）
佐藤寒山『武将と名刀』（人物往来社、一九六七年）
三浦公法「徳川家康が英国王ジェームズ一世に贈った（元）茶糸威胴丸具足」（『甲冑武具研究』二六号、一九七一年）
笹間良彦『名将の鎧兜物語』（雄山閣出版、一九七一年）
『徳川十五代 甲冑と刀剣』（久能山東照宮博物館、一九七一年）
浅野誠一「ヨーロッパの日本甲冑見学記」（『甲冑武具研究』二八号、一九七二年）
三浦公法「ロンドン塔と日本の鎧」（『甲冑武具研究』三二号、一九七四年）
宮崎隆旨編『戦国変り兜』（角川書店、一九八四年）
『徳川家康とその武具』（岡崎市、一九八四年）
『徳川美術館の名宝』（徳川美術館、一九八五年）
『日光東照宮の宝物』（日光東照宮社務所、一九八五年）
『紀州東照宮の名宝』（和歌山県立博物館、一九八九年）
山岸素夫・宮崎眞澄『日本甲冑の基礎知識』（雄山閣出版、一九九〇年）
『家康の遺産 駿府御分物』（徳川美術館・徳川博物館、一九九二年）
『久能山東照宮博物館一〇〇選』（久能山東照宮博物館、一九九五年）
福永酔剣『日本刀名工伝』（雄山閣出版、一九九六年）
『大名の備え 甲冑と武器』（徳川美術館、一九九六年）
『Royal Armouries Tower of London』（ロンドン塔、二〇〇〇年）

『紀州徳川家と葵三代』（和歌山市立博物館、二〇〇〇年）
土井輝生『武具甲冑紀行』一・二（同信社、二〇〇〇年）
西岡文夫ほか「伝皆川広照公所用の南蛮胴具足」（『甲冑武具研究』一三五号、二〇〇一年）
『鉄 攻めと護り・武士の美』（名古屋市博物館、二〇〇四年）
『大徳川展』（大徳川展主催事務局、二〇〇七年）
宮崎隆旨『奈良甲冑師の研究』（吉川弘文館、二〇一〇年）
『武門のあかし 甲冑』（三河武士のやかた家康館、二〇一一年）
飯田意天『織田信長・豊臣秀吉の刀剣と甲冑』（宮帯出版社、二〇一三年）
『日英交流四百年駿府特別展』（久能山東照宮博物館、二〇一三年）
『刈谷城築城四八〇年記念展』（刈谷市教育委員会、二〇一三年）
本山一城『黒田官兵衛と二十四騎』（宮帯出版社、二〇一四年）
『国宝久能山東照宮展 家康と静岡ゆかりの名宝』（静岡市美術館、二〇一四年）
『大江戸と洛中 アジアの中の都市景観』（江戸東京博物館、二〇一四年）
『没後四〇〇年 徳川家康 天下人の遺産』（徳川美術館、二〇一五年）
徳川記念財団編『徳川家康没後四〇〇年記念 天下太平 徳川名宝展』（講談社、二〇一六年）

〔著者紹介〕

本山一城（もとやま かずき）

1956年生まれ。武蔵野美術短期大学中退後に漫画家となり、そのかたわら歴史研究家としても活躍。代表作『スーパーマリオ』全43巻（講談社）のほか、歴史上の人物を題材にした漫画作品も多数ある。中国東方美術学院名誉講師。RKB毎日放送『ふくおかクロニクル』監修。著書に、『秀吉に天下を獲らせた男 黒田官兵衛』『黒田官兵衛と二十四騎』（宮帯出版社）など多数。

徳川家康・秀忠の甲冑と刀剣

2018年7月31日 第1刷発行

著　者 本山一城
発行者 宮下玄覇
発行所 株式会社宮帯出版社
京都本社 〒602-8488
京都市上京区真倉町739-1
電話 075-441-7747（営業） 075-441-7722（編集）
東京支社 〒160-0004
東京都新宿区四谷3-13-4
電話 03-3355-5555
http://www.miyaobi.com
振替口座 00960-7-279886
印刷所 モリモト印刷株式会社

定価はカバーに表示してあります。落丁・乱丁本はお取替えいたします。

 ISBN978-4-8016-0088-1 C3021

刊行図書案内

織田信長・豊臣秀吉の刀剣と甲冑
菊判　並製　364頁(口絵92頁)
飯田意天(一雄) 著　定価 3,800円+税

二人の天下人の刀剣・甲冑・武具を集大成、全66点を収録。また、秀吉がスペイン王に贈った甲冑を実地調査し、ヨーロッパを驚愕させた桃山文化の精華を解明する。国宝 9点、重文 16点、カラー口絵 92頁。

黒田官兵衛と二十四騎
菊判　並製　344頁(口絵40頁)
本山一城 著　定価 1,800円+税

57戦不敗！ 黒田官兵衛と軍団の武装の全貌が明らかに！黒田官兵衛孝高・長政父子はもとより、その家臣たちの伝記・武装までを細部にわたって紹介。甲冑武具を主に200余点の写真と図を収載。

武田信玄・勝頼の甲冑と刀剣
菊判　並製　352頁(口絵48頁)
三浦一郎 著　定価 3,800円+税

信玄・勝頼と家臣の甲冑・武具を徹底調査。新庄藩伝来伝「諏方法性の兜」や勝頼と同型の諏方頼忠所用紅糸威胴丸ほか、富士山本宮浅間大社の重宝を中心に未公開カラー写真を多数収録。

上杉謙信・景勝と家中の武装
菊判　並製　426頁(口絵160頁)
竹村雅夫 著　定価 4,700円+税

越後上杉氏とその家臣の甲冑・刀剣・武具の集大成。各地に点在する上杉氏と家臣団の武具・甲冑を網羅。衝撃のカラー(裏面等の細部写真を多く含む)700点以上、初出資料 30点、実戦期 110点掲載。

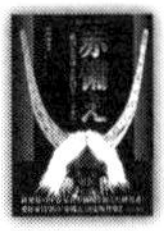

赤備え―武田と井伊と真田と―〔普及版〕
菊判　並製　288頁(口絵32頁)
井伊達夫 著　定価 1,900円+税

武田・井伊・真田の“赤備え”の全貌がいまここに！ 武田氏家臣の山県・飯富・浅利・小幡氏から、真田氏、彦根藩井伊氏までの「赤備え」を解説。新発見・未発表の赤備え具足を満載。

信濃の甲冑と刀剣
菊判　並製　272頁(口絵32頁)
三浦一郎 著　定価 4,500円+税

信州にこんな刀・甲冑があった、という驚きと発見が満載！ 真田信繁所用に最も近い鹿角兜、源義経の大鎧を模した最高峰の甲冑、我が国屈指の名品が揃う佐藤コレクション……これ一冊で長野の歴史もわかる。

甲冑面 もののふの仮装〔普及版〕
B5判　並製　348頁(口絵8頁)
飯田一雄 著　定価 4,700円+税

内外に所蔵されている代表的な甲冑面170枚、挿図250枚を紹介。戦時の防具である甲冑面(面頬)は鉄を素材として精錬し、打出し技法で面相を表現する。本書ではカラー 8頁。

刀剣人物誌
四六判　並製　312頁
辻本直男 著　定価 2,200円+税

日本刀の世界を人物史から探る！ 後鳥羽上皇、織田信長、毛利輝元、松平定信、新井白石、黒田清隆、犬養毅……刀剣に魅せられた愛刀家たち、大名、政治家、研究者、商人、刀匠ら65人の伝記を収録する。

刀剣鑑賞の基礎知識
四六判　並製　184頁(口絵12頁)
得能一男 著　定価 1,800円+税

日本刀を鑑賞するための知識と着眼点を満載した案内書。日本刀の美しさとその特異性、材料と製法、そして各時代の特色を解説。日本刀にはその時代の要請や価値観が色濃く反映されていた！

新日本刀の鑑定入門
四六判　並製　392頁
広井雄一
飯田一雄 共著　定価 2,800円+税

『刀剣春秋』のベストセラー、待望の復刻！ 日本刀は鑑定から！ 適切な作例を豊富に取り上げた画期的な内容は、実践的な鑑定入門書として最適。

赤羽刀～戦争で忘れ去られた五千余の刀たち～
A4判　並製　128頁(口絵7頁)
刀剣春秋編集部 編　定価 1,800円+税

戦後の刀剣研究史の空白を埋める、赤羽刀を徹底調査！ 200に及ぶ施設・機関の協力を得て、長らく封印されていた赤羽刀をデータ化した待望の書。眠りから覚めた名工の作10口の画像も収載。

刀剣甲冑手帳〔増補改訂版〕
新書判変形 ビニールカバー　192頁
刀剣春秋編集部 編　定価 1,800円+税

各部名称の図解をはじめ、刀剣・甲冑の基礎知識を収録するほか、刀剣・甲冑が鑑賞できる博物館など、最新データも充実。最近話題の“名物刀剣”の一覧や、展覧会・鑑賞会で記録できる専用シート付き。